좋은 삶을 위한
인문학 50계단

5인의
인문학자가 권하는
고전 50선

경산신문 기획
/
권오현
송호상
최병덕
이재성
이강화 지음

한티재

좋은 삶과 인문학

부처는 인간의 삶을 '고통의 바다'라고 했다. 삶을 살아가는 모두가 고통스러운 삶은 사는 것은 아니겠지만, 어쨌거나 고통스런 삶 그 자체를 부정할 수는 없다. 비록 고통이라고 표현했지만, 사실 삶은 '문제의 연속'이라고 하는 것이 더 적절할 것이다. 삶을 살아가는 것 자체가 사실은 문제의 연속이다.

내가 태어나는 것은 내 부모를 비롯한 주변 사람들에게 문제이기도 하다. 또한 성장하는 과정에서 문제가 생기고, 타인과 관계를 맺는 과정에서도 문제가 생기고, 원하든 원치 않든 어떤 공동체에 소속되면서 문제에 부딪치기도 한다. 옆집 아이한테 맞은 것도 문제요, 학교에서 왕따 당하는 것도 문제요, 등록금이 치솟는 것도 문제요, 취직이 안 되는 것도 문제요, 장가 못 가는 것도 문제요, 직장에서 해고되는 것도 문제요, 사랑에 실패하는 것도 문제다. 한마디로 삶은 문제 덩어리다. 이러한 문제들을 그때마다 해결해 온 것이 인간의 문화이고 역사이다.

  인간은 문제 해결을 통해 각자의 삶을 살아간다. 그러면서도 인간은 그냥 막 사는 것이 아니라 '좋은 삶'을 살고자 한다. '좋은 삶'의 문제는 예나 지금이나 인간에게 가장 중요한 문제이다. 어느 때든 인간은 살되 '좋은 삶'을 생각하기 때문이다. 고대 그리스 철학자 플라톤은 좋은 삶이란 사람 특유의 '구실', 즉 '지성'과 '탁월성'arete에 근거해서 잘사는 것이라 했다. 이러한 플라톤의 좋은 삶은 그의 제자 아리스토텔레스에게서 '행복'eudaimonia을 뜻한다.

  예나 지금이나 좋은 삶은 완전히 깨어 있는 개인으로 사는 삶이며, 너와 내가 더불어 사람답게 사는 것이다. 그렇다면 사람답게 산다는 것은 또 무엇인가? 사람답게 산다는 것을 이해하기 위해서는 '사람'에 대한 올바른 이해를 필요로 한다. 그래서 오래 전부터 사람에 대해 묻기 시작했고, 그것이 학문으로 발전하여 사람의 학문, 곧 인문학이 등장하게 된 것이다.

  인문학이란 무엇인가? 한마디로 사상과 문화, 인간의 조건을 탐구하는 학문이다. 하지만 시장이 지배하고 있는 현존 자본주의 시대에서 인문학은 인간을 추방하고 인격이 매몰된 현실에 대한 반성이 없다. 이런 상황을 두고 '인문학 열풍'이라고 떠든다. 지금의 인문학 열풍은 시장의 논리에 따라 소비되는 문화적 현상일 뿐이다. 시장이 새롭게 창조한 소비시장의 확장이다. 현대사회를 지배하고 있는 소비시장이 힘과 지혜를 모아 문화를 유행의 논리로 지배하기 시작하면, 사람들은 자신이 자기가 아닌 다른 사람이 되는 능력을 갖추었음을 증명해야 한다. 말하자면 소비시장의 논리에 따라 인문학이 작동하고 있는 셈이다.

  시장의 인문학, 동네 인문학, CEO 인문학, 퇴근길 인문학, 점심 인문학, 아이폰 인문학 등등, 말 그대로 '~ 인문학' 상품의 홍수시대다. 소비시장이 만든 인문학 대유행의 시대다. 유행이 유혹하고 문화가 소비된다. 학교에서 배제되고 추방당한 인문학이 백화점에서, 지자체에서, 그리고 도서관에서 유행병처럼 소비된다. 현상으로만 보면 인문학의 열풍이라는 표현은 결코 과도하지 않다.

하지만 인문학의 본령이 사람을 위한 학문, 사람을 사람답게 만드는 학문이고, 사람을 교양인으로 만드는 학문이며, 사람을 분별력 있는 사람으로 만드는 학문이라면, 그것은 곧 사람에 대한 학문, 사람을 주제로 한 학문이어야 한다. 문학이 사람의 정서를, 역사가 사람의 삶을, 철학이 사람의 사상을 다루고 있다면, 그 모든 것은 바로 사람을 이해하기 위한 학문이다. 사람이 가진 각각의 무늬를 다양한 방식으로 표현하는 것이다. 그런데 이러한 인문학이 사회의 실천적 구조와의 대결을 회피하고 단지 인간 의식 속의 모험을 서술하고 탐험하는 일에만 열중한다면, 그리고 사람과 사람됨을 회복하기 위해 묘사하는 인간 정신이 현실적 삶의 숨 막히는 구조에서 도피하는 것이라면, 그것은 인문학이라 할 수 없다.

인문학이 인간의 과거와 현재 그리고 미래를 인정하는 학문이라면 인문학의 방향은 자기와 타자와의 연계성을 어떻게 처리하는가에 있다. 때문에 인문학은 결코 사람됨의 본질 규정에서 이탈하거나 초월해서는 안 된다. 그것은 근본적으로 인문학이 현실적 삶에 깊이 뿌리내리고 있을 때에만 가능하다. 그럼에도 지금의 인문학 열풍은 우리 사회가 요구하는 효율성과 생산성, 즉 당장의 실용성 추구와 깊은 관련을 맺고 있다. 인문학의 근본가치인 '인간성 회복'과 '인격의 완성'은 시장의 도구로서의 광고 기능에 불과하다. 열풍은 인문학 소비 현상의 다른 표현이다. 소비 생활은 가벼움과 속도를 좋아한다. 소비하는 인간의 삶에서 성공의 척도는 구매량이 아니라 구매 빈도이다. 따라서 인문학은 소비 시장의 가벼움과 속도가 조장하고 촉진시키는 새로움과 다양성으로 소비자에게 판매되는 상품의 얼굴이 된다.

인문학은 오직 세상과 우리 자신에 대해 말함으로써 세상과 우리 자신 속에서 벌어지고 있는 일들을 '인간적인 것'으로 만들 수 있을 때 인문학일 수 있다. 인문학은 세상과 우리 자신에 관해 말하는 과정에서 인간적으로 되는 것을 배울 수 있게 해준다. 우리는 이것을 '인간됨' 혹은 '사람됨'이라고 말한다. 인간됨은 '인간에 대한 사랑'에 관한 담론 안에서 달성되며, 이것은 오직 인문학을 통해서만 가능하다. 인문학은 인간에 대한 상품의 얼굴이 아니라 사랑의 얼굴이다.

이처럼 인간에 대한 사랑의 얼굴을 회복하기 위해서는 인간의 근본인 인문학으로 돌아가야 한다. 인문학을 공부하고 학습하면 사람 사이의 결을 부드럽게 할 수 있다. 공부를 통해 알게 되고, 학습을 통해 그 자극을 상시적인 것으로 만들 수 있기 때문이다. 학습學習이 중요한 것도 바로 그 때문이다. 머리로 아는 것을 가슴으로 숙성시키고 마침내 몸으로 표현하는 것이 학습이다. 따라서 인문학이 가지는 개인적 차원의 의미는, 나와 관계 맺고 있는 너와 우리(사회)의 결을 부드럽게 만드는 학문이 될 것이다.

자연과 자연, 인간과 자연, 인간과 인간의 대립과 갈등을 조장하는 성장이 아니라, 인문학적 상상력이 부富가 되는 시대를 만들어야 한다. 인문학적 상상력은 미래의 지식기반 사회가 심화될수록 더 핵심적 기능을 갖게 될 것이다. 미래는 인문학적 성찰이 예전의 토지나 자본처럼 빈부를 가르는 기반이 될지도 모른다. 인문학적 상상력이야말로 협동보다는 경쟁, 전체보다는 부분, 유기체보다는 기계, 의미보다는 사실, 관계보다는 개체, 변화보다는 불변, 유기체적 불확실성보다는 기계적 확실성을 선호하는 우리들의 상처 난 마음을 치유할 수 있을 것이다.

인문학적 상상력은 시대를 읽고 미래를 준비한다. 인문학은 과거의 역사를 들추고 삶의 의미와 가치를 말하며 윤리를 이야기한다. 인문학의 주체인 인간의 의식은 니체의 말처럼 유기체에서 가장 뒤늦게 발전된 것이며, 따라서 가장 미완성이고 가장 무력한 것이다. 그래서 하나의 의식적 기능은 충분히 교육되어 성숙하기 전까지는 유기체에 위험하다. 의식적 인간에게 인문학 교육이 필요한 이유는 그것이 시대를 반성하고 나 자신을 되돌아볼 성숙의 기회를 주기 때문이지, 문제에 대한 새롭고 탁월한 해법을 제공해 주기 때문은 아니다.

따라서 인문학의 근본적 가치는 '공공성'에서 그 빛을 발한다. 인문학은 결코 시장과 자본에 의해 충분히 뒷받침될 수 있는 학문이 아니다. 인문학의 효능과 질감은 인간들 사이의, 문화들 사이의, 텍스트들 사이의, 작품들 사이의, 현재와 과거 사이의, 현존하는 것과 현존하지 않는 것 사이의, 자연과학적으로는 검증되지 않는 이해와 소통을 확장하고 심화시켜, 야만스러운 불화를 줄이고 좋은 삶, 즉 인간의 자기 이해와 인간적 삶의 이념들을 형성해 나가는 것에서 확인될 수 있다.

이 책은 '인문학의 공공성'에서 출발한다. "좋은 삶은 곧 인문학의 공공성을 실천하는 것"이라는 생각이 이 책의 출발점이다. 어떻게 하면 더 좋은 삶을 위한 도정에서 인문학의 공공성을 실현하는 것이 가능할까 하는 고민이 시작되었고, 이러한 고민에 흔쾌히 공감해주신 분이 『경산신문』 최승호 대표였다. 그는 '지상 인문학 강좌'라는 주제를 통해 『경산신문』에 연재할 수 있도록 적극적으로 지원을 해 주셨다. 이 자리를 빌어 최승호 대표와 박선영 편집부장에게 감사드린다. 그리고 무엇보다 감사드려야 할 사람들은 이 기획에 적극 참여해 좋은 글을 써주신 연구 공동체 '두루'의 권오현 박사, 송호상 선생, 이강화 박사, 그리고 최병덕 박사다. 이들은 문학, 역사, 철학, 예술을 대표하는 고전 50선을 선정해, 좋은 삶을 찾아 떠나려는 독자들에게 길라잡이 역할을 하고 있다. 마지막으로, 이 글이 세상 밖으로 나올 수 있도록 인내해주신 한티재 오은지 대표께도 감사드린다.

2015년 5월
궁산 자락에서
이재성

책 읽는 도시를 꿈꾸다

'지상 인문학 강의'는 『경산신문』이 창간 21주년을 맞아 지면에 개설한 인문학 길라잡이다. 인문학이라고 하는 묵직한 타이틀을 달았지만, 그 내용은 문학과 역사, 동서양 철학, 예술 분야에서 대표적이라고 할 수 있는 책을 골라 서평식으로 가볍게 풀어낸 것이다.

경산을 흔히들 '교육도시'라 한다. 전국의 250여 개 기초자치단체 가운데 가장 많은 열두 개의 대학교가 소재하고 있다고 교육도시라 부르는지 모르지만, 경산시는 시정 구호로 '일등 교육도시 경산'을 늘 앞에 내세운다. 그러나 이 '일등 교육도시 경산'에서 부끄러운 것이 있다. 다름 아닌 공공도서관이다.

인구 27만 명을 자랑하는 경산시에는 공공도서관이 딱 세 곳 있다. 서상동에 있는 경산도서관은 도서관이라기보다는 독서실에 가까워, 엄밀히 따지면 하양에 있는 경산시립도서관과 계양동에 있는 경상북도교육

정보센터 두 곳이다. 인구 13만 5천 명당 한 곳에 불과한 것이다. 마을문고 열두 개가 등록돼 있지만 실제로 운영되는 문고는 절반에 불과하다. 여섯 개 문고는 연락이 안 되거나 장서 수조차 파악이 되어 있지 않고, 세 곳은 전화조차 없다.

도내 타 도시와 비교해 보면 경산시의 도서관 정책이 얼마나 빈약한지 알 수 있다. 예산을 들여다보면 더욱 화가 치민다. 경상북도교육정보센터를 제외하면 연간 8억 9백만 원에 불과하다. 경주시 20억 원, 구미시 55억여 원, 포항시 18억여 원에 비하면 교육도시라는 구호가 무색할 지경이다.

사정이 이렇다 보니 시민들이 읽을 수 있는 장서도 형편없는 수준이다. 하양과 서상동 두 군데 시립도서관의 장서 18만 권에, 진량과 옥산동 작은도서관 두 곳의 보유 장서 2만 권을 합치면 총 20만 권에 불과하다. 이는 경산시민 1인당 0.74권에 불과한 수치로, 도내 평균 1.5권의 절반도 안 되는 수준이다.

우리나라 국민의 연평균 독서량이 11권 미만이라고 한다. 직장인은 이보다 더 적은 10권이다. 한 달에 한 권도 안 읽는다는 얘기다. 알고 보면 초등학교를 마치기 전까지가 가장 왕성한 독서기일지도 모른다.

평생을 읽어도 모자랄 판에 겨우 글을 익히기 시작하고 5~6년간 책을 읽고는 평생 책과 담을 쌓는 시민들이 책을 읽는 기회를 갖도록 돕기 위해 『경산신문』은 2011년부터 도서관 설립운동과 함께 경산시민독서감상문대회를 개최해 왔다. 경산시도서관지원조례제정시민운동본부(가)는 '걸어서 10분 안에 도서관을'이라는 슬로건을 내걸고 경산시작은도서관운동본부로 체제를 바꿔, 조례 제정을 촉구하는 범시민서명운동을 전개하였다. 마침내 옥산동에 도담도담작은도서관, 진량읍에 진량작은도서관을 설립하는 데 기폭제가 됐으며, 민간 차원에서도 와촌면에 책마루작은도서관이 설립되도록 하는 성과를 거두었다.

그러나 도서관 설립운동과 함께 시작한 독서감상문쓰기대회는 대회를 시작한 지 4년이 지났만 여전히 곤욕을 치루고 있다. 적지 않은 상금을 내걸었음에도 응모 작품 수가 두 자릿수를 넘지 않고 있다. 책을 읽기도 쉽지 않은데 글까지 쓰라고 하니 작품 수가 많지 않은 것은 어찌 보면 당연한 일이다.

최근 신문의 위기는 읽기 문화의 퇴조와 연관이 크다. "책을 읽지 않는 민족에게 미래는 없다", "책을 읽지 않은 사람은 말도 맛이 없다"(語言無味)는 말에서도 알 수 있듯이, 읽기야말로 우리 삶의 가장 주요한 행위 가운데 하나임이 틀림없다. 도서관을 확충하고 독서감상문 쓰기를 통해 읽기 문화를 확산시킬 요량으로 야심차게 준비한 것이 바로 『경산신문』의 '지상 인문학 강의'였다.

이재성(서양철학), 최병덕(동양철학), 권오현(문학), 송호상(역사), 이강화(예술), 이렇게 다섯 분의 저자가 2013년 3월부터 이듬해 6월까지 총 60회에 걸쳐 각 분야의 고전 열두 권씩 총 60권을 연재했다.

교열을 본답시고 무려 60주 동안 이분들의 글을 먼저 읽는 즐거움을 누렸던 편집부장과 발행인은 한편으로는 과연 독자들이 얼마나 이 글을 읽을까 하는 의구심이 수시로 들었다. 아까운 지면을 허비하고 있지는 않은지, 면을 채우기 위해 억지로 밀고 나가고 있지는 않은지 자괴감이 들기도 했다. 그러나 독자가 보내주는 소박한 메시지들 덕분에 우리는 약속한 연재를 무사히 마칠 수 있었다. 옥산동에 산다는 한 독자는 '최근 인상 깊었거나 좋았던 기사'를 묻는 질문에 이렇게 답해 주었다. "'지상 인문학 강의'를 정말 좋아하는데 딸한테도 읽으라고 해요. 어려운 부분도 있지만 꾸준히 스크랩을 하고 있어요. 지역 신문에서 이런 기획을 하다니 대단한 것 같아요."

　인문학 강의를 오프라인에서 만날 기회가 많지 않은 불모의 지역에서 『경산신문』이 펼쳐 놓았던 지상紙上 강의는 시공간을 초월해 독자들을 깊고 따뜻한 인문학의 세계로 초대했다. 이제 시간이 흘러 한 권의 책으로 탄생한 '지상 인문학 강의'를 조금 더 많은 독자들이 만나 새로운 연애 기분을 느낄 수 있다면 좋겠다.

　마지막으로, 1년 2개월간 매주 월요일 원고 독촉을 하고 또 보내온 원고를 교정 본 박선영 편집부장과, 열두 번의 원고 독촉을 잘 견뎌준 다섯 분의 필진, 끝까지 포기하지 않고 반듯한 책으로 만들어준 도서출판 한티재에도 감사드린다.

2015년 6월
『경산신문』 발행인 최승호

차례

| 서문 | 좋은 삶과 인문학 **이재성** • 005

책 읽는 도시를 꿈꾸다 **최승호** • 011

역사의 소용돌이에 휩쓸린 불쌍한 사람들 ─ 빅토르 위고, 『레 미제라블』 • 024

법과 정의, 그리고 광기의 휴머니즘 ─ 도스토옙스키, 『죄와 벌』 • 030

자아와 성찰의 또 다른 존재 ─ 헤르만 헤세, 『데미안』 • 036

도덕적 우월과 유효한 부조리 ─ 알베르 카뮈, 『이방인』 • 042

이미 실현된 디스토피아에 대한 경고장 ─ 조지 오웰, 『1984』 • 048

가장 일본적인, 그래서 가장 세계적인 인간의 내면 탐구
─ 가와바타 야스나리, 『설국』 • 054

인간의 감정과 음모, 그리고 언어의 향연 ─ 움베르토 에코, 『장미의 이름』 • 060

한국형 영웅의 원형, 홍길동 ─ 허균, 『홍길동전』 • 066

미완으로 끝난 한국문학의 금자탑 ─ 홍명희, 『임꺽정』 • 073

베트남전쟁과 민족적 자기 성찰 ─ 황석영, 『무기의 그늘』 • 079

치유와 통합의 역사서 — 일연,『삼국유사』• 088

민족의 교과서 — 백범,『백범일지』• 093

전장의 영웅과 인간 이순신 — 이순신,『난중일기』• 098

실천적 지식인으로서의 역사 인식의 표상 — E. H. 카,『역사란 무엇인가』• 104

치욕을 딛고 본 '인간에 대한 이해' — 사마천,『사기열전』• 109

절의를 실천한 지식인의 역사서 — 황현,『매천야록』• 114

비폭력, 신과 진리의 동의어 — 간디,『간디 자서전』• 119

국망의 아픈 역사를 되돌아보는 거울 — 박은식,『한국통사』• 124

시대를 앞서 '통섭'을 추구하다 — 홍대용,『의산문답』• 130

평범한 지식인의 삶에 담긴 역사 — 백승종,『그 나라의 역사와 말』• 136

동양철학

최병덕

자신을 완성하고 평화로운 세상을 만드는 배움의 길 — 공자, 『대학』 • 146

사람이 가야 할 당연한 길 — 공자, 『논어』 • 152

사람답게 살기 위해 우리가 추구해야 하는 것 — 맹자, 『맹자』 • 158

기울지도 넘치지도 않는 균형 잡힌 삶의 원리 — 『중용』 • 163

자연의 모습을 따르는 소박한 삶 — 노자, 『도덕경』 • 169

세속적 가치를 초월한 정신적 절대자유의 경지 — 장자, 『장자』 • 174

차별 없는 사랑으로 만드는 평화로운 세상 — 묵자, 『묵자』 • 180

법의 필요성과 근본정신 — 한비자, 『한비자』 • 186

태평성대를 이룬 리더십과 소통의 정치 — 오긍, 『정관정요』 • 192

역사를 거울로 삼은 군왕과 관료의 정치 지침서 — 사마광, 『자치통감』 • 198

서양철학
이재성

참된 공동체를 세우는 것 — 플라톤, 『국가』 • 208

인간에게 최고 좋음은 무엇인가 — 아리스토텔레스, 『니코마코스 윤리학』 • 214

참된 앎에 이르는 길 — 데카르트, 『성찰』 • 220

자유인이 되는 이성적인 방법에 대한 탐구 — 스피노자, 『윤리학』 • 226

평화를 위한 이성의 변론 — 홉스, 『리바이어던』 • 232

권력의 본질과 인간의 본성을 해부하다 — 마키아벨리, 『군주론』 • 240

이상적인 민주주의 사회를 위하여 — 루소, 『사회계약론』 • 247

인간 이성의 인식 능력에 한계를 긋기 — 칸트, 『순수이성비판』 • 254

절대지라는 유토피아를 향해 가는 길 — 헤겔, 『정신현상학』 • 260

유령은 지금도 우리 주위를 떠돌고 있다 — 마르크스·엥겔스, 『공산당선언』 • 267

쾌락적 본능으로서의 모방과 구성 — 아리스토텔레스, 『시학』 • 278

근대의 분열된 삶과 미적 경험 — 헤겔, 『미학강의』 • 284

이미지가 지배하는 세상을 읽는 방법 — 드브레, 『이미지의 삶과 죽음』 • 291

이성의 모순과 문화의 변증법 — 호르크하이머 · 아도르노, 『계몽의 변증법』 • 297

호기심과 숭배로 은폐된 왜곡과 억압의 시선 — E. 사이드, 『오리엔탈리즘』 • 303

예술과 문학, 그 총체적 관점 — 하우저, 『문학과 예술의 사회사』 • 308

역사 속의 미술과 미술가 — 곰브리치, 『서양미술사』 • 314

소설, 그 근대성과 총체성 — 루카치, 『소설의 이론』 • 320

아우라의 몰락과 해방의 예술 — 벤야민, 『기술복제시대의 예술작품』 • 326

영화 이미지에서 철학을 사유하다 — 들뢰즈, 『시네마』 • 332

문 학

권 오 현

인문학이라는 용어가 더 이상 낯설지 않다. 도서관이나 문화원마다 인문학 강좌가 수없이 열리고 인문학 개설서가 수없이 출판되고 있다. 인문학에 대한 관심이 한껏 높아졌다. 이른바 인문학 열풍이다. 하지만 그런 열기 속에서 우리는 과연 인문학을 제대로 맛보고 있는 것일까.

인문학을 제대로 맛보려면 인문 고전을 바로 대해야 한다. 개설서나 요약본 몇 권을 보고 인문학을 이해한다고 하는 것은 섣부른 판단이거나 오만이다. 특별한 경우를 제외하고는 해설서나 각색본으로는 원작을 읽고 얻는 감동을 느낄 수 없다. 고전문학이라면 더욱 그러하다.

문학을 인문학의 한 분야로 꼽는 것은 이미 상식이다. 문학과 철학과 역사, 이른바 '문사철'이야말로 인문학의 대표적인 학문 분야가 아닌가. 그래도 한 번쯤 의심해 볼 필요가 있다. 한낱 예술작품에 불과한 고전소설 따위가 어떻게 인간과 인간의 근원문제, 인간의 사상과 문화에 관해 탐구하는 학문의 영역에 떡하니 자리잡고 있는가 말이다.

독서를 많이 하면서도 문학은 싫어하는 사람들이 있다. 소설 속의 인물들은 하나같이 이상하고 혐오스럽기 때문이라고 한다. 맞는 말이다. 문학의 인물은 병리적이고 비정상적이다. 그것은 우리 안에 숨어 있는 여러 성격 중에서 한두 가지를 끄집어내서 과장하기 때문이다. 특정한 부분을 확장하고 강조하면 기이한 형상이 나올 수밖에 없다. 그런데 그렇게 만나는 형상은 바로 우리 자신의 모습이다. 개인일 수도 있고 집단일 수도 있다. 자기 자신의 민낯을 본다는 것은 창피하거나 괴로운 일이다. 그것을 문학작품이라는 거울을 통해서 처절하게 수행하는 것이다. 그렇기 때문에 문학은 의미가 있는 것이다. 주지하다시피 인문학의 관심은 인간이다. 인간이 만들어온 역사와 문화를 통해서 인간의 본질을 찾아내는 것이다. 그런 의미에서 문학은 인간의 문제를 가장 정밀하게 다루는 분야가 아닐 수 없다.

방대한 세계문학 작품 중에서 열 편의 작품을 선정하는 것은 힘든 작업이 아닐 수 없다. 위대한 작가와 훌륭한 작품을 열거하는 것만으로도 힘에 부친다. 그래서 많은 독자들에게 익숙하지만 막상 완독은 하지 않았을 만한 작품들을 우선하여 선택하였다. 사실 우리가 잘 알고 있는 고전문학 작품들은 어릴 적에 아동용 출판본이나 문고판 요약본으로 읽었던 것이 대부분이다. 나름대로 완독을 했다고 믿는 것도 중역본으로 접한 것이 많다. 그리고 약간의 시의성을 고려하였다. 해당 고전작품을 당대에 다시 읽어볼 필요가 있다는 사실을 표피적으로라도 강조하기 위해서였다.

　작품에 대하여 언급하면서 인터넷을 검색하면 나올 만한 정보를 제공하는 것은 지양하였다. 그렇다고 독후감 수준의 감상을 전개해서는 안 되기에 그것도 경계하였다. 이미 익숙한 작품을 대상으로 하고 있기에, 이 글을 읽고 나서 원저를 찾아 다시 읽어보고 싶은 느낌이 든다면 성공이라고 할 수 있을 것이다. 그래서 이왕이면 한정된 범위에서나마 여러 번역본을 비교하여 가장 읽기에 좋은 출판본을 선정하는 작업도 수반해 보았다. 물론 이미 원저를 읽은 독자라면 더욱 깊은 정서를 소통하며 공유할 수 있으리라. 치유의 책읽기가 가능하기를 기대한다.

역사의 소용돌이에 휩쓸린 불쌍한 사람들

빅토르 위고, 『레 미제라블』

여러 조사와 통계에 의하면, 한국인이 가장 즐겨 읽는 독서 분야는 자기계발서라고 불리는 처세술에 관한 책이거나 그와 비슷한 실용서라고 한다. 최근 20여 년간의 베스트셀러를 검토해 보니 1980년대에만 해도 네댓 권은 포함되던 인문교양서가 2003년 이후에는 상위권 목록에서 아예 사라졌다는 분석도 나온 바 있다. 그러다가 2014년에 이르러 10년 만에 고전소설이 대두했다. 이는 요즈음에 높아진 인문학에 대한 사회적 관심에 기인하는 것이지만, 무엇보다도 2012년 말과 2013년 초에 걸쳐 대한민국에 불어온 〈레 미제라블〉 열풍으로 촉발된 현상이 아닐 수 없다. 세계 4대 뮤지컬의 하나로 꼽히는 작품을 바탕으로 할리우드에서 만들어진 영화가 개봉되었고, 노랫말을 한국어로 번역한 뮤지컬이 처음으로 선보였다. 영화는 흥행에 성공했고, 한국어로 초연한 뮤지컬은 대구에서 지역 공연 사상 최고의 객석 점유율을 기록했다. 이는 원작 소설에 대한 관심으로 이어져 5권 혹은 6권으로 이루어진 번역본 전집이 15만 부 이상 팔리는 현상이 나타났다.

뮤지컬과 영화를 접한 관객들은 〈레 미제라블〉을 우리나라의 사회 및 정치 상황과 꿰맞춰 희망과 치유의 작품으로 받아들인 듯하다. 장 발장이 전과자에서 사업가 및 자본가로 변신하는 것이나, 빈민 출신 소녀가 귀족 집안의 아들과 결혼해 신분 상승을 이루는 내용에서 미래에 대한 낙관과 안정감을 얻고, '혁명의 바리케이드'를 통해 정치적 실망을 달랠 대리만족과 위안을 찾았다는 것이다.

그런데 몇몇 관객은 당황스러웠다고 한다. 『레 미제라블』은 장 발장의 이야기로 알고 있었는데, 그 내용이 십여 분 만에 다 나오는 것이다. 빵 한 조각을 훔친 죄로 19년 동안 감옥에서 지내고, 은촛대를 훔쳤다가 용서를 받는 줄거리가 금방 지나가 버리니 세 시간에 가까운 상영 시간이 어떻게 채워질까 의아했다는 것이다. 이것은 대부분의 독자들이 어릴 적 읽었던 어린이용 요약본에 의존해 『레 미제라블』을 기억하고 있기 때문이다. 물론 그 에피소드가 전체 이야기가 아니라는 것을 아는 사람도 많으나, 이 작품을 통독한 이를 찾기는 힘들다.

『레 미제라블』은 총 5부로 이어진 방대한 양의 소설이다. 소설의 기본 축은 장 발장과 코제트의 상호 치유의 관계다. 그들을 이어주는 존재로서 팡틴이 등장한다. 또한 끊임없이 장 발장을 따라다니는 자베르 경감과의 긴장 관계도 있다. 자베르는 냉혹하기 그지없어 보이지만, 사회 질서를 유지하고자 하는 원칙의 화신일 뿐이다. 이는 장 발장의 또 다른 자의식으로 볼 수 있다. 그리고 이어지는 코제트와 마리우스의 사랑. 여기에 헌신적으로 마리우스를 사랑하는 에포닌이 들어가고, 마리우스와 외할아버지의 갈등도 있지만, 기본적으로 코제트를 둘러싼 장 발장과 마리우스의 애증이 중심이다.

　소설의 첫 부분은 미리엘 주교의 생활을 묘사하는 것으로부터 시작한다. 은촛대 사건으로 장 발장에게 감화를 준 바로 그 주교이다. 주교의 자비는 세상에 대한 분노와 적개심으로 반항을 일삼던 장 발장을 한순간에 변화시킨다. 그것은 인간의 죄는 처벌로 다스려지는 것이 아니라 사랑으로 용서받았을 때 진정한 반성과 회개가 일어나는 것이며, 법과 윤리를 초월하는 종교적 차원에서 진보가 일어날 수 있다는 주제를 명시해 준다.

　작가는 역사와 문화에 대해서 장광설을 풀고 있다. 때로 상상의 전개를 방해하기도 할 정도다. 그렇지만 그 사설이야말로 작가가 소설이라는 형식을 빌려 풀어나가고 싶었던 자신의 사상이었으리라. 프랑스대혁명을 전후한 역사적 사실, 워털루전쟁, 나폴레옹에 대한 평가, 프랑스의 정신 등등을 비롯해, 심지어는 언어의 문제까지 거론한다. 영어 보급에 가장 큰 공헌을 한 사람이 셰익스피어라면, 프랑스어에는 빅토르 위고가 있다고나 할까. '빅토르 위고의 프랑스어'가 가장 정형적인 프랑스어를 일컫는 관용어로 쓰이고 있는 것을 보면, 작가가 프랑스어의 정립에 미친 영향을 미루어 짐작할 수 있다.

　그런데 작가는 프랑스혁명의 과정을 잘 알고 있으면서 왜 하필 실패한 봉기를 배경으로 삼았을까. 프랑스혁명은 1789년 바스티유 감옥 습격 사건을 시발로 해서 1830년의 7월혁명과 1848년의 2월혁명, 1871년의 파리코뮌 수립 등등의 사건들을 거쳐 자그마치 약 백 년에 걸쳐 이어진다. 이 소설의 배경이 되는 사건은 1832년 6월 5일의 봉기다. 그날 파리의 시내 전역에는 골목마다 800여 개의 바리케이드가 설치되었다고 한다. 그렇게 대대적인 봉기였으나, 바로 그 다음날에 진압되고 만다. 이 사건을 배경으로 삼은 데에는 작가 자신의 강렬한 경험이 영향을 미쳤을 것이다. 실제 작가는 그날 총격전이 벌어진 현장에 갇힌 적이 있다고 한다. 그러나 단지 경험했기에 소재로 삼은 게 아니라, 혁명의 본질을 접근하는 데에는 오히려 실패한 봉기가 더 적합하다고 여긴 듯하다.

봉기가 실패한 것은 결국 시민들의 외면 때문이었다. 이에 대해 작가는 작품 속의 사설에서 아무도 탓해서는 안 된다고 단언한다. 우리들이 살고 있는 불완전한 시대를 탓해야 한다는 것이다. 민중은 아무리 강요한다 해도 그들이 바라는 것 이상으로 앞서 전진시킬 수는 없으며, 억지로 강요하면 민중은 반란을 방치해 버린다고 했다. 그것은 성급한 계몽주의자들에게 던지는 교훈이며, 역사의 진보에 대한 믿음이기도 하다. 진보란 인간의 양식이기에 절망하는 자는 옳지 못하며, 진보는 반드시 눈을 뜬다고 자신한다. 실패한 혁명은 토대가 된다는 것이다. 작가는 영웅적인 패배는 민중의 감동을 일으킬 가치가 있다고 역설한다.

그런데, 이 작품을 대하면 떠오르는 의문이 하나 있다. 그것은 장 발장의 화려한 변신이다. 도망자였던 그는 갑자기 부유한 사업가가 되어 나타난다. 알렉상드르 뒤마의 소설 『몬테크리스토 백작』에서는 암굴 속의 보물이라도 찾지만, 장 발장은 어떻게 그런 부자가 되었을까. 그런 능력을 가지고 있었다면 빵을 훔치지 말고 애초부터 돈을 벌면 되지 않았을까.

이는 시대의 변화에서 답을 찾을 수 있다. 장 발장이 빵을 훔쳤던 1795년은 프랑스혁명 초기로, 혁명전쟁과 공포정치가 이어지던 극도의 혼란기였다. 그런데 그가 부자가 되어 몽레이유 시에 나타난 것은 1815년으로, 나폴레옹이 마련했던 법과 제도를 바탕으로 프랑스에서 본격적인 산업화가 진행되던 시기였다. 그렇기에 장 발장은 제조업과 상업을 기반으로 치부致富를 할 수 있었다. 요컨대, 제도와 질서의 안정이 개인에게 영향을 미친다는 것이다. 참고로 봉기가 일어난 1832년은 정치적 불안과 더불어 흉작과 인플레이션, 전염병까지 창궐하던 시기였다.

특별히 주목되는 인물은 테나르디에이다. 그는 그의 아내와 더불어 어린 코제트를 괴롭히는 인물로 등장한다. 그런데 마리우스와도 매우 밀접한 관련이 있다. 마리우스의 아버지를 워털루전투에서 구해준 것처럼 인식되고 있으며, 마리우스를 사랑해서 결국 목숨까지 바친 에포닌의 아버지이기도 하다. 게다가 혁명의 과정에서 톡톡한 역할을 했던 꼬마 가브로슈의 아버지이기도 하다. 가브로슈가 자신의 혈육인지도 모르고 구해준 두 동생에 이르기까지, 어찌 보면 이 작품에 등장하는 인물 모두와 관계를 맺는 유일한 인물이다. 말하자면 프랑스혁명기의 '포레스트 검프'라고나 할까. 그에게 역사인식이나 사회의식이 조금이라도 있었다면, 사기와 강도 행각을 일삼다가 결국 노예 상인이 되어 버리는 그의 인생이 달라질 수 있지 않았을까. 테나르디에야말로 역사의 소용돌이에서 스스로를 소외시킨 불쌍한 사람이라고 생각한다.

작품 전체에 짙게 깔린 종교적 세계관은 언급하지 않았다. 작가의 생애도 역시 생략했다. 더욱 깊이 이해하는 데 도움이 될 만하겠지만, 자칫 논의가 방만해져 초점을 상실할 수 있기 때문이다. 중요한 것은 『레 미제라블』을 통한 '거짓 위안'에 대한 경계다.

뮤지컬은 "성난 민중의 노래가 들리는가" 묻고 "내일은 오리라"고 환상을 심어주면서 감동을 이끌어낸다. 하지만 소설은 장 발장의 쓸쓸한 죽음으로 끝맺고 있다. 그것을 지키는 것은 마리우스와의 화해와 코제트가 보내는 사랑이다. 미리엘 주교의 용서가 결실을 맺는 순간이다. 소설은 바리케이드 위에 깃발을 올려놓은 채 섣부른 전망을 제시하지 않는다. 뮤지컬과 그것을 토대로 만든 영화는 몰입을 통해 작위적인 감동을 자아내기도 한다. 그것만으로 만족하기에 이 소설은 너무 아깝다.

빅토르 위고, 『레 미제라블』 1~5, 정기수 옮김, 민음사, 2012.
『레 미제라블』은 프랑스에서는 성경 다음으로 많이 읽히는 책으로 꼽힌다. 우리나라의 여러 출판사에서 전집으로 발간하였다. 동서문화사 판본에는 비아르의 삽화 300점이 들어 있어 소장 가치가 있지만, 여러 명이 나누어 번역하여 짜깁은 듯한 느낌을 준다. 일반적으로는 민음사 판본이 가장 널리 읽힌다.

법과 정의, 그리고 광기의 휴머니즘

도스토옙스키, 『죄와 벌』

"법은 멀고 주먹은 가깝다"는 말이 있다. 현대 민주국가는 법치주의를 근간으로 하고 있지만, 법 집행은 때로 답답할 때가 있다. 범죄나 부정 비리를 대할 때는 일반인의 '법 정서'와 동떨어진 결과를 내기도 한다. 심지어는 질서를 유지한다는 것이 결국 기득권의 이익을 보장하는 게 아닌가 하는 의구심을 가지게 되기도 한다. 그것이 아니라고 해도 법에 의한 심판이 가지는 비효율성과 왜곡 가능성은 상존해 있다.

일본 만화 『데스노트』가 표방하는 주제도 이 맥락에 닿아 있다. 이름을 쓰면 죽는다는 데스노트, 그것을 우연히 손에 넣은 고등학생과 천재 탐정의 두뇌 싸움이 전개된다. 주인공인 라이토가 '키라'라는 가명으로 공공의 적이라고 할 수 있는 범죄자나 비리 정치인 등을 암살하는 도구로 데스노트를 이용하여 대중의 영웅이 되는데, 그가 펼치는 논리가 법에 의한 심판의 효율성 문제이다.

노마비의 웹툰 『살인자ㅇ난감』 역시 마찬가지이다. 우연한 살인의 목격자들을 해치우는데 공교롭게 그들이 사이코패스이거나 파렴치범이었고, 나아가 그런 사람들을 제거하는 역할을 자임하게 된다는 내용으로, 법에 의한 심판이 가지는 효용성과 합리성에 대한 고민을 제시하는 것이다. 어디 그뿐이랴. 슈퍼맨과 배트맨, 스파이더맨 등 미국 만화를 원작으로 하는 슈퍼 히어로 이야기 역시 그 기저에는 위기 상황에서 법보다 먼저 나타나 무력으로 해결해 주는 영웅에 대한 동경이 깔려 있다. 과연 영웅은 법보다 우위에 서 있는 존재인가, 그리고 그렇게 집행되는 심판은 인간에게 어떠한 영향을 주는가.

이러한 일련의 법과 정의의 문제를 다룬 서사물의 근간이 되는 작품이 도스토옙스키의 『죄와 벌』이다. 주인공 라스콜리니코프가 전당포 노파를 살해한 것은 돈이 필요해서도 아니고 개인적으로 원한이 있어서도 아니다. 고리대금업을 하면서 일반인의 고혈을 짜내고 착하기만 한 동생을 부려먹기만 하는 노파가 인류의 해악으로 보였기 때문이다. 비록 가난 때문에 휴학을 하고 있었지만 라스콜리니코프는 법학을 전공하는 대학생이었다. 그의 신념에 의하면 인류는 '나폴레옹'과 '이'로 분류된다. 즉 선악을 초월하고 나아가서 스스로가 바로 법률이나 다름없는 비범하고 강력한 소수 인간과 인습적 도덕에 얽매이는 약하고 평범한 다수 인간으로 나뉜다는 것인데, 자신이 비범인에 속하는 것으로 확신한 그는 자신의 신념을 입증하기 위해 노파를 죽인 것이다.

자신의 계획이 범죄가 아니라는 생각을 갖고 있었고, 그러기에 범죄자가 흔히 저지르는 실수를 하지 않을 수 있으리라고 굳게 믿었던 그였지만, 살해 현장에 갑자기 나타난 노파의 동생도 죽이고 만다. 그는 살인 이후에 광기에 가까울 정도로 심한 회의와 가책에 시달린다. 자신은 비범인에 속하기에 자신의 행동은 정당하고 자신의 사상은 합리성을 바탕으로 두기에 견고하다고 강변하지만, 죄라고 생각하지도 않으면서도 발각될까 두렵고, 확신에 차 있던 의식 체계는 혼란에 빠진다. 사건을 담당하게 된 예심 판사 포르피리의 날카롭고 집요한 추적도 그것을 가중시키는 요소였다. 그는 이 사건을 사상적 동기의 범죄로 보고, 라스콜리니코프와 논쟁을 하면서 재판을 전개한다. 결국 라스콜리니코프는 자수를 하게 된다.

라스콜리니코프가 자수를 선택하게 된 데에는 소냐의 역할이 컸다. 온갖 내적 고통에도 불구하고 결코 자신의 죄를 인정하지 않던 라스콜리니코프였지만, 유독 소냐의 희생에 감동을 받고 용기 있는 선택을 하게 되는 것이다. 소냐는 구원의 여성상을 구현한다. 구원의 여성은 단테의 『신곡』에 나오는 베아트리체를 비롯하여 『탄호이저』의 엘리자베스, 『부활』의 카튜샤 등으로 여러 고전 작품에서 등장하고 있다. 소냐도 역시 그러한 역할을 담당하고 있는데, 그가 창녀라는 사실은 기독교의 성자 예수에게 해당하는 구원의 여성인 막달라 마리아를 연상하게 한다. 가족의 생계를 책임지기 위하여 창녀가 된 소냐, 그러면서 자신을 학대하는 어머니를 이해할 줄 아는 여자. 라스콜리니코프의 여동생 두냐와 비교되면서 한없이 자신을 낮추기도 하지만 결국 주인공의 구원자로서 자리잡은 여성. 소냐는 창조자와 창조물의 성스러운 결합을 믿으며, 자신의 유일한 보호자로서의 창조자를 삶의 안식처로 삼아 자신이 겪어야 할 고통을 감내하는 인물로 설명되고 있다.

소설에서는 많은 인물이 등장하고 있다. 그 중에서 간과할 수 없는 인물이 라주미힌과 루쥔이다. 스비드리가일로프도 빠질 수 없다. 모두 듀나를 둘러싼 남자라고 볼 수 있는데, 라주미힌은 라스콜리니코프의 친구로서 그를 도와주는 역할을 하다가 결국 듀냐와 사랑에 빠지게 된다. 루쥔은 듀냐의 약혼자로서 가족을 부양하기 위해 선택한 결혼이었으나 그 실체가 까발려지면서 파혼을 하게 된 상대자이다. 스비드리가일로프는 듀냐가 하녀 일을 할 때 주인이었다. 부인 몰래 듀냐를 유혹하다가 실패했으나, 잊지 못해 페테르부르크까지 쫓아와 구애를 하는 인물로서 아내를 살해하고 여아를 능욕하는 색욕가이다. 그는 소냐와 대립되는 인물로서, 라스콜리니코프의 심리에서 소냐가 천사의 부분이라면 그는 악마의 부분인 것이다. 살인자가 설파하는 합리성과 공정성을 비웃는 인물이었지만, 완력이나 재력으로 듀냐를 차지할 수 없음을 알고 절망하여 자살한다. 이때 듀냐는 그에게 영혼의 구원자로 역할을 담당한다.

그런데 우리 시대에 이 소설을 대할 때, 그 명성에 빗대어 약간의 실망을 느낄 만도 하다. 우선 작가의 의도가 짙게 깔린 설정에도 불구하고 소냐의 모습은 그다지 성스럽지 않다. 그가 보여준 신앙심도 특별한 감동을 주지 않는다. 라스콜리니코프가 굳이 소냐를 찾는 상황조차 필연성을 의심하게 한다. 완벽하리만큼 교양과 인격을 갖춘 동생 듀냐도 희생적이었고, 소설에서 비중 있게 다루지는 않았지만 하숙집 하녀 나타샤 역시 그에게 헌신적이었다. 소냐를 만나게 된 것은 그야말로 우연이다. 술집에서 우연하게 만난 주정뱅이 퇴역 관리 마르멜라도프에게 자신의 재산을 다 털어 주고, 역시 우연히 그의 사고를 목격하게 되어 임종을 지켜준 것이 인연이 되어 그의 딸인 소냐를 만난 것이다. 그가 소냐를 여성으로 인식하게 되고, 그의 신앙에 감동을 받게 된 것도 특별한 계기가 보이지 않는다. 소냐가 그를 따라 시베리아까지 가서 희생과 봉사를 실천하기까지 연결되는 개연성도 부족하다.

많이 분석되고 연구되었다고는 하지만, 무엇보다도 라스콜리니코프의 심리 변화의 추이가 생각보다 명료하지 않다. 틈틈이 닥쳐오는 위기의 순간도 우연한 기회로 벗어나는 경우가 많다. 이것이 극적인 효과를 크게 만들어 소설을 읽어나가는 재미를 배가시키는 데 도움이 될지는 모르겠지만 전체적으로 늘어지는 듯한 느낌을 준다. 이 작품은 잡지 연재를 통해 발표되었는데, 평생 빚에 시달리면서 가난에 쪼들렸던 도스토옙스키가 원고료 때문에 분량을 늘렸다는 비난이 이해될 정도이다.

그렇지만 이 소설이 제기한 법과 정의의 문제, 구원과 인간성 회복의 문제 등은 결코 가볍지 않다. 이 작품을 죄의식을 탐구한 소설로 한정하는 것은 오류가 있다. 작가는 기독교적 사랑을 전파하고 신앙에 의하여 사상이 변화하는 과정을 납득시키고, 서구적 합리주의 및 혁명 사상을 처단하려는 의도로 이 작품을 썼다고 하지만, 그러한 의도를 넘어 단절과 폐색의 시대 상황 속에서 인간성 회복에 대한 강력한 소망을 호소하는 휴머니즘을 표출하는 작품으로 평가되고 있는 것이다.

제목이 주는 무게감 역시 만만하지 않다. '죄와 벌'은 도스토옙스키의 작품 전체를 아우르는 주제로 인식된다. 이는 그의 또 다른 대표작 『카라마조프 가의 형제들』에서도 '부친 살해'라는 치명적인 모티프로 구현되고 있다. 도스토옙스키가 이 소설을 구상한 것은 그가 실제로 경험한 수감 생활을 통해서라고 한다. 그는 제정 러시아에 대항하는 반체제 비밀조직에 가담한 죄로 사형선고를 받았으며, 사면을 받아 사형을 면하고 유형 생활을 경험했다. 그 경험은 『죽음의 집의 기록』으로 고스란히 정리되고 있다. 유형 생활을 하면서 법과 정의에 대한 깊은 고찰을 하였고, 그것이 몇몇 소설 작품으로 구상되었는데, 발표되지 못하고 모두 합쳐진 채로 『죄와 벌』이 탄생했다고 한다.

소설의 배경은 1860년대 러시아 수도 페테르부르크의 어느 7월이다.

여름에 느낄 수 있는 후텁지근함과 끈적임이 작품 전체에 깔려 있다. 이는 작가 특유의 문체와 어울려 광기의 분위기를 자아내는 데 충분하다. '광기'야말로 도스토옙스키의 소설을 특징짓는 핵심어라고 할 수 있을 것이다. 그러한 작품 분위기를 한껏 만끽하기 위해서는 장마가 갓 끝나고 무더위가 밀려오는 시절에 읽는 것이 좋을 듯하다. 법과 정의, 영웅의 역할과 구원을 통한 인간성 회복의 문제에 침잠할 수 있으리라.

표도르 도스토옙스키, 『죄와 벌』 1·2, 홍대화 옮김, 열린책들, 2009.
일본어 중역본으로 출간되던 『죄와 벌』은 1960년대에 을유문화사에서 처음으로 러시아어 완역본을 출간하였고, 최근에는 여러 출판사에서 완역본을 내고 있다. 을유문화사 판은 문예출판사에서 최근 재발간되었다. 완역본 중 대표적인 것은 민음사 판본과 열린책들 판본이다. 민음사가 고전을 현대 사회에 맞게 재번역한다는 취지에서 많은 완역본을 내고 있는 가운데, 열린책들은 러시아 문학을 특화하여 출판하고 있다.

자아와 성찰의 또 다른 존재

헤르만 헤세, 『데미안』

기독교의 신은 선^善의 하나님이다. 그렇다면 그 대립 개념인 악^惡을 관장하는 신이 따로 있지 않을까? 그런데 그러면 유일신이라는 전제가 무너진다. 그렇다고 선악을 모두 다스리는 신이 따로 있다고 가정하면 하나님의 권위는 여지없이 허물어진다. 이러한 모순을 어떻게 이해할 것인가. 헤르만 헤세의 소설 『데미안』(1919)은 이러한 질문을 던진다.

『데미안』은 신비한 매력을 가진 작품이다. 많은 독자들이 이 소설을 처음 접하는 것은 주로 학창 시절이다. 혹자는 이 소설을 처음 읽었을 때 충격을 받았다고 한다. 반세기 전에 나온 소설이건만, 주인공인 싱클레어가 바로 자신이라고 느꼈다는 것이다. 학교와 집, 그리고 그것과 경계를 맞대고 있는 어두운 골목으로 상징되는 두 세계의 격렬한 만남, 그것만으로도 전율을 일으키기에 충분하다. 어디 그뿐이랴. 감히 카인의 권위를 옹호하다니. 그리고 선악을 함께 포괄하는 신, '아프락사스'를 언급하다니…….

무엇보다도 신비로운 것은 '데미안'의 존재이다. 데미안의 등장은 항상 뜬금없다. 프란츠 크로머에게 괴롭힘을 당하던 싱클레어의 앞에 갑자기 나타나 그를 물리쳐 준 것도 그렇거니와, 도서관의 책을 이용한 서신 교환은 더욱 더 그러하다. 전장에서 부상당한 채 누워있는 싱클레어의 옆 침대에 갑자기 나타나서 작별 인사를 하고는 사라지는 마지막 장면은 불가사의하기까지 하다. 선망의 대상이면서 경이롭기도 하고, 때로는 두려움을 느끼게 하기도 하는 존재이다. 데미안의 이름은 라틴어 '데몬' demon 에서 유래한다고 한다. 이는 악마라는 의미를 포함한다. 이름에 걸맞게 그는 신에 가까운 존재, 혹은 인간에게 내재해 있는 신적 존재에 가깝다. 공포영화의 대표적 작품인 〈오멘〉(1977)의 주인공 이름이 '데미안'인 것도 이와 관계가 없지 않다. 청소년기에 이 작품을 대한 많은 독자들은 주인공인 싱클레어에 감정이입을 하여 데미안이라는 존재에 대한 환상을 가지게 된다. 탁월한 지성과 우월한 양식으로 자신을 이끌어주는 친구, 자신을 온전히 이해하면서 해결책을 제시하는 친구, 항상 자신을 지켜주는 수호자 같은 친구, 인생의 멘토가 되는 친구를 동경하게 되는 것이다. 싱클레어에게 그러한 역할을 했던 데미안은 과연 어떤 인물인가.

데미안은 싱클레어의 또 다른 자아이다. 데미안은 싱클레어가 정체성의 문제를 놓고 고민할 때마다 나타나서 그를 인도한다. 그는 항상 곁에 있으면서도 함부로 나타나지 않는다. 그가 나타날 때는 싱클레어가 풀리지 않는 문제로 고민하고 있을 때이다. 다른 도시로 가거나 상급 학교 진학으로 멀리 떨어져 있는 상황에서는 필요할 때마다 뜬금없이 편지의 형태로 나타난다. 이는 싱클레어 내면에 존재하는 또 다른 자아를 형상화한 가상 인물이기 때문이다. 싱클레어가 공원에서 만난 소녀, 베아트리체를 그린 초상화가 데미안을 닮았고, 에바 부인을 닮았고, 싱클레어 자기 자신을 닮은 이유가 그것이다. 그 초상화에 써넣은 "운명과 감정은 하나의 개념에 붙여진 두 개의 이름이다"라는 잠언을 이해하는 단초는 여기에 있는 것이다. 싱클레어가 교회에서 오르간을 연주하는 음악가 피스토리우스와 대화를 이어갈 때에는 데미안이 나타나지 않는다. 실제 인물로서 멘토가 존재할 때에는 데미안이 필요하지 않기 때문이다. 물론 피스토리우스가 제시하는 화두에 봉착했을 때는 편지의 형태로 나타나기는 한다.

싱클레어가 멘토로서 역할을 하는 경우도 있었다. 크나우어라는 동급생이 싱클레어의 멘티였다. 그는 싱클레어로부터 정신적인 도움을 많이 받게 된다. 그가 자살하려던 장소에 싱클레어가 나타나 후 그는 싱클레어의 열렬한 숭배자가 된다. 어릴 적에 만났던 프란츠 크로머는 싱클레어를 제2의 세계로 끌어들이는 역할을 한다. 크로머와 싱클레어와 데미안은 마치 프로이드가 제시한 용어를 써보자면, 이드^{id}와 에고^{ego}와 슈퍼에고$^{super-ego}$의 관계로 이해할 수도 있을 것이다.

그러니 『데미안』은 대표적인 성장소설^{bildungsroman}이 아닐 수 없다. 성장소설은 교양소설, 교육소설, 발전소설이라고 일컫기도 하는데, 주인공이 그 시대의 환경 속에서 유년 시절부터 청년 시절에 이르는 사이에 자기를 발견하고 정신적으로 성장해 나가면서 내면적으로 자신을 형성해 나가는 과정을 묘사한 소설이다. 물론 단순히 지식이나 기술을 익히거나 기성사회의 질서나 규범을 습득하는 것이 아니라, 스스로 인간으로서 갖추어야 할 모습을 형성하는 것을 말한다.

성장소설의 서사적 장치로 언급되는 이니시에이션^{initiation}은 원래 인류학적인 용어로서 '통과제의'the rites of passage의 문턱에 들어선다는 뜻이다. 육체적인 시련과 고통, 신체 어느 한 부분의 제거, 금기와 집단적인 신념에 대한 일련의 고통스런 체험 등을 통과함으로써 이들은 비로소 성인사회의 구성원 자격을 부여받으며 그 사회에 편입하게 되는 것이다. 성장소설의 대표적인 작품으로 괴테의 『빌헬름 마이스터의 수업시대』(1796)와 『빌헬름 마이스터의 청년시대』(1829) 등을 꼽을 수 있는데, 헤르만 헤세 역시 『수레바퀴 아래서』(1905), 『싯다르타』(1922), '지와 사랑'이라는 번역으로 잘 알려진 『나르치스와 골드문트』(1930) 등의 작품을 통하여 맑고 투명한 영혼의 성장과정을 그려내고 있다. 이러한 성장과 극복의 메세지는 데미안이 싱클레어에게 보낸, 아니 싱클레어 자신이 자신에게 전해준 문구에서 적절하게 드러난다.

> 새는 알에서 나오려고 투쟁한다. 알은 하나의 세계이다. 태어나려는 자는 하나의 세계를 깨뜨려야 한다. 새는 신에게로 날아간다. 신의 이름은 아프락사스.

헤르만 헤세는 개인의 성장뿐만 아니라 인류의 성장도 언급했다. 개인의 성찰에서 시작한 싱클레어의 여정은 세계의 문제로 이어진다. 그것은 제1차 세계대전으로 표상된다. 전쟁은 싱클레어에게 또 하나의 커다란 이니시에이션인 것이다. 전쟁을 거치고 난 뒤에 그는 더 이상 데미안도, 에바 부인도 만나지 못한다. 아니, 만날 필요가 없었을 것이다. 그는 이미 질풍노도의 시기를 건너 성숙한 자아를 이루었으므로. 이러한 결말은 문명에 대한 반감을 기본적으로 지니고 있던 작가에 의한 귀결일 수 있다. 문명의 발달이 낳은 비극적 결말이 바로 전쟁이듯이, 헤르만 헤세가 가지는 인간에 대한 사고는 전쟁에 대한 혐오로 나타난다고 할 수 있을 것이다. 제2차 세계대전 중에 독일 병사의 군낭 속에는 헤르만 헤세의 『데미안』이 들어 있었고, 영국군에게는 파스칼의 『팡세』가 들어 있었다고 한다.

그런데, 소설 『데미안』에 관한 또 하나의 일화는 이 소설이 가명으로 출판되었다는 사실이다. 주인공의 이름인 '에밀 싱클레어'가 필명이었다. 헤세는 왜 이 작품을 가명으로 발표했을까. 이미 작가로서 각광을 받고 있었던 그가 명성에 기대지 않고 작품으로만 평가받고 싶었던 것으로 보는 게 일반적이지만, 또 다른 이유도 있으리라. 당시로서는 지나치게 파격적인 내용을 담고 있기에 오해와 편견을 피하기 위한 방법이 아니었을까. 또는 자전적 소설로 보이도록 하여 작중 화자의 신뢰성을 높이기 위한 방법은 아니었을까. 아니면 이 소설은 자신의 작품 목록에서 제외하고 싶었던 것은 아니었을까. 그렇지만 권위 있는 문학상 수상작으로 지정된 것을 거부한 바 있는 이 소설은, 예리한 평론가의 눈에 걸려 헤르만 헤세의 작품으로 밝혀진다.

오해를 피하기 위하여 사족을 달아본다. 선과 악은 대립 개념이 아니라 결여 개념이다. 기독교의 신이 선의 하나님이라는 것은 충만한 존재라는 것이다. 악은 따로 존재하는 것이 아니라 선이 결여되면 악이 되는 것이다. 소설 『데미안』은 기독교에 반역하거나 그 세계를 전복하려는 의도에서 나온 작품이 아니다. 물론 이 소설이 낭만주의와 고대 신화 체계를 무리하게 결합하여 전개한 것을 실패로 보는 평가도 없지 않다. 실제로 작품 전체에 꽉 들어찬 신화적 상상력과 상징성은 오히려 소설을 이해하는 데 방해가 되기도 한다. 그렇지만 이 작품의 초점은 자아에서 세계로 나아가는 과정에 있다. 학창 시절에 이 소설을 보고 전율했던 것은 자아 성찰을 바탕으로 성장하고 극복하는 자기 자신에의 발견이 기저에 존재하기 때문이다. 아마도 청소년기에 읽었을 이 책을 다시 꺼내보자. 그때의 아련한 기억과 함께 자신의 내면에 숨어 있던 또 다른 세계에 대한 인식이 느껴질 것이다.

헤르만 헤세, 『데미안』, 전영애 옮김, 민음사, 2000.
2013년은 헤르만 헤세가 1962년에 작고한 지 50년이 넘어 저작권이 말소되는 해였다. 따라서 헤세 작품 번역 붐이 일어날 것으로 예상했으나, 주로 『데미안』과 『수레바퀴 아래서』에 집중되었다. 『데미안』은 문학동네와 고려대학교출판부 등을 필두로 16개 출판사에서 번역본을 내놓았다. 민음사 판본이 가장 널리 읽힌다.

도덕적 우월과 유효한 부조리

알베르 카뮈, 『이방인』

지중해의 태양은 대구와 경산 지역보다 더 무겁고 뜨겁게 작열할까. 너무나 맑아서 오히려 공포조차 느껴지는 바다와 모든 공간을 가득 채운 햇살로 눈이 부셔서 아련함마저 느끼게 하는 태양은 과연 인간을 미치게 만들기에 충분할까. 알베르 카뮈의 소설 『이방인』의 주인공 뫼르소는 자신이 살인을 한 것이 바로 그 태양 때문이었다고 했다.

소설은 "오늘 엄마가 죽었다"는 문장으로 시작한다. 뫼르소는 엄마의 나이도 모른 채, 아니 심지어는 엄마가 죽은 날이 오늘인지 어제인지조차도 신경쓰지 않고 담담하게 장례를 치른다. 그러고는 이내 집으로 돌아와 예전처럼 출근을 하고 바닷가로 놀러가 해수욕을 즐긴다. 그곳에서 총알 다섯 방으로 아랍인을 죽인다.

소설은 1부와 2부로 나뉘어 있다. 엄마의 죽음과 아랍인 살인으로 이어지는 사건 전개가 1부이고, 2부는 마치 법정 소설처럼 신문訊問과 재판,

그리고 사형이라는 판결로 이어지는 일련의 과정을 그리고 있다. 그러나 법에 대하여 언급하고자 하는 것은 아니다. 뫼르소가 철저히 자기의 삶과 무관한 존재로 살아왔음을 역설하고 있다.

검사와 판사에게 뫼르소는 이해할 수 없는 인간이었다. 뫼르소는 어머니의 장례식에서 눈물 한 방울 흘리지 않았고, 장례식 직후 애인과 태연하게 영화를 보고 잠자리를 했다. 최소한의 인간적 도리도 모르는 그에게 사형 판결을 내린 것은 그들의 입장에서는 당연한 것이었다.

이방인. 이 말은 이국적 동경을 불러일으킨다. 머나먼 바다를 항해하여 왔거나 사막을 횡단하여 건너온 사람으로서, 조급하거나 흥분하지 않고 우리의 인생을 관조하는 냉소를 흘리는 존재로 느껴진다. 카뮈의 소설을 번역하면서 에트랑제^{etranger}를 '이방인'이라고 한 것은 탁월한 선택이다. 물론 이것은 어느 정도 오역이라고 볼 수도 있지만, '국외자'나 '방관자'라는 말보다 얼마나 감성적인가. 이제 에트랑제를 사전에서 찾아보면 첫 번째 의미로 이방인이 나올 정도다. 심수봉이 노래한 〈젊은 태양〉의 가사에는 "우리는 너나 없는 이방인, 왜 서로를 사랑하지 않나" 하는 구절이 있다. 이렇게 이 말은 적당한 반항과 성찰이 뒤섞인 언어로 다가온다.

소설 『이방인』은 약관의 무명작가였던 카뮈를 일약 유명작가로 만들어준 작품이다. 카뮈는 1913년에 태어났다. 그 다음해인 1914년에 제1차 세계대전이 발발했고, 그의 아버지는 전장에서 사망한다. 가난과 질병으로 어린 시절을 보낸 그는 히틀러의 집권과 프랑스 함락으로 저항과 파경의 삶을 살았다. 제2차 세계대전이 한창이었던 1942년에 『이방인』을 발간하고, 이어서 『시지프스의 신화』(1943), 『페스트』(1947) 등 대표적인 작품들을 발표하여, 1957년에 노벨문학상을 수상하기에 이른다. 그러나 그는 1960년에 47세의 일기로 '어처구니없는 부조리한 죽음'을 당한다. 교통사고였다. 그의 죽음에 대해서 프랑스 문화계는 "가장 혜안이 깊고 가장 균형 있는 대변자, 아마도 프랑스 정신계에서 가장 전형적이고 철두철미하게 프랑스적이고 가장 인문주의적인 대변자를 잃었다"고 애도했다.

『이방인』은 카뮈가 스물아홉의 나이에 발간한 길지 않은 소설이지만 결코 쉽지는 않다. 카뮈의 작품을 이야기하기 위해서는 실존주의를 언급하지 않을 수 없다. 그는 사르트르와 달리 실존주의와 거리를 두면서 철학자로 인식되기보다 예술가로 간주되기를 원했다. 덕분에 우리는 카뮈의 작품에서 문학적으로 형상화된 실존주의를 만날 수 있다.

카뮈를 이해하는 키워드로 제시할 수 있는 것이 '부조리'不條理라는 용어다. 세상을 부조리하게 만든 원인은 계몽주의가 가지는 폐단이다. 이성이 만능이라고 인식되던 근대 사회, 데카르트가 방법론적 회의를 통하여 발견한 이성을 언급하면서, 모든 사람에게 이성이 존재한다는 사실을 전파했다. 이성 덕분에 인간은 자유롭고 평등하다고 역설하던 그 시대에는 인간이 이성을 최대한 발휘하여 사회를 개혁하고 문명을 발전시키면 이상 사회가 올 것이라고 믿어 의심치 않았다. 그러나 그 결과는 역설적이게도 가장 비인간적인 현상인 전쟁이었다. 세계대전을 겪은 유럽의 지성들은 이성 그 자체를 부정하는 것은 아니지만 이성에 대해서 회의하기 시작했다. 그래서 사르트르는 "실존은 본질에 앞선다"고 말했다.

일상적으로 '존재'라고 일컫는 것은 엄밀하게 두 가지 의미가 있다. 완전체로서 존재 개념이 있고, 현실체로서 존재 개념이 있다. 이를 가리켜 전자를 본질, 후자를 실존이라고 한다. 카뮈의 입장에서 명증적인 것은 이성에 의하여 주어지는 것이 아니라, 감정 속에서 실제로 경험되는 부조리의 분위기였다. 감정의 세계에서 모든 사물들은 이해되기 이전에 이미 발견되는 것이다.

카뮈가 인간 실존의 근본모순에 대면하여 내리고 있는 반항의 귀결이 "인생은 무의미하다. 그러나 살아야 한다"는 것이었다. "산다는 것, 그 것은 바로 부조리를 살게 놓아두는 것이다. 부조리를 살게 한다는 것은 부조리를 응시하는 것이다" 하고 덧붙였다. 요컨대, 반항은 인간의 끊임없는 자기 자신 안의 실존이라는 것이다.

다시 작품으로 돌아가 보자. 무엇이 부조리이고, 이방인은 누구인가. 주인공 뫼르소는 자신의 삶에서 자신을 철저히 격리시키고 있다. 그야말로 무관한 인물이 되려고 했다. 그러나 뫼르소는 자기가 자신을 소외시켰다고 생각하지만, 사실은 사회 통념으로부터 자신이 소외된 것이다.

소설에는 세 가지의 죽음이 나온다. 자연사인 어머니의 죽음, 살인으로 이루어진 아랍인의 죽음, 그리고 사형이라는 사회적 제도에 의한 주인공의 죽음이다. 죽음이라는 것은 카뮈가 가지는 중요한 주제의식이다. 이미 이십대부터 자신이 구축하고자 하는 작품 세계에 대한 청사진을 그리고 있던 카뮈로서 이러한 죽음에 대한 접근은 우연한 일이 아니다. 이 작품에서 언급하지 않은 또 다른 형태의 죽음인 자살에 대한 지속적인 접근도 여기에 기인한다. 그것은 카뮈가 실천하는 저항의 또 다른 형태인 것이다.

그런데, 죽음을 언급할 때 필연적으로 수반되는 논의가 있다. 바로 도덕의 문제이다. 현진건의 소설 「할머니의 죽음」에 나오는 한 장면을 언급해 보자. 돌아가실 듯 말 듯 임종이 가까운 할머니 때문에 먼 길을 왔다 갔다 하고, 속속 모이는 가족들 때문에 쉬지도 못하다가 새벽녘에 겨우 든 잠을 "할머니의 병환이 위중한데 너희는 잠만 자느냐"면서 깨우는 중모님이 야속했지만, '도덕적 우월'을 빼앗겼기에 대꾸를 할 수가 없었다는 장면이다.

도덕은 통념을 낳는다. 그리고 흔히들 인간의 행동을 그 사회 통념에 의해 재단하려 한다. 어머니가 돌아가셨으면 눈물을 흘려야 한다, 늙은 부모를 직접 봉양하지 않고 양로원에 보내는 것은 불효막심한 일이다, 어머니라는 존재는 자식을 위해서 희생해야 한다, 가족은 화목해야 한다 등등 수많은 통념들이 우리를 둘러싸고 있다. 하지만 실존은 통념에 갇히는 것을 거부한다. 사람마다 각각의 사정이 있고, 그 개별성이 존중되지 않을 때 사회는 개인을 소외하기 시작한다. 그러면서 그 자리를 '도덕적 우월'로 대체한다.

말하자면, 뫼르소가 사형을 받게 된 것은 살인 행위 때문이 아니라, 자기 어머니 장례식 때 눈물을 흘리지 않았기 때문이라는 것이다. 요즘 많이 언급되는 사이코패스에 다름 아니라는 것이다. 그렇지만 어머니의 죽음과 살인과는 필연적 관계가 없고, 뫼르소의 행동은 개별적으로 일어난 것이라고 볼 수 있다. 그것들을 연결시켜 제도적 폭력인 사형으로 나가는 과정은 부조리한 상황이다. 그럼에도 뫼르소는 그것들을 그대로 있게 놓아두면서 자신의 죽음조차 담담하게 받아들인다.

소설을 읽다 보면 가끔 뜨끔한 느낌을 갖게 하는 문장을 만난다. "건전한 사람은 누구나 다소간 사랑하는 사람들의 죽음을 바랐던 경험이 있는 법이다"라거나, "인생이 살 만한 가치가 없다는 것은 누구나 알고 있다"는 등등의 문장들이 곳곳에 숨어 있다. 냉소적이지만 솔직하다. 건강하다는 것은 질병을 덮어버리는 게 아니라 드러내는 것이다. 백 년 전에 태어나 요절한 작가의 소설이 아직도 유효한 것은, 오늘날에도 아직 고정관념은 굳건하고 여전히 부조리는 유효하기 때문일 것이다.

알베르 카뮈, 『이방인』, 김화영 옮김, 책세상, 2012.
김화영 번역본은 세 가지 판본으로 나와 있다. 민음사 판본이 있고, 책세상에서 카뮈 전집으로 나온 판본과 일러스트 판본이 있다. 일러스트 판본은 호세 뮤뇨스의 일러스트를 넣은 프랑스 갈리마르출판사의 『이방인』 출간 70주년 특별판을 번역한 것이다. 그 외 많은 번역본이 출간되어 있다. 최근에는 원로학자의 번역본에 대해 오역을 지적하면서 젊은 번역자가 새로운 번역본을 출간하여 논란을 일으켰다. 책의 후반에 실어 놓은 소설 본문보다 더 많은 분량의 역자노트와 인터넷으로 연재한 가상소설을 통해 비판하였는데, 그 후 여러 가지 반론이 제기되고 많은 논쟁이 벌어졌다. 번역의 문제를 다시 한 번 생각하게 했다는 점에서 주목할 만한 논쟁이었다.

이미 실현된 디스토피아에 대한 경고장

조지 오웰, 『1984』

조지 오웰의 소설 『1984』의 배경이었던 1984년으로부터 한 세대라고 할 수 있는 30년이 넘었다. 영화 〈백 투 더 퓨처〉에서 주인공은 영화가 개봉된 1985년을 중심으로 한 세대 전후인 1955년과 2015년을 넘나든다. 이렇게 한 세대가 의미하는 바는 크다. 그러고 보니 그 영화에서 설정한 미래 시대, 호버보드가 날아다니고 쓰레기로 원자로를 구동하는 2015년이 올해이다. 이미 비디오아티스트 백남준이 〈굿바이, 미스터 오웰〉이라는 작품으로 종말을 고했던 소설, 그 『1984』가 전망했던 미래 사회의 문제점은 한 세대가 지난 지금 얼마나 해결되었을까.

　이 소설을 처음 만난 것이 '1984년'을 한 해 앞둔 1983년이었는데, 아마 그 숫자에 주목하여 작은 붐이 일었던 것 같다. 갓 스물이었던 내 눈에 들어온 인상은 매우 강했다. 무엇보다도 이미 일상용어가 된 '빅 브라더'(예전에는 '빅 브라더'를 '대형'大兄이라고 번역한 예가 있었는데, 이제 아예 고

유명사로 받아들이는 듯하다)라는 존재가 그랬고, "전쟁은 평화, 자유는 예속, 무지는 힘"이라는 아이러니한 구호에 숨긴 논리적 전개가 그랬고, 신어新語를 사용하여 대중의 사고까지 조종해 버리는 공포스러운 통제가 그랬다. 이제 30년이 지나 이 소설을 다시 읽어보니 그때 받았던 충격이 알게 모르게 나에게 영향을 준 것 같다. 한 가지 예로 나는 학창시절에 학생운동을 하면서 들었던 용어들이나 현재 통용되고 있는 약어들에 대한 반감을 가지고 있다. 그것은, 물론 여러 가지 이유가 있겠지만, 언어를 단순하게 사용하면 사고 자체가 단순해진다는 믿음에 기인하는 것이기도 하다. 그것은 아마 이 작품을 읽으면서 인지되었던 것이 아니었을까.

조지 오웰의 소설 『1984』는 잘 알려진 대로 예브게니 자먀친의 『우리들』(1921), 올더스 헉슬리의 『멋진 신세계』(1932)와 더불어 암울한 미래 세계를 묘사한 3대 디스토피아 소설로 꼽힌다. 그렇지만 SF소설이라기보다 사회소설로 분류된다. SF소설의 대가 아이작 아시모프는 "냉전 기류에 편승해서 명작의 반열에 오른 작품"일 뿐이라고 혹평하기도 했다. 1984년에 마이클 래드포드 감독에 의하여 영화로 만들어지기도 했는데, 원작을 잘 살려냈다는 평가에도 불구하고 영화계에서 묻혀버렸다. 『1984』의 세계관을 또 다른 방식으로 담아내면서 강한 충격을 준 테리 길리엄 감독의 〈브라질〉(1985) 때문이었다.

『1984』는 영화뿐만 아니라 수많은 예술 영역에 영감을 주었다. 지금은 오히려 IT계의 '빅 브라더'라고 비난 받는 애플이 1984년에 매킨토시를 발표하면서 "1984년이 왜 『1984』처럼 되지 않을 것인지 알게 될 것"이라는 카피와 함께 내보낸 CF가 유명하다. 국내에서 각광받는 무라카미 하루키의 소설 『1Q84』(2009)에서도 이 작품의 여파를 찾을 수 있다.

'Q'와 '9'는 한국어든 일본어든 발음이 비슷하다. 이렇듯 이 소설은 여러 측면에서 현대인에게 큰 영향을 미치고 있다.

인간의 이성을 발휘해 합리적 사회를 건설하고 문명을 발전시키면 만들어낼 수 있으리라던 유토피아에 반하여, 일련의 세계 전쟁에 대한 경험을 바탕으로 인간 본성에 대한 반성과 성찰에 의해 조심스레 제기된 디스토피아. 전체주의 속에서 인간은 하나의 부속품으로 전락하고, 체제의 유지를 위하여 철저히 감시되고 통제되는 사회. 소설 속에서 세계는 세 개의 초거대국가인 오세아니아와 유라시아, 그리고 이스트아시아로 정립되어 있고, 그들은 끊임없이 전쟁을 지속한다. 그 전쟁은 상대를 무너뜨리기 위한 것이 아니라 자국의 시민들을 통제하기 위한 것이다. 대중을 통제하는 가장 손쉬운 방법은 공포에 호소하는 것이다. 그런 의미에서 전쟁은 아주 훌륭한 수단이 된다. 그리고 실체를 알 수 없는 테러조직, 골드슈타인이라는 인물이 이끈다는 '형제단'은 또 다른 공포로 다가온다. 공포는 증오를 낳고, 증오는 체제를 유지하는 힘이 된다.

조지 오웰은 『동물농장』의 저자로 잘 알려져 있다. 『동물농장』은 옛 소련의 혁명과 집권 과정을 우화로 표현한 작품으로 유명하다. 그래서 가끔 작가를 반공주의자로 오인하는 경우가 있다. 우리나라에서 서슬 퍼런 군부독재 시절에 『1984』와 같은 작품이 유통될 수 있었던 것도 일종의 반공소설로 인식되었기 때문이다. 하지만 그는 철저한 사회주의자였으며, 그가 거부했던 것은 전체주의였다. 그가 작품을 통해서 고발하고자 했던 것은 혁명이 아니라 혁명에 대한 배신이었으며, 권력이 아니라 권력의 타락이었다. 어찌 보면 『1984』는 『동물농장』의 속편이라고나 할까. 대중을 이용하여 권력을 잡은 혁명 이후의 세계가 어떻게 타락하는가, 혹은 어떻게 고착되어 버리는가에 관한 이야기이다.

간단하게 정리해보자. 역사적으로 세 개의 계급이 존재한다. 극소수의 지배계급과 비슷한 수를 가진 중간계급, 그리고 대다수의 피지배계급, 즉 대중이다. 중간계급은 지배계급이 되기 위하여 대중을 끌어들인다. 대의와 명분을 앞세우고 역사와 정의를 내세운다. 그러고는 혁명을 통하여 권력을 쟁취한다. 그리고 새로운 중간계급이 지배계급에서 분리되거나 피지배계급과의 결합으로 생성되는데, 이들은 다시 지배계급이 되기 위하여 도전한다. 새로운 지배계급의 입장에서는 새로운 중간계급의 도전을 차단하기 위해서 역사의 역동성을 소멸시킨다. 결국 대중은 끝내 새로운 세상을 맞이하지 못하게 되고, 지배계급은 권력을 유지하기 위하여 혁명을 배신하는 것이다. 혁명은 변화이고, 권력의 유지는 고착이다. 역사를 고착함으로써 자신의 권력을 존속하는 것이다. 가장 효과적인 방법은 역사를 왜곡하는 것이다. "과거를 지배하는 자는 미래를 지배한다. 현재를 지배하는 자는 과거를 지배한다"는 당의 슬로건 아래에서 과거의 오류를 반성하기는커녕 위장하거나 갱신한다. 그러고는 언제 그랬느냐는 듯이 고친 역사를 신념으로 가져간다. 잘못이라는 사실을 알면서 실행하고, 실행하고 나서는 그것이 잘못이 아니라고 믿어버리거나 실행한 사실 자체를 잊어버릴 수 있어야 한다. 그래서 상반되는 두 가지 사실을 동시에 생각하고 납득하는 '이중사고'가 필요하다.

그러므로 1984년이라고 하는 구체적인 시간 배경은 중요하지 않다. 과거는 지배되고 현재는 왜곡되어 미래는 존재하지 않는다. 권력의 교체를 막기 위하여 역사의 흐름을 끊어버리고 시간을 고정시킨 것이다. 조지 오웰은 1948년에 작품을 쓰면서 연도 숫자를 뒤바꿔놓았을 뿐이다 (사실을 말하자면, 이 작품은 1946년에 집필하기 시작하여 1949년에 출간되었다). 그래서 1984년은 2014년이기도 하고 심지어 2084년이기도 하다.

이 소설을 평가할 때 인간에게는 자유를 지키려는 의지가 있고, 그것 앞에서는 어떤 정치적 권력도 끝내 좌절하고 말 것이라고 믿으면서 전체주의보다 더 강력한 정치 시스템도 인간을 지배할 수 없다는 교훈을 얻을 수 있다고 하기도 한다. 그렇지만 솔직히 이 소설에서 그러한 희망은 보이지 않는다. 작품에서는 행복을 위하여 자유를 포기하는 인간이 나오고, 공포 앞에서 굴복하여 저항보다 순종을 선택하는 양상이 드러난다. 어디 작품 속뿐이랴. CCTV나 블랙박스 등에 일거수일투족을 감시당하는 현대인의 삶, 애플이나 구글 등의 거대 기업이 개인 신상정보를 수집하고 있다는 사실, 미국 CIA가 전 세계를 감시 중이며 1년에 960억 건의 정보를 인터넷을 통하여 입수하고 있다는 전직 정보요원의 폭로 등 더 이상 『1984』의 세계가 허구가 아니라는 사실이 입증되고 있다. 제일 무서운 것은 우리들 스스로 '빅 브라더'의 세계에 자신을 던져넣고 있지는 않은가 하는 것이다. 더 이상 국가 권력이 아니라도 거대 자본 권력, 즉 기업의 통제를 자처하거나 그들의 감시 반경에 자기 스스로 들어가고 있는 게 아닌가 말이다. 당장 옆에 놓여 있는 휴대전화기가 상징하는 의미가 느껴지는 순간이다. 이쯤 되면 절망할 수밖에.

그렇지만 모르고 당하는 것과 알고 있는 것은 분명히 다르다. 비록 '빅 브라더'가 실체를 달리해 덮쳐 오더라도 공포에 휘둘리고 무지에 휩싸이는 우중愚衆으로 남지 않으려면 부단하게 우리를 돌아보아야 할 것이다. 그래서 영화 〈매트릭스〉(1999)에 나오는 빨간 약과 파란 약을 선택하는 장면이 우리에게 닥쳐올 때, 현명하게 대처해야 할 것이다. 그것이 국가이든 자본이든 권력에 맹종하고 아부할 때 파시즘과 전체주의가 맹위를 떨치게 된다. 그런 의미에서 조지 오웰의 『1984』는 이미 우리 곁에 실현된 디스토피아에 대한 경고장이고 아직 실천하지 않은 우리의 행위에 대한 예방의 반성문이다.

　사족을 달아보자. 아무리 반공을 위한 작품이 아니라고 하더라도 이 소설을 읽다 보면 한반도 북쪽의 정부를 참칭하는 권력을 떠올리지 않을 수 없다. 물론 일반적으로 알려진 정보에 의탁하는 수준이지만, 그곳에서 벌어지고 있는 권력의 세습과 그에 따른 통제와 감시를 연상하는 것은 자연스러울 정도이다. 그런데, 과연 우리는⋯⋯. 한반도 남쪽에서 왜곡된 역사와 전도된 가치 속에서 현대를 살아가는 우리는⋯⋯.

조지 오웰, 「1984」, 정회성 옮김, 민음사, 2003.
소설 「1984」는 세계문학전집을 발간하는 민음사, 열린책들, 문학동네, 문예출판사, 더클래식, 펭귄클래식코리아 등등의 출판사뿐만 아니라 책만드는집, 인콘텐츠 등에서 단행본 형태로도 여러 종류가 번역되어 출판되고 있다. 「1984」의 표지 디자인은 감시의 눈을 강조한 것, '1984'라는 숫자를 강조한 것, 그리고 작가 조지 오웰의 사진을 올린 것 등의 세 가지가 주종을 이루고 있다.

가장 일본적인, 그래서 가장 세계적인 인간의 내면 탐구

가와바타 야스나리, 『설국』

일본의 노벨상 수상 작가 가와바타 야스나리의 소설 『설국』雪國. 장편이라고 하기에는 분량이 적고 중편이라고 하기에는 많다는 느낌이 드는 이 작품을 읽는 것은 그리 어려운 일이 아니다. 그렇지만 이렇다 할 갈등도 보이지 않고 인물의 성격 설정도 애매모호하여 쉽게 받아들여지지는 않는다. 특히 소설 전체에 깔려있는 일본 문화 혹은 정서에 대한 이해가 쉽지 않다. 가깝고도 먼 나라라고 했던가. 서구인의 시각으로 보면 구분하기도 쉽지 않은 한국과 일본인데, 인접해 있는 국가로서 이해하지 못할 점이 한두 가지가 아니다. 사실 일반적인 한국인이 가진 일본소설에 대한 이해는 일천한 수준이다. 유행처럼 읽히는 무라카미 하루키 정도라고나 할까. 반면 애니메이션이나 게임 등의 콘텐츠는 널리 퍼져 있다. 그래서 때때로 왜곡된 시선으로 일본 문화를 재단하기도 한다. 아마도 일본을 이해하기 위해 거쳐야 할 관문 같은 문학작품으로 이 소설을 꼽는

데 이견을 제시할 이는 많지 않으리라.

소설 『설국』은 "국경의 긴 터널을 빠져나오자, 눈의 고장이었다"는 유명한 문장으로 시작한다. 눈이 쌓인 평원을 감각적으로 느끼게 해주는 이 문장은 그 유려함과 정밀함으로 이어지는 정경 묘사를 대표한다. 이른바 감각적인 문체와 우수 어린 표현으로 이루어지는 일본의 신감각파 문학의 단면이라고 할 수 있을 듯한데, 이러한 감각적인 문장을 제대로 번역할 수 있을까. 실제로 국내에 몇 권의 번역본이 있지만, 전반적으로 아쉬운 수준이다. 한국어와 일본어가 어순이 같고 조사를 쓴다는 공통점이 있기에 번역을 쉽게 생각한 탓인지, 가끔은 직역에서 나타나는 어색한 호응관계나 심지어는 비문까지 보인다. 일본어를 모르더라도 한자에 익숙한 독자라면, 일본에서 출간한 원문을 구해 대조하면서 읽어보는 것도 좋을 것이다. 더 바란다면, 일본 문화에 대한 일천한 지식을 보충하기 위한 충분한 주석이 달린 번역본이 나왔으면 좋겠다.

'국경'이라고 표현되어 있지만 국가의 접경이 아니라 지방의 접경이다. 일컫자면 설국雪國이 아니라 설역雪域이라고 해야 정확할 것이다. 어릴 적에 이 소설을 처음 접했을 때에는 눈으로 이어진 평원을 달리는 기차가 등장하는 영화 〈닥터 지바고〉의 장면이 연상되었다. 그리고 그곳이 일본의 북쪽이라니까 홋카이도라고 생각했다. 하지만 실제 작품의 배경은 니가타였다. 지도상으로는 그저 중부지방으로만 보이는 그곳이었다니! 그러나 니가타는 실제로 4월이 되어야 눈이 녹는 일본 최고의 다설지多雪地로 알려진 고장이다. 그 눈이 녹은 물이 맑은 물을 만들고 그 물로 지은 쌀이 유명하다. 한국인에게도 유명한 고시히카리 쌀의 원산지이다.

소설은 단지 눈이 쌓인 겨울만을 배경으로 하고 있지는 않다. 주인공

시마무라는 니가타에 세 번 방문한다. 처음에는 눈이 녹은 봄날, 그리고 눈이 쌓인 겨울날, 마지막으로 단풍의 계절에서 눈의 계절로 넘어가는 늦가을과 초겨울의 시절. 계절에 따라 변화하는 풍경에 대한 색상과 감정이입에 대한 묘사가 도드라진다. 시마무라는 부모의 유산으로 놀고먹는 한량이다. 그가 하는 일이라고는 취미 삼아 서양의 무용을 소개하는 칼럼을 쓰는 일 정도이다. 그러고는 고즈넉한 여행을 즐긴다. 그 여행에서 게이샤인 고마코를 만나고, 은은한 연정을 느낀다. 고마코는 스승의 아들 유키오와 약혼했다는 오해를 받는다. 고마코가 게이샤의 길로 나선 것이 유키오의 투병 생활을 돕기 위한 것이기 때문이다. 그렇지만 유키오의 애인은 따로 있었다. 요코, 니가타 지방으로 들어오는 기차 안에서 시마무라가 만난 그 여자. 시마무라는 요코에게 아련한 관심을 가진다. 스승의 아들이 병사하고 난 후에 시마무라와 고마코와 요코는 미묘한 긴장 관계를 유지한다. 확실히 드러나지 않는 갈등 관계를 기반으로 전개되던 소설은 그야말로 '뜬금없이' 벌어지는 화재 사건으로 파국을 맞는다.

  소설은 눈(雪)으로 시작해서 불(火)로 끝난다. 그렇다고 화마가 모든 것을 휩쓸어가는 것도 아니고, 이별을 예감하는 시마무라와 고마코의 눈앞에서 요코가 불 속에서 인형처럼 스러지는 장면으로 모든 것을 대변한다. 그리고 이어지는 "발에 힘을 주고 버티면서 눈을 든 순간, 쏴아 하는 소리를 내면서 은하수가 시마무라 안으로 흘러 들어오는 듯했다"는 마지막 문장. 언뜻 설국이라는 제목과 달리 눈이라는 제재가 큰 역할을 하지 않은 것처럼 느껴지기도 한다. 그렇지만 작품 전체를 아우르는 배경으로서 이 작품에 누누이 등장하는 눈은 마치 김승옥의 소설 「무진기행」에서 나오는 안개와 같다.

1994년에 한국을 방문한 일본의 문학평론가와 한국을 대표하는 문학평론가의 대담 한 대목이 떠오른다. 그 대담의 한 부분을 범박하게 요약하자면, 일본의 평론가가 한국의 소설에는 왜 짧디 짧은 단편소설에서도 역사가 거론되고 사회가 언급되는지 모르겠다고 질문하자, 한국의 평론가가 한국인이 살아온 현대사가 워낙 역동적이어서 그렇다고 했다. 요컨대, 일본의 소설은 이른바 사소설私小說이라고 대변되는 개인의 일상과 내면에 대한 기록이라는 것이다. 그것은 일본의 전통과 문화에서 기인하는 현상이다. 물론 20년이 지난 오늘, 우리나라의 소설도 크게 다르지 않다.

『설국』에 대한 또 하나의 선입견은 일종의 부러움으로 나타난다. 바로 노벨상이다. 일본인으로서, 아니 동양인으로서 최초로 노벨상을 수상한 작가. 그 작가의 대표작이기 때문이다. 그러한 부러움을 해소하기 위한 해법은 "노벨상을 주관하는 서구인이 어떻게 일본어로 쓰인 작품을 제대로 감상하여 노벨상을 수여할 수 있었을까" 하는 의문에서 시작한다. 그러면서 번역의 문제로 이어나간다. 특히 이 소설을 예로 들면 더욱 그러하다. 이 작품이 서구에 알려진 것은 번역가 에드워드 사이덴스티거의 역할이 매우 컸다는 것이다. 그러면서 흔히들 다음의 예를 들어 말한다. 조지훈의 「승무」를 완벽하게 서구어로 번역할 수 있다면 노벨상은 떼어 놓은 당상이라고, 우리 문학의 수준이 얼마나 높은데, 단지 번역이 안 되어서 전달이 되지 않은 것이라고……. 하지만 그것은 오해이거나 오만이다.

무엇보다도 노벨상은 작가에게 주는 상이지 작품에 수여하는 상이 아니다. 물론 문학적으로 성취를 이루어야 한다는 전제가 깔려 있지만, 작가가 어떠한 삶을 살아왔는가 혹은 어떤 시대에 맞서 꿋꿋이 자신의 정체성을 지켜왔는가 하는 것이 관심의 대상이다. 아무리 수려한 언어를 사용해서 작품을 만들었다고 해도, 권력에 아부하여 안락하고 풍요로운 삶을 누려왔던 작가에게 돌아갈 상은 없다. 불행하게도 교과서에서 자주 언급되는 우리 문학의 원로들의 삶은 부끄러운 경우가 많다.

또 어떤 문학인은 주장한다, 우리는 노벨문학상을 받을 자격이 없다고. 물론 빙상의 불모지에 홀연히 나타나 세계를 제패하여 대한민국 피겨스케이팅의 수준을 올려버린 김연아 선수 같은 천재가 없으리라는 법은 없지만, 독서량이 전 세계에서 꼴찌를 달리는 상황에서, 특히 몇몇 유명한 소설책 몇 권을 제외하고는 팔리지도 않고, 시집 한 권 제대로 사보는 사람이 없는 상황에서 노벨문학상을 바라는 것은 마치 축구 전용 경기장 하나 없이, 또 유소년 선수 양성 없이 월드컵 우승을 바라는 것과 마찬가지라는 것이다. 맞는 말이다. 고은이나 황석영이 누구인지 모르면서, 혹은 작품 하나 읽어보지 않은 채 매년 노벨상 시즌에 언론을 통해 거론되는 이름 정도만 들어보는 수준이면서, 우리나라 문학인이 노벨문학상을 받기를 요구하는 것은 말이 되지 않는다.

물론 가와바타 야스나리로 돌아오면, 그가 노벨상을 수상하게 된 이유를 짐작하기 쉽지 않다. 반체제 인사도 아니고, 국제 인권을 위해 노력한 것도 중국 문화혁명에 반대하는 성명을 낸 것 정도 외에는 잘 보이지 않는데, 일본 문단의 실세로 문화권력을 누리던 그에게 노벨상이 돌아간 것에는 국제적 안배를 의심할 수도 있다. 그렇다고 하더라도 그 힘은 일본 문화를 철저하게 기반하고 있기에 얻어진 것이 아니었을까. 한 문화의 배경 속에 처한 인간의 내면을 처절하게 서술하였기에 인류적 보편성을 얻을 수 있었고, 세계인 누구라도 공감할 수 있었던 것이었으리라. 즉 가장 일본적이었기에 세계적이 될 수 있었던 것이다.

가와바타 야스나리는 1968년 노벨상을 수상하고 3년 반쯤 뒤인 1972년 4월에 자살했다. 일본을 대표하는 소설가로, 문단권력의 정점에 서 있던 그가 갑자기 자살한 이유는 제대로 밝혀진 바 없다. 그가 그의 문학에서 추구했던 감각적인 허무주의가 발현된 것일까. 자살한 자신조차도 자신의 죽음을 예감하지 못했던 듯하다.

　이렇게 『설국』은 우리에게 많은 것을 시사해 주는 소설이다. 작품의 배경이 되는 니가타 현의 유자와에는 설국 문학산책도를 개발하고 가와바타 야스나리가 묵었던 다카한 여관을 기념관처럼 꾸며놓았다. 거기에는 고마코의 실제 모델이 되었던 기생 마츠에의 사진 등이 전시되어 있다. 료칸 여행이라는 특유의 일본식 휴양 방식과 어우러져서 한번쯤은 찾고 싶은 곳이다. 훌륭한 관광지가 되어 있는 것이다. 이 작품은 노벨상을 받기 전인 1965년에 영화로 만들어졌으며, 우리나라에서도 1977년에 리메이크되었다. 2000년에는 가와바타 야스나리의 탄생 100주년을 맞아 사사쿠라 아키라가 『신 설국』이라는 소설을 썼다. 이 작품도 2001년에 영화로 만들어졌다. 말하자면 소설 『설국』은 일본 문화에 대한 접근의 통로이면서 우리 문화에 대한 성찰의 계기로 작용할 만한 작품이다. 물론 인간의 내면에 대한 세밀한 탐구라는 것은 기본이다.

가와바타 야스나리, 『설국』, 유숙자 옮김, 민음사, 2002.
시중에는 『설국』의 번역본이 여러 종 나와 있다. 그리고 국내에서 쉽게 구할 수 있는 『설국』의 원본 소설은 신조사(新潮社) 판과 암파서점(岩波書店) 판이 있다. 1948년에 『완결판 설국』이 신조사에서 발간된 것을 감안하여 필자는 신조문고 판을 참조하였다.

인간의 감정과 음모, 그리고 언어의 향연

움베르토 에코, 『장미의 이름』

장미를 장미라고 부르지 않는다면 장미의 향기가 날 것인가. 이 말은 언어학적으로 무척이나 커다란 문제를 제기하는 화두이다. 실상 이는 셰익스피어의 희곡 『로미오와 줄리엣』에서 사랑에 빠진 줄리엣이 로미오에게 몬테규라는 이름(성)을 벗어던지라고 요구하는 대사에서 나온 말이다. 그리고 "우리가 장미라 부르는 것은 다른 어떤 말로도 같은 향기가 날 겁니다"라고 읊조린다. 사물에 어떤 이름을 붙여도 그 본질은 변하지 않는다는 의미다. 하지만 과연 장미라는 이름이 없다면 장미라는 사물을 인식할 수 있겠는가, 혹은 장미에게 다른 이름을 붙인다면 거기에서 나는 향기를 장미의 향기로 인식하겠는가 하는 문제가 야기된다. 그래서 그 의도와 상관없이 장미의 이름은 사물과 언어의 관계, 기의記意와 기표記標의 관계를 넘어 존재와 인식의 문제로 확장되는 기호학적 명제로 자리잡는다.

움베르토 에코가 쓴 『장미의 이름』(1980)이라는 소설의 제목을 처음 접했을 때 셰익스피어의 그 유명한 대사가 첫 번째로 떠올랐다. 물론 에코가 이 작품을 쓰면서 셰익스피어를 감안한 것은 아닌 듯하다. 그럼에도 불구하고 에코가 세계적으로 손꼽히는 기호학자라는 사실이 그러한 연상을 더욱 강하게 부추겼다. 에코는 중세 철학부터 인터넷 환경에 이르기까지 다방면에 관심을 두고 언어학뿐만 아니라 미학, 문학, 문화 비평, 심지어 건축학 등 '지식계의 티라노사우루스'라고 불릴 만큼 엄청나고 방대한 정보를 바탕으로 이론과 실천을 넘나드는 저술 활동을 하는 학자이면서 소설까지 창작하고 있다.

우리나라에서 에코의 소설이 주목받은 것은 『푸코의 진자』(1988)가 먼저였다. 기호학자의 면모를 유감없이 보여준 이 작품을 접한 독자는 혀를 내두를 수밖에 없었다. 지식과 관념으로 꽉 찼기에 이해를 하는 것 자체가 쉽지 않았던 것이다. 반면에 과연 같은 작가가 쓴 소설이 맞는가 싶을 정도로 색다른 재미를 느끼게 한 작품이 『장미의 이름』이었다. 익숙한 추리소설 형식의 전개와 적당히 지적 만족을 주는 신학적 논쟁까지. 작가의 풍부한 지식과 정보를 쏟아내면서도 대중소설로 읽히기에도 충분하였다. 그렇지만 소설의 제목이 왜 '장미의 이름'인지 명쾌하지 않다. 물론, 명쾌하지 않기에 그 의미를 찾아나가는 작업 자체가 작품을 읽는 즐거움을 배가하는 요소가 되기도 한다. 과연 이 제목이 가지는 의미는 무엇일까.

소설은 작가가 손에 넣은 책 한 권으로 시작한다. 수도사 아드소(혹은 아드송)이 젊은 시절에 겪었던 7일간의 사건을 기록한 수기이다(물론 이 책은 실제로 존재하는 것이 아니라 작품 속에서 설정한 허구이다). 교황의 권력이 쇠퇴하고 황제의 권위가 극에 달했던 아비뇽 유수 기간이었던

1327년경 아드소는 수련생 시절의 스승인 윌리엄 수도사를 따라 이탈리아의 어느 한적한 수도원에 들른다. 그곳에서는 방대한 장서를 바탕으로 필사 작업이 이루어지고 있었다. 그런데 윌리엄과 아드소가 도착한 첫날부터 자살인지 타살인지 불분명한 사건이 일어나고, 연쇄살인사건으로 이어진다. 수도원장은 풍부한 학식과 명석한 논리로 이름 높은 윌리엄에게 사건의 해결을 부탁했고, 7일간의 추적 끝에 윌리엄은 사건의 단서가 되는 한 권의 책을 찾아낸다. 아리스토텔레스가 쓴 『시학』의 제2권이었다.

인류 최초의 예술이론서라고 할 수 있는 아리스토텔레스의 『시학』에서 가장 눈에 띄는 용어는 '카타르시스'이다. 카타르시스는 감정이입을 전제로 한다. 그래서 연민^{empathy}이 일어나는 연극, 그 중에서도 비극만을 다루고 있다. 사실 아리스토텔레스의 이론에 의하면 비극만이 정통극이고 희극이라는 것은 소품에 지나지 않는 것이다. 그런데 이 소설에서는 아리스토텔레스가 비극 편에 이어서 희극 편을 따로 저술했다고 가정하고 있다. 인간의 특성은 웃을 줄 아는 능력에 있기에 그 웃음을 다루는 위대한 저서가 있었다는 것이다. 그런데 웃음이라는 것은 육체를 뒤흔들고 얼굴의 형상을 일그러뜨려서 수도 정진을 방해하는 요소일 뿐이었기에 수도원의 교리로는 금기의 사항이었다. 그래서 위대한 철학자 아리스토텔레스의 저술을 숨긴 것이고, 그 과정에서 호기심 많은 필사사나 사서들이 그 책을 보려다 독살당하고 만 것이다. 추리소설의 형식을 빌었다는 것을 감안해서, 살인의 전모와 그 수법에 대한 언급은 피하려 한다. 자칫 원서를 읽는 흥미를 반감할 수 있을 것이기에.

작품에서는 가톨릭의 여러 분파들, 특히 정통파와 이단파를 가르는 다양한 기준과 시각을 제시한다. 교황의 권위가 추락한 시대에 백가쟁

명식으로 드러나는 각종 교파들. 소설은 친절하게 그 연원과 전개를 소상히 밝혀준다. 때때로 그러한 학식이 너무 늘어져서 작품에 몰입하는 것을 저해하기도 하지만, 사건의 발단이 되는 교리의 충돌을 극명하게 보여주면서 개연성을 확보하게 한다. 무엇보다도 이러한 장황한 서술을 통하여 중세라는 세계와 기독교의 역사를 처절하게 이해할 수 있는 것은 수확이 아닐 수 없다.

놓칠 수 없는 에피소드 하나, 작중 화자인 아드소가 만난 사하촌의 여인. 음식을 얻기 위하여 몸을 내어주며 살아가는 여인이 아드소를 만나 대가 없이 정을 나눈다. 아드소로서는 처음이자 마지막으로 여자의 육체를 탐할 수 있는 기회였는데, 그 여인이 이단자로 몰려 화형을 당할 때까지 이름조차 알 수 없었다. 그 일은 아드소에게 젊은 날의 잊지 못할 추억으로 혹은 트라우마로 남을 수밖에 없다.

이 소설은 프랑스의 거장 장자크 아노 감독에 의해서 1986년에 영화로 만들어졌다. 소설이 주는 방대한 지적 향연을 느끼기에는 부족하지만, 영화로서도 손색이 없는 작품이다. 영화는 소설을 잘 옮겼으며, 영상적 효과를 위하여 종교재판 후에 화형식을 하는 장면을 삽입한 정도의 차이가 있을 뿐이다. 윌리엄 역할을 맡은 주연은 007 영화 시리즈의 초대 제임스 본드 역할을 했던 숀 코너리였다. 에코가 이언 플레밍의 007의 서사구조에 대하여 기술하는 등 대중문화에 관심을 많이 가졌다는 사실이 반영된 듯 보인다. 에코는 기호학자로서 문학은 물론, 영화와 만화에까지 비평의 시각을 미쳤는데, 에코의 저술을 번역한 책 제목에서 그의 관심을 읽을 수 있다. 『스누피에게도 철학은 있다』, 『대중의 슈퍼맨』, 그리고 『세상의 바보들에게 웃으면서 화내는 방법』 등등. 냉소적이거나 풍자적으로 비칠 수도 있지만, 해박한 지식과 정보를 바탕으로 치밀하면서도 우호적으로 대중문화를 바라보는 에코의 시각을 느낄 수 있을 것이다.

번역본이 발간되었던 당시부터 대중에게 인기가 있었던 이 소설이 우리나라에서 더욱 관심을 끈 것은 역설적으로 표절작이라고 할 수 있는 이인화의 『영원한 제국』 때문이었다. 가상의 고서ᇋ로부터 시작하는 도입, 추리소설 기법의 차용, 한정된 시간 속에서 벌어지는 음모와 추리 등등 유사한 부분이 너무 많아서 그저 참조만 했다고 볼 수 없으며, 이인화 자신도 작품 후기에 코난 도일(『바스커빌의 개』), 존 딕슨 카(『연속 살인사건』), 로베르트 반 훌릭(『중국 황금살인사건』)의 추리소설 등과 함께 이 소설의 모티브를 응용하였다고 밝혔다. 그러고는 포스트모더니즘적 창작 기법이라고 주장한 바 있다. 그래서 원본이 된 이 작품에 대한 관심이 더욱 커진 바 있다.

다시 제기한 문제로 돌아가 보자. 움베르토 에코는 이 소설의 제목을 왜 『장미의 이름』이라고 지었던가. 소설의 끝자락에는 프랑스의 신학자 클레르보의 베르나르의 시구 한 줄을 적어 놓았다. "지난날의 장미는 이제 그 이름뿐, 우리에게 남은 것은 그 덧없는 이름뿐." 그러나 이 구절만으로 명쾌한 설명이 되지 않는다. 아드소가 그 시절에 만나 한 번의 쾌락을 느꼈던 이름 모를 여인이 장미였다는 말인가, 아니면 윌리엄을 따라다니면서 모험을 즐겼던 그 경험이 장미와 같이 화려했다는 말인가. 아마도 교황청을 둘러싼 복잡한 음모들, 그리고 그 정점에서 상징적으로 보여준 수도원의 살인사건으로 비롯된 수많은 언사들이 그것이 아니었을까. 장미가 피어난 계절의 그 화려함도 그냥 덧없이 사라지듯이 인간의 감정과 음모와 재단이 만들어낸, 수많은 언어가 난무했던 시대를 돌이켜보고자 했던 것이리라.

기호학이 우리나라에 소개되었을 때, 자주 거론되었던 예시가 있다. 달을 보라고 손가락을 가리키니 달은 안 보고 손가락만 본다는 속담을 인용하여, 달도 중요하지만 달을 가리키는 손가락의 모양도 중요하다는 것이다. 소설 『장미의 이름』은 달이라는 내용도 재미있지만 손가락이라는 형식에도 관심을 가지도록 해주는 작품이다. 박학다식한 기호학자가 가장 대중적인 언어로 접근하여 펼쳐낸 소설이라고 평가할 수 있을 것이다. 장미만큼 많은 문인들의 사랑을 받은 꽃이 어디 있으랴. 릴케는 그의 시에서 장미를 일컬어 '순수한 모순'이라고 했다. 장미에는 향기도 있고 가시도 있다. 장미는 그 자체로 존재이고 의미이고 상징이다. 움베르토 에코가 장미의 이름을 거론한 것은 인간의 본질과 기호로서의 언어의 문제를 언급하고 싶었던 것이었으리라. 이제 중세의 세계에 빠져들어 지적 쾌락을 느끼면서 인간이 가장 화려할 수 있는 순간을 상징하는 기호로서 언어의 향연을 즐겨보자.

움베르트 에코, 『장미의 이름』 상·하, 이윤기 옮김, 열린책들, 2002.
소설 『장미의 이름』은 열린책들에서 1986년에 처음 완역되었다가 1992년에 개역판이 나왔다. 그러고는 2000년에 조금 작은 책 크기로 판형을 바꾸어 다시 발간되었다. 지금은 열린책들 세계문학전집으로 편입되었다. 중세풍의 화려한 문양이 그려 있는 표지는 개역이나 변형 때마다 디자인이 조금씩 바뀌었다.

한국형 영웅의 원형, 홍길동

허균, 『홍길동전』

한국인에게 가장 친숙한 이름은 무엇일까. 관공서마다 은행마다 작성 서류 견본에 꼬박꼬박 등장하는 이름, 바로 홍길동洪吉童이다. 과연 동에 번쩍 서에 번쩍 한다는 홍길동답다. 전국 각지의 관공서를 다 돌아다니고 있으니 말이다. 미성년 양반 자제가 입는 도령복에, 머리 크기에 맞지 않게 작은 초립을 비껴쓴 의적 홍길동. 미국에 슈퍼맨이나 스파이더맨이 있듯이 우리나라에 존재하는 원조 영웅이다.

웬만한 사람이라면 홍길동의 이야기는 다 안다. 아버지를 아버지라 부르지 못하고 형을 형이라 부르지 못하는 서자 출신이라는 것, 활빈당活貧黨이라는 산적 떼의 두목이 되어 대갓집과 사찰 등 백성의 고혈을 짜내던 지배계급의 곳간을 습격하여 빈민들에게 나누어주는 의적질을 했다는 것, 그리고 나중에 율도국栗島國이라는 이상국가를 세워 왕이 되었다는 것. 대충 핵심적인 내용은 다 알고 있다고 할 수도 있다. 『홍길동전』에 대해서 묻는다면 우리나라의 신화나 전설에 나오는 영웅의 일대기 구조를 전형적으로 보여주는 영웅소설의 대표작이고, 진취적이고 영웅적인 주인공의 일생을 통하여 적서차별과 관리들의 부정부패, 그로 인한 민중의 궁핍한 생활 등 봉건사회가 야기한 사회적 갈등을 문제화하고 그 해결의 방법을 모색하고 있는 작품이라고 술술 언급할 수 있다. 그렇기에 『홍길동전』을 굳이 찾아서 제대로 읽을 필요를 느끼지 않는다. 이미 잘 알고 있는 내용인데 다시 확인할 필요가 있겠는가. 그래서 마음만 먹으면 한두 시간 정도면 완독할 수 있는 분량인데도 제대로 읽은 독자가 드물다.

그런데 『홍길동전』을 제대로 읽으면 몇 가지 장면이 경이롭다. 우선 놀라게 되는 것이 작품 속의 배경이다. 대개 탐관오리가 설치는 혼란기의 사회라면 폭군이 지배하던 시절이거나 사회질서가 흐트러진 어느 시기여야 할 텐데, 놀랍게도 작품 속의 배경은 조선왕조에서 성군으로 둘째가라면 서러울 세종 때이다. 홍길동이 병조판서를 제수 받아 벼슬을 했다는 대목도 잘 모르던 일화이다. 그리고 홍길동이 무리를 이끌고 갔다는 율도국은 홍길동이 세운 나라가 아니라 이미 존재하고 있던 국가였고, 홍길동이 침략하여 정복한 것이라는 상황도 생경하다. 게다가 나름대로 『홍길동전』을 잘 알고 있다고 믿는 독자들이 알고 있는 인물이 등장하지 않는다. 예를 들면, 홍길동의 스승으로 알고 있는 백운도사가 등장하지 않는다. 신선과 같은 모습으로 구름을 타고 다니던 백운도사는 어디로 갔나.

『홍길동전』에 관심을 가지면 자연스럽게 이 소설의 작가로 추정되는 허균許筠이라는 인물에 대하여 관심을 가지게 된다. 영화 〈광해, 왕이 된 남자〉(2012)에서 광해군의 최측근으로 도승지 역할을 했던 인물로 나온다. 물론 실제 허균이 도승지 벼슬을 한 적은 없다. 개혁적이면서도 자유분방한 허균의 행적을 감안하여 설정한 것으로 보인다. 아직도 허균에 대해서는 당대의 사회적 모순을 직시하고 실천으로 개혁하려고 했다는 평가와, 매사에 불평불만을 늘어놓는 반사회적 인물로서 기행을 저지르고 다녔을 뿐이라는 평가가 엇갈리고 있다. 하지만 신분의 한계 때문에 능력을 썩히는 인재들에게 관심을 가졌다는 점이나 기생이나 소실을 인간으로서 대접하고 반려자로서 인정했다는 점 등을 보건대, 소외되고 핍박받는 이들에 대한 애정을 가진 인물이었던 것은 사실인 것 같다.

가끔은 홍길동이 서자로 설정된 것 때문에 작가인 허균도 서자였다고 생각하는 이들이 적지 않다. 하지만 허균은 서얼이 아니었다. 그럼에도 불구하고 적서차별 등 사회적 모순에 주목하여 개혁을 꿈꾸었던 것은 사실이다. 수차례 벼슬을 했다가 물러나기도 하면서 파란만장한 삶을 살았고, 급기야 역모죄로 능지처참을 당한 허균이기에 홍길동과 동일시하기 쉬우리라. 허균의 스승으로 알려진 이달李達이 서자였기에 적서차별도 간접적으로 경험했다고 볼 수 있다. 특히 당대에 벌어졌던 '칠서지옥'七庶之獄(1613)이 홍길동전을 구상하는 데 작용을 했던 것 같다. 칠서지옥은 일곱 명의 서얼이 모여, 문경에서 장사치를 습격하여 살해하고 재물을 빼앗은 뒤 붙잡혀 옥고를 치르다가 당쟁에 희생되어 역모로 번진 사건이다. 그들은 스스로를 죽림칠현竹林七賢이라고 부르면서 음풍농월하다가 현실 개혁에 뜻을 품고 서얼허통庶孼許通(서얼에게 과거 응시를 허락하는 제도)을 상소한 적이 있었다. 물론 그것은 무시당하고 말았다. 그들이 도적질을 한 것은 그 이후의 일이다. 이는 서얼들이 왕권에 저항한 최초의 사건으로 기록되었는데, 허균은 이 사건과 직접 관계는 없었지만 사회개혁이라는 차원에서 관심을 가진 듯하다.

홍길동이 실존 인물이었나 하는 점도 논란의 대상이다. 홍길동은 임꺽정, 장길산과 더불어 3대 의적으로 불린다. 조선왕조실록에는 홍길동의 실존을 기록하고 있다. 하지만 작품 속의 배경인 세종 때도 아니고, 소설이 창작된 시기로 추정되는 광해군 때도 아닌, 연산군 때에 활동하던 도적이었다. 그가 의적 활동을 했다는 기록은 없다. 아마도 허균은 실존 인물의 이름을 빌리고, 시대적 배경을 살짝 바꿔 그야말로 '소설'小說을 썼던 것이리라. 원래 한문학에서 분류하는 '전'傳이라는 문학양식은 한 인물의 일생을 시간의 순서에 따라 서술하는 글인데, 실존 인물이 아닌 가상 인물에게 이 양식을 적용하면서 인식이 달라진 것이다. 또한 '설'說이라는 문학양식은 뜻과 이치를 해석하면서 자신의 주장을 자세하게 서술하는 글인데, 거기에 저속하다거나 비천하다는 의미로 '소'小라는 말을 붙여 '말도 안 되는 이론' 또는 '이치에 어긋나는 이야기'라는 뜻으로 만든 말이 바로 소설이다.

허균을 『홍길동전』의 작가로 '추정'한다고 하는 것은 『홍길동전』에 작가의 이름이 남아 있지 않고 허균 스스로 자신이 작가라고 밝힌 적도 없기 때문이다. 단지 광해군 때의 문신 이식李植이 남긴 『택당집』澤堂集에 "허균은 수호전을 본떠서 홍길동전을 지었다"는 기록이 남아 있을 뿐이다. 오늘날 우리가 볼 수 있는 『홍길동전』은 경판본이거나 완판본이다. 경판본은 서울 지역에서 목판을 만들어 출간한 책들을, 완판본은 전북 전주에서 출간한 책들을 일컫는 말인데, 이렇게 출판이 되었다는 것은 시장이 형성되었다는 것이고, 한국형 자본주의가 발전하기 시작했다는 말이 된다. 참고로 이들 지역 외에도 경기 안성의 안성본과 대구의 달성본 등이 유통되었다. 이러한 출판문화가 절정에 달한 때는 영·정조 때이다. 그러니까 경판본이나 완판본을 원전으로 하는 『홍길동전』

을 읽는 것은 허균이 저작을 한 후 약 백여 년이 흐른 뒤에 굳어진 작품을 보는 셈이다. 물론 출판본 이외에도 필사본으로 많은 일화가 이어지기도 했다.

그러한 탓에 정확한 창작 연대가 밝혀지지는 않았지만, 최초의 한글소설이라는 사실과 고전문학으로 분류된다는 점 때문에 이 작품을 마치 고대의 문학인 것처럼 치부하는 것은 곤란하다. 허균의 활동 시기가 대략 1600년을 전후로 한 때이니, 서양문학으로 치면 셰익스피어가 『로미오와 줄리엣』(1595)이나 『햄릿』(1601)을 집필할 시기이다. 셰익스피어와 허균은 동시대의 인물이었고, 한 사람은 영국에서 또 한 사람은 우리나라에서 근대문학의 효시를 열었다고 평가해도 지나치지 않을 것이다.

작품으로 돌아가자. 작품의 배경을 왜 하필이면 세종 때로 설정했느냐 하는 점은 나름대로의 이론이 많다. 태평성대를 무대로 삼음으로써 반역의 논란을 피해 가려고 했다는 설이 설득력이 있다. 그러나 그것만으로는 충분하지 않다. 여기서 초점을 맞춰 봐야 할 점은 과연 홍길동전에서 왕조를 부정한 적이 있었던가, 혹은 가부장제를 거부한 적이 있었던가 하는 문제이다. 말하자면 『홍길동전』은 사회 구조에 도전을 하고 혁명을 하려 한 게 아니라는 것이다. 중세적 질서를 그대로 수용하고, 충효의 윤리를 오히려 강조하고 있다. 홍길동은 병조판서를 구걸함으로써 왕권을 인정하고, 적서차별을 비롯한 신분제도를 혁파한 것이 아니라 외국을 침략하여 정복한 나라에서 자신이 또 다른 지배계급의 정점에 올랐을 뿐이다. 일부다처의 가부장적 가족제도 역시 스스럼없이 받아들이고 있다. 그러니 『홍길동전』을 사회소설로 분류한다고 하더라도 해결이나 전망은 중세적 한계에 갇혀 있다고 할 수밖에 없다.

흔히들 『홍길동전』을 영웅소설로 분류하기도 한다. 그렇지만 홍길동은 진정한 의미의 영웅이 될 수 없다. 영웅이 되기 위해서는 그 능력을 인정할 만한 과정, 즉 통과제의를 거쳐야 한다. 헤라클레스가 영웅이 되기 위해서는 헤라가 지정한 열 가지 시련을 거쳐야 했고, 페르세우스는 안드로메다를 구하고 메두사를 잡아야 했다. 바리데기도 저승세계와 신선세계를 오가며 온갖 시련을 극복해야 했으나, 홍길동에게는 그런 과정이 없다. 태어날 때부터 비범한 인물이었고, 여덟 살에 자신을 죽이러 온 자객을 맞아 언제 익혔는지 모를 둔갑술과 환영술로 물리치고, 가출한 직후에 바위를 들어 올리는 놀라운 완력으로 도적 떼의 두목이 된다. 관군과 외적을 격파하는 무용은 통쾌하나 연민이 느껴지지 않는다. 원래부터 외계인이었던 슈퍼맨이 가지는 자기 정체성에 대한 고민 같은 것조차 없다.

이참에 홍길동의 이미지도 재고해 보자. 홍길동이라고 하면 미성년 양반 자제가 입는 도령복을 입고 초립을 쓴 인물이 떠오른다. 그런데 도적 떼의 두목이 되고 일국의 왕이었던 홍길동이 계속해서 그런 옷을 입고 있었을까. 이는 신동우 화백이 그린 만화 『풍운아 홍길동』(1966~1969)에서 비롯되어 정형화한 표상이다. 어쩌면 홍길동이라는 인물을 한국인이라면 누구나 알 수 있게 만든 것이 바로 이 작품이었으리라. 홍길동의 스승으로 유명한 백운도사도 이 작품에서 창조된 것이다. 홍길동이 영웅으로서 거듭나기 위하여 거쳐야 할 무술 수련 과정이 필요했기 때문으로 보인다. 한국형 영웅으로서 홍길동의 원형이 바로 이 만화에서 나왔다고 해도 과언이 아니다.

영웅이 필요한 시대는 불행한 시대이다. '데우스 엑스 마키나'[Deus ex machina](초자연적인 힘을 이용해 국면을 타개하고 결말로 이끌어가는 극작술)는 원래부터 미봉책일 뿐이었다. 합리적이고 민주적인 사회는 시민의 힘으로 부정부패와 비리를 혁파해 나갈 수 있다. 그렇지만 침몰해 가는 배를 향해 날아온 슈퍼맨이 가공할 만한 힘으로 배를 들어올려 승객 전원을 구하는 부질없는 공상을 해보는 것은 안타까움과 답답함이 극에 달한 탓일 게다. 더 이상 방치할 수 없을 정도의 복마전이 되어버린 우리 사회를 어찌할 것인가. 어쩌다가 이 시대를 구원해줄 영웅은 존재하지 않고, 그래서 영웅이 절실히 필요한 시대가 되어버린 것일까. 한국형 영웅의 원형으로서 홍길동을 새삼 언급해 보는 것은 이러한 저간의 사태 탓이다.

허균, 『홍길동』, 김현양 옮김, 문학동네, 2010.
소설 『홍길동전』의 현대어 번역본은 문학동네와 민음사에서 나왔다. 문학동네 판본은 경판본을 원전으로 삼았고, 민음사 판본은 경판본과 완판본을 모두 실었다. 문학동네 판이 원전에 충실한 데 반해, 민음사 판은 흥미 위주로 개역한 듯하다. 또한 민음사 판에는 백범영 화백의 삽화도 들어있는데, 도령복에 초립을 쓴 정형적인 홍길동을 그려 넣었다. 한편 백운도사를 비롯한 곱단이, 차돌바위, 호피 등의 주요 인물이 창작된 만화 『풍운아 홍길동』은 한국만화영상진흥원에서 복원하여 출판하였다.

미완으로 끝난 한국문학의 금자탑

홍명희, 『임꺽정』

단 한 편의 소설, 그것도 결말을 맺지 못하고 미완으로 남은 작품을 발표한 작가가 한국현대문학사에서 최고봉으로 꼽히고, 그 소설이 한국 장편소설의 금자탑으로 칭송받고 있다면 어떤 생각이 들까. 그런데 그 일이 실제로 일어났다. 홍명희가 바로 그 작가이고, 그가 집필한 『임꺽정』이 그 작품이다.

홍명희는 최남선, 이광수와 함께 3대 천재로 꼽히는 작가이다. 그럼에도 불구하고 비교적 널리 알려져 있지 않다. 한국문학사에서 오랫동안 제외되어 왔기 때문이다. 이는 그의 사상과 경력에 기인한다. 일제강점기에 독립운동을 전개할 때도 계급주의에 기반을 두고 있었고, 해방정국에서 좌익 활동을 하다가 주도권을 잡지 못하자 월북을 했으며, 북한에서 부주석까지 지냈다. 한국문학사에서 월북한 작가와 작품을 언급하는 것은 오랜 세월 동안 금기였다. 그러다가 새로운 물꼬를 튼 것이

1988년의 해금 조치였다. 대부분의 월북문인을 대상으로 하는 전면적인 해금이었으나 그때에도 홍명희는 이기영, 한설야 등과 함께 제외되었다. 북한에서 지도급 고위직을 수행했다는 이유였다. 그렇지만 금지 조치 자체가 사문화되었다. 홍명희의 『임꺽정』은 이두호 화백에 의해 만화로 개작되었고, 텔레비전 드라마(SBS, 1996)로 만들어져 방영되기도 하였다.

단 한 편의 소설이라고 했지만, 엄밀히 말하자면 이 작품은 여러 개의 단편소설을 묶어 한 편의 장편소설을 이룬 연작소설에 가깝다. 1928년부터 『조선일보』에 연재를 시작해서 몇 번의 연재 중단 사태를 겪고, 『조광』이라는 잡지로 옮겨 계속했으나 결국 미완으로 끝나버린다. 1939~1940년에는 조선일보사에서, 1948년에는 을유문화사에서 다시 단행본을 묶어내었으나 그 내용과 순서가 다르다. 이에, 사계절출판사에서 『임꺽정』의 정본을 만드는 일을 시작하였다. 산만하게 흩어져 있는 작품들을 일목요연하게 정리하여 10권으로 발간했는데, 그 초판본을 냈을 때는 아직 해금은커녕 신군부 독재정권의 서슬이 퍼렇던 1985년이었다. 당연히 판매금지 조치를 당했고, 사장은 구속되었다. 해금 후 1991년에 재판再版이 발간되었고, 독자들의 호응이 있었지만 생경한 단어나 관용어, 고체古體에 가까운 문장은 껄끄럽지 않을 수 없었다. 1995년의 3판을 거쳐 2008년에 나온 4판은 박재동 화백의 삽화를 곁들였을 뿐만 아니라 단어나 관용어에 대한 해설을 각주처럼 달아 놓아 한결 읽기 편하다.

소설 『임꺽정』이 한국문학사에서 금자탑으로 칭송받는 이유는 몇 가지가 있다. 우선 민중의 관점에서 역사를 해석하여 전개했다는 점이다. 왕조사 중심으로 이루어지거나 야사에 근거하여 역사를 왜곡하고 있는 역사소설들에 비교되는 것이다. 또한 민초들의 삶은 물론 지배층의 관습까지 충실히 재현하여 당대 풍속을 문학적으로 풍부하게 형상화하였다는 점이다. 그리고 낙천적 민중정서를 형상화하여 봉건적 질서에 저항하는 강렬한 생명력을 보여줬다. 마지막으로 "조선말의 무진장한 노다지"라고 한 연재 당시의 『조선일보』 기사처럼 고유어 및 속담 등을 풍부히 되살려냄으로써 우리말의 보고寶庫가 되었다는 점이다. 말미에 속담용례와 낱말풀이를 부록으로 붙여놓기도 했거니와, 『임꺽정 우리말 용례 사전』(집문당, 1995)이라는 단행본이 별도로 나올 정도이다.

이 소설은 연산 조에서 중종 조를 거쳐 인조, 명종 조에 이르는 역사를 관통하고 있다. 거기에는 문정왕후와 윤원형, 정난정과 같은 역사적 인물이 등장한다. 또한 이지함이나 서경덕 등의 이인異人이나 야인野人들도 작품을 장식한다. 황진이도 빠질 수 없다. 작가 홍명희의 아들 홍석중이 소설 『황진이』(2002)를 출간한 사실이 연상된다. 말하자면 권력자에 의한 역사의 해석을 배격하고 상하계층을 모두 아우르는 총체적인 역사관을 문학적으로 형상화한 것이다.

비록 미완이지만, 일단 소설은 크게 세 부분으로 나눠진다. 1~3권에 해당하는 봉단 편, 피장 편, 양반 편이 첫째 묶음이고, 4~6권의 의형제 편이 둘째 묶음이다. 그리고 7~10권의 화적 편이 셋째 묶음이다. 첫째 묶음에는 주인공 임꺽정이 거의 등장하지 않는다. 임꺽정이 태어나기 한 세대 전의 이야기가 주를 이루고 있다. 이것은 이 소설이 발표된 1930년대에 공식화된 대하소설의 요건 중에 최소한 3세대의 서사가 펼쳐져야 한다는 점을 갖추기 위한 것이라 추측할 수 있다. 1930년대는 양차 세계대전에 끼인 시기이면서 경제대공황으로 전 세계가 어려웠던 시절이다. 우리나라는 식민지 현실을 겪고 있었다. 그렇지만 전쟁에 광분한 제국주의에 가장 강렬하게 맞서 싸우면서도 서구에서 발현한 사상과 이론을 시간차 없이 수입하여 학습하고 응용하던 시대였다. 시대가 강퍅하면 문학은 도피하는 경향을 보이기도 하는데, 그것이 역사소설 창작으로 나타나기도 한다. 최근에 소설은 아니지만 사극으로 분류되는 영화가 많이 제작되고 흥행되는 것을 연상해볼 만도 하다. 대하소설 『임꺽정』이 발표된 것도 이러한 시대 상황과 무관하지 않다.

둘째 묶음인 의형제 편에서는 다양한 인물들의 역정이 옴니버스 형식의 소설이라고 해도 과언이 아닐 만큼 잘 그려져 있다. 표창을 잘 던지는 박유복이, 쇠도리깨를 휘두르면서 어린 아이의 울음소리를 끔찍하게 싫어하는 곽오주, 매부의 복수를 위하여 청석골에 왔다가 합류한 소금장수 출신인 길막봉이, 임꺽정의 처남이면서 축지법에 가까울 만큼 빠른 걸음을 자랑하는 황천왕동이, 돌멩이를 잘 던지는 배돌석이, 무관 출신이면서 활을 잘 쏘는 이봉학이, 그리고 모사꾼 서림 등이 각각 한 부분씩 차지하며 인물 군상을 그려내고 있다. 거기에 청석골의 원주인 오가까지. 그들이 여러 방식으로 주인공 임꺽정과 인간관계를 맺고, 마치 수호전에서 백팔 영웅들이 양산박에 모여들 듯이 청석골로 모여든다. 그리고 의형제 결의가 이어진다. 셋째 묶음인 화적 편에서 본격적으로 그들의 무용담이 벌어진다. 그런데 청석골에서 벌어지는 이야기가 대부분이다. 마지막 권 즈음에 가서 자모산성으로 무대를 바꾸고 있지만 작가 홍명희가 밝혔듯이 화적 편을 청석골에서 자모산성으로, 그리고 구월산성에 이르는 세 부분으로 구상했던 것을 감안해 보면 아직도 6~7권 분량이 더 필요하다. 이렇듯 홍명희는 장대한 대하소설을 구상했고, 집필했던 것이다.

그러나 이 작품을 읽는 속내는 결코 후련하지 않다. 실학자 이익은 자신의 저서 『성호사설』에서 홍길동과 임꺽정, 그리고 장길산을 조선의 3

대 도둑으로 꼽았다. 홍길동은 진작에 허균에 의해서 허구화되었고, 임꺽정은 물론 홍명희에 의해서, 그리고 장길산은 뒤늦게 황석영에 의해서 소설로 만들어졌다. 그 세 도적은 모두 의적으로 인식되어 있다. 그런데 임꺽정은 정말 의적이었던가? 홍명희의 소설에서는 그러한 모습이 보이지 않는다.

임꺽정은 천출로 태어나 세상에 불만을 갖고 청석골을 본거지로 하는 화적 무리를 이끌었다. 그러나 청석골이 과연 신분제도를 극복해 낸 해방구였던가. 거기에는 대장부터 두령과 두목, 그리고 졸개에 이르는 새로운 신분제도가 존재할 뿐이다. 말하자면 임꺽정은 또 다른 지배세력으로 군림하고 있었다. 그러니 청석골은 양산박일 수 없다. 임꺽정을 비롯하여 영웅호걸이라는 의형제들은 사실 완력을 믿고 설쳐대는 패거리에 다름 아니다. 인간 생명에 대한 존중은커녕 연민조차도 보이지 않는다. 자신들이 처한 위험을 벗어나기 위해 무단히 살인과 방화를 하고, 부녀자를 납치하거나 겁탈하는 일에 일말의 양심을 느끼지 않는다. 임꺽정에게 영웅의 품위는 보이지 않는다. 걸핏하면 소리나 지르고 자기 멋대로 군다. 본처를 놓아두고 첩실을 서너 명이나 거느리면서 졸개들이 목숨을 걸고 모아온 재물로 흥청망청 유흥에 빠져 지내다가 어느 날 홀연히 돌아와서는 반성 한 번 없이 권좌에 다시 앉아 호령할 정도로 염치없다. 임꺽정은 그저 살인과 약탈, 납치와 강간을 밥 먹듯이 저지르는 도적놈일 뿐이었다.

작가 홍명희는 혹시 '사회주의적 리얼리즘'이라는 창작방법론을 지나치게 염두에 두고 있었던 것은 아닐까. 민중과 유기적으로 결합한 영웅의 전형을 창조하고, 전망을 제시해야 한다는 당위성에 함몰한 것은 아닐까. 결국 미완으로 그친 이유도 여기에 있는 것이 아닐까. 물론 소설의 전개가 계속되었더라면 본격적으로 의적 활동을 하는 내용이 나왔을는지 모른다. 하지만 격동하는 현대사는 천재를 그냥 내버려두지 않았다. 아마도 한국의 문학은 영국의 셰익스피어, 프랑스의 위고, 그리고 러시아의 톨스토이에 비견할 만한 소설가를 놓쳐 버린 것일는지도 모른다. 이 소설이 가지는 한계에도 불구하고 다시 보게 되는 것은 일단 재미있기 때문이지만, 그러한 안타까움도 한몫한 탓이리라.

홍명희, 『임꺽정』 1~10, 사계절, 2008.
소설 『임꺽정』은 1930년대에 발표된 작품이지만, 정본은 1985년에 출간한 사계절 판본으로 보는 것이 타당하다. 이후 판을 거듭하여 4판이 출간되어 있다. 이두호 화백이 그린 『임꺽정』(프레스빌, 1995)은 원작의 캐릭터과 에피소드를 빌려온 전혀 다른 또 하나의 작품이라고 보는 것이 옳다.

베트남전쟁과 민족적 자기 성찰

황석영, 『무기의 그늘』

베트남은 우리에게 어떤 나라일까. 상하常夏의 나라, 쌀국수를 먹는 나라, 아오자이를 입은 여성이 아름다운 나라, 역사와 문화가 우리나라와 가장 비슷한 나라……. 그러나 무엇보다도 한국인으로서 원죄를 짊어질 수밖에 없는 나라일 것이다.

'따이한'이라는 말을 기억한다. 국민학교조차 입학하지 않았던 때, 이역만리 베트남전쟁에 참전한 대한민국 국군을 영광스럽게 일컫는 말이라고 들었다. 백마부대니 맹호부대니 하던 그들은 용맹하고 정의로워서 월남 국민들이 영웅처럼 떠받들고 있다고 말이다. 그러나 실상 '따이한'이 공포와 경멸의 대상이라는 사실을 알게 된 것은 세월이 훨씬 지난 후였다. 그들은 학살자였고 약탈자였다. 오히려 미군보다 더 악랄했다고 한다. 국군이 제국주의의 용병이었던 시절, 정세가 어떠했든 그것은 명백히 침략이었고 범죄였다.

초강대국 미국이 유일하게 패전을 경험했던 전쟁, 베트남전쟁이 가지는 의미는 무엇일까. 전쟁의 당사자인 미국의 베트남에 대한 시각은 여러 영화를 통해서 볼 수 있다. 〈디어 헌터〉(1978), 〈지옥의 묵시록〉(1979), 〈플래툰〉(1986), 〈굿모닝 베트남〉(1987) 등 베트남전쟁을 배경으로 삼은 작품들은 말할 것도 없고, 〈람보〉(1982) 역시 속편이 나오면서 변질되지만 베트남 참전 용사의 후유증에 초점이 맞춰져 있다.

우리나라에서는 이 전쟁의 본질을 언급하는 것이 금기였던 때도 있었으나, 한국문학에서 베트남을 언급한 작품이 없는 것은 아니다. 박영한은 『머나먼 쏭바강』(1977)으로 참전 병사의 삶의 애환을 다뤘고, 안정효는 『하얀 전쟁』(1989)으로 베트남전쟁이 한국 사회에 미친 영향을 외상후 스트레스장애 증후군으로 나타냈다. 그러나 일련의 작품들이 '전쟁의 참상으로 망가지는 개인'이라는 상투적인 감상에 머물러 데, 이런 인식을 극복하고 베트남전쟁을 제3세계적 시각에서 접근한 소설이 바로 황석영의 『무기의 그늘』(1989)이다. 이러한 시각은 이어져서 방현석이 「존재의 형식」(2002)과 「랍스터를 먹는 시간」(2003)으로 오늘날 베트남과 한국의 관계를 세계적 시각으로 접근하는 토대를 마련한다.

『무기의 그늘』은 보병으로 정글 매복 작전에 투입되었던 안영규 상병이 차출되어 다낭시의 합동수사대로 전출하는 것으로 시작된다. 안영규는 다낭 시 일대에서 군수물을 빼돌려 유통되는 시장, 즉 블랙마켓을 감시하는 역할을 맡는다. 이때부터 소설은 총알이 날아다니는 전장이 아니라 돈이 돌아다니는 전장으로 무대를 바꾼다.

소설은 한국인의 시각에서만 전개되지 않는다. 베트남인의 시각을 안배하여 객관성을 유지한다. 팜 꾸엔과 팜 민 형제, 그들은 당시의 베트남 현실을 전형적으로 보여주는 인물들이다. 형인 팜 꾸엔은 베트남 정부군의 소령으로서 권력을 이용하여 치부를 해서 베트남을 벗어나서 살려는 꿈을 꾸는 인물이다. 반면 아우는 민족해방전선의 공작원으로서 보급품을 제공하는 역할을 한다. 그리고 팜 민을 사랑하는 소안. 그들의 갈등과 연민은 '국경 없는 전쟁'이라는 베트남전쟁의 양상을 보여주는 것이다.

소설에 등장하는 다양한 인물들은 나름대로 각자의 입장에서 베트남전쟁을 바라보는 시각을 전달한다. 예를 들어 안영규가 베트남인 동료 토이와 주고받는 대화를 통해서 한국인과 베트남인의 상이한 시각을 표출하는 식이다. 팜 꾸엔 소령의 애인이 되어 마지막 탈출을 꿈꾸던 오혜정도 빼놓을 수 없다.

베트남전쟁의 참상을 직접적으로 고발하기 위해 소설에서는 세 건의 사건 보고서를 삽입한다. 베트남 소녀 윤간 및 살해 사건, 베트남 마을 주민 학살 사건, 그리고 베트남 소년 고문 치사 사건 등이다. 소설의 전개와 상관없이 끼어들어 생뚱맞은 느낌도 들지만 거부감 없이 자연스럽게 읽힌다. 자칫 독자로 하여금 시장의 이야기에 함몰되는 것을 경계하는 역할을 한다.

소설의 무대가 되는 다낭은 남북으로 길게 뻗은 베트남 국토의 가운데에 위치한 도시다. 분단 베트남 시절이 배경인 작품 속에서는 그야말로 접경지역이었다. 산업공장과 군사기지가 공존하는 곳이니, 베트남전쟁을 형상화하기에 적합한 곳이다. 하지만 안영규가 보병에서 수사원으로 놀랄 만큼 쉽게 적응하는 모습이라든가 실제로 블랙마켓의 주도자였음에도 불구하고 "여기서 알았던 그 어느 얼굴과도 다시는 마주치고 싶지 않다"는 결론을 내는 과정의 도덕적 결벽증 등은 개연성을 갖기 힘들다. 한국인으로서 철저한 고백을 하면서도 끝내 자기 방어의 논리를 내려놓지 않는 한계를 보이는 것이다.

　작가 황석영은 우리 문단에서 논란을 많이 일으킨 소설가이다. 2000년에는 자신의 소설 『오래된 정원』(1998)이 동인문학상 후보에 오르자 이를 거부하여 문학상의 위상 문제를 거론하게 한 바 있고, 2009년에는 대통령의 중앙아시아 순방을 수행하면서 몽골과 남북한을 통합하는 알타이연합론을 주장하여 변절 시비에 휘말리기도 했다. 2013년에는 출판계의 사재기 의혹이 제기되면서 자신의 책 『여울물 소리』(2012)를 절판한다고 선언하기도 했다. 문단의 원로인 만큼 그의 행적은 관심거리가 될 수밖에 없다. 이미 산업화 시대의 파행에 투철한 시대의식으로 부딪치던 그가 실제로 1966~1967년에 베트남전쟁에 참전한 체험을 바탕으로 창작한 『무기의 그늘』을 사반세기가 지난 지금 다시 보는 것은 우리 민족의 집단적 자기 성찰과 치유를 위한 것이다.

　민족주의라는 것은 우리 민족에만 적용되는 것이 아니다. 우리 민족이 소중한 만큼 다른 민족도 소중하다는 것이 전제되어야 참다운 민족주의일 것이다. 그렇지 않으면 자칫 극우적 인종주의와 결합되어 배타적이고 침략적인 파시즘으로 변질될 우려가 있다. 우리가 지난 세기에 당했던 민족적 설움을 이제 조금 국력이 강해졌다고 남에게 그대로 앙갚음한다는 생각은 위험하다. 혹은 우리의 생존권이 달렸다고 남을 박해하고 말살하겠다는 생각도 용납될 수 없다. 베트남에서의 만행은 우리 민족의 집단적 트라우마이다. 이미 반세기가 지났고, 이역에서 벌어진 일이었다고 치부해서는 곤란하다. 독재정권 치하였느니 강대국의 압력이 있었느니 하는 어떤 사정과 상황을 갖다 붙이더라도, 한국군이 베트남에서 저지른 짓은 명백한 범죄다. 그것을 스스로 반성하고 사죄하지 않으면 우리 역시 세계사에 죄인으로 남을 수밖에 없다. 정도의 차이야 있겠으나, 우리가 일본이라는 나라를 비난하고 규탄하는 이유가 무엇인가. 그들이 저질렀던 만행에 대한 사과와 반성이 부족해서 아닌가. 또한 우리나라의 현대사에서 미군정에 의해, 혹은 군사독재에 의해 벌어진 학살 사건을 다시 들춰내는 것도 마찬가지다. 우리 민족의 기저에 흐르는 한을 씻어내기 위한 것이다. 우리는 쉽게 용서하고 쉽게 잊어버린다. 그러나 가해자의 반성이 없는 피해자의 용서는 위험하다. 그것은 공허할 뿐만 아니라 윤리의 왜곡과 가치의 전도를 가져온다.

인문학을 위한 고전 읽기에 이 작품을 함께 넣은 것은 베트남이라는 나라에 대한 인식을 다잡기 위해서거나 새로운 국제 관계에 대한 전망을 제시하기 위해서가 아니다. 자기 성찰의 문제를 언급하고 싶었기 때문이다. 문학은 인간의 문제를 다루며, 문학가는 새로운 인간형을 창조한다. 거기에는 처절한 자기 성찰이 전제되어야 한다. 그것이 없이 만들어가는 문학은 음풍농월이거나 언어유희다. 개인적 차원이나 집단적 차원이나 마찬가지다. 자기 자신을 투명하게 바라볼 수 있을 때, 문학 작품을 대하는 것이 인문학으로서 역할을 제대로 담당할 수 있을 것이다.

황석영, 『무기의 그늘』 상·하, 창비, 1997.
소설 『무기의 그늘』은 1988년 형성사에서 발간되었다가 1992년 창비에서 재발간되는 등의 과정을 거치면서 표지가 여러 번 바뀌었다.

역 사

송 호 상

다들 '역사'가 중요하다고 한다. 그로 인해 우리는 다양한 매체를 통해 역사를 접하고 있다. 그런데 뭔가 허전하다. 그토록 '역사'를 많이 이야기함에도 왜 그럴까? 사람들은 '역사'를 무엇이라 여기고 있는가? 이러한 고민 가운데 얼마간의 대안을 찾을 수 있는 책들을 소개하고자 한다. 물론 필자의 지식 범위 내에서 선택한 것이다.

먼저 '역사'라는 학문에 대해 살펴볼 필요가 있을 것이다. '역사'는 단순히 과거 사실만을 이야기하는 학문이 아니다. '현실이 왜 이러한가'에 대한 고민에서 출발한다. '과거와의 끊임없는 대화'를 통해 현실을 파악하고자 하는 학문이다. 이를 정리한 고전이 E. H. 카의 『역사란 무엇인가』이다. 이 책을 통해서 독자들은 역사라는 학문이 어떤 의미를 가지는지 생각해볼 기회를 가질 수 있을 것이다.

우리는 누구나 역사의 대상이 될 수 있다. 『그 나라의 역사와 말』은 평안북도 정주 출신의 '이찬갑'에 관한 책이다. 일제 식민지배하에 시골에 살았던 한 지식인의 삶을 통해 그 시대의 역사성을 고스란히 들여다볼 수 있다. 멀리 고대에는 사마천의 『사기열전』을 들 수 있다. 『사기열전』을 통해 그가 이야기하고자 한 사람들의 면면을 살펴보시라. 온갖 다양한 모습의 사람들을 만날 수 있다. 그 사람들의 이야기를 통해 당대의 역사성을 살펴볼 수 있다.

유명한 '위인'이라 할지라도 우리는 그에 대해 편찬자가 전달하는 정보만 알고 있을 수도 있다. 대표적인 예가 '이순신'이다. 그가 남긴 『난중일기』를 천천히 읽으며 효성이 지극한 아들로서, 정 많은 아비로서, 공정한 지휘관으로서의 이순신을 이해해 보시라. 그리고 전쟁이라는 절박한 상황에서 그가 했던 선택의 의미를 생각해보면 그가 살았던 시대가 달리 보일 수도 있을 것이다. 이순신 못지않게 유명한 분이 '백범 김구'이다. 일평생을 민족을 위해 살아온 민족주의자의 삶에 대해 우리는 무엇을 아는가? 『백범일지』를 읽어 보기 바란다.

매천 황현과 백암 박은식은 민족의 현실에 온몸을 바쳐 저항하였던 지식인이었다.『매천야록』과『한국통사』는 그저 문장이나 지식을 자랑한 책이 아니다. 망해 가는 나라를 바라보면서 일본제국주의 침략의 부당함과 당시 고종과 민비 등 권력의 부패함을 적나라하게 지적하였다. 이처럼 당대의 현실을 치열하게 고민하였던 이들은 왕조 시대에도 있었다. 홍대용은 성리학을 넘어 묵자나 서양의 학문까지 접하였다.『의산문답』은 이러한 경향을 담고 있는 책이다. 그는 '허위'가 넘치는 학문세계를 바로잡고, 나아가 '통섭'(通涉)을 강조하였다.

일연은『삼국유사』에 백성들에게 위로가 되는 이야기를 담아 내었다.『삼국유사』는 몽고와의 전쟁으로 폐허가 된 유적을 이야기함으로써 당대의 현장을 기록으로 남긴 소중한 사료의 가치를 지닌 '고전'이다. 이렇듯 역사 가운데 수많은 인물들이 기록을 남겼다. 그 기록물 가운데 하나가 자서전이다. 가장 탁월한 자서전 중의 하나가『간디 자서전』일 것이다. 진실을 추구하는『간디 자서전』을 읽노라면, 우리에게도 그러한 위인이 있었으면 좋겠다는 간절함이 생긴다.

다시, 왜 역사를 이야기하는가? 그저 재미 삼아, 또는 상식을 풍부하게 하기 위해 역사서를 보는 것은 아니다. 현실을 바로 보고, 미래의 방향을 잡기 위해서이다. 독자들도 이러한 책들을 통해 나름의 해답들을 구해 보는 기회가 되었으면 한다.

치유와 통합의 역사서

일연, 『삼국유사』

『삼국유사』는 단순한 역사서가 아니다. 『삼국사기』처럼 권력의 정당성을 위해 편찬된 것이 아니다. 고통스런 현실을 직시하던 일연이라는 한 승려의 삶이 담긴 치유와 통합을 위한 역사서였다.

일연은 1206년 경상도 경주의 속현이었던 장산군(지금의 경상북도 경산)에서 태어났다. 그가 태어난 때는 무신정권의 혼란기였다. 경주를 중심으로 이비·패좌 등이 주도한, 신라 부흥을 표방한 농민과 천민의 저항이 전개되는 등 전국에서 지배층의 탐학에 대한 저항이 끊임없이 전개됐다. 이러한 혼란기에 일연은 승과에 급제한 후 은둔생활을 하며 수행에 전념하고자 했다. 그러나 몽골군의 침략은 일연의 삶을 바꿔 놓았다.

세계역사상 가장 넓은 제국을 건설한 몽골군의 침략은 이전의 거란, 여진의 침략에 비할 수 없는 엄청난 혼란을 가져왔다. 모든 것을 초토화시켜버리는 몽골군의 침략으로 백성들은 삶의 터전을 잃어버렸으며, 수

많은 문화유적도 소실됐다. 그럼에도 고려의 지배층들은 전쟁 중이라는 상황을 이용해 이전보다 더 심한 조세착취를 자행했다. 강화도로 천도한 최씨 정권은 백성들의 어려움을 외면한 채 호화롭고 사치스러운 생활을 즐겼다. 이 시기 백성들의 삶에 대해 이규보는 『동국이상국집』에서 "당시 지배층의 허물은 외적의 침략으로부터 백성들을 보호해주지 못하는 차원을 넘어, 자신들의 호화로운 생활을 계속하기 위한 비용을 수탈함으로써 일반민의 생활을 더욱 어렵게 하"고 있다고 비판했다.

얼마나 기막힌 일인가. 백성들은 생존을 위해 몽골군이라는 최강의 외적과도 싸워야 하는 한편, 지배층의 과중한 수탈에도 저항해야 하는 상황이었던 것이다. 이제 백성들에게 고려라는 나라는 의미가 없어져 버렸다. 고려마저도 부정하는 저항이 일어났다. 그 대표적인 사건이 1236년 전라도 담양에서 초적 이연년 등이 일으킨 백제부흥운동이었다. 특히 이 사건은 전라도 지역에 몽골군이 처음 침공한 것과 때를 같이해 일어났다는 점에서 당시 몽골군과 고려 정부 그리고 일반민의 삼각관계를 잘 보여준다.

일연은 이러한 현실에서 수행처를 옮겨 다닐 수밖에 없었고, 먹을 것이 없어서 소금과 간장으로 오랜 날을 지냈다. 그런 가운데 수행을 통해 선禪사상을 융합하고자 했고, 대장경을 깊이 연구해 여러 법회를 개최함으로써 선교겸수禪敎兼修의 입장을 갖게 됐다. 나아가 민중 구원의 정토신앙까지 수용했다. 이러한 입장에서, 분열된 고려민의 단결을 위한 자주정신을 회복하고, 고통 속에 있는 민중을 구원하며, 전란으로 허물어진 문화유산을 기록하고자 한 것이 『삼국유사』였다.

『삼국유사』는 당시로서는 파격적인 형식으로 쓰인 책이다. 단순한 설화집도, 승려들의 전기도 아니었다. 일연은 앞 시대의 김부식이 편찬한

『삼국사기』가 표방하고 있는 중국 중심의 유교사관을 불교사관으로 바로잡고자 했다. 또한 기존 역사학자들의 기록에서 빠졌거나 자세히 드러나지 않은 것을 담고자 했다. 그것이 '유사遺事'라는 이름이 가지는 의미다. 그리고 신이神異한 설화들을 그대로 제시함으로써 이들이 가지고 있는 상징적 의미를 통해 중국과의 대등함을 강조했다. 민족의 기원을 환인, 환웅, 단군에 둠으로써 당시 고구려·백제·신라로 상징되던 '삼국분국의식'을 극복하고, 몽골의 지배에 대한 민족의 자주성을 강조하고자 했다.

나아가 일연은 인물에 대한 선악이나 긍정과 부정의 이분법적 사고가 아닌, 불교적 진리에 대한 깨달음과 그 삶에 대한 진정성을 제시하고자 했다. 부도덕한 승려들을 강하게 비판했으며, 무질서한 왕실불교도 비판의 대상이었다. 반면 노비들의 출가수행과 이에 따른 극락왕생의 사례와 사람들의 어려움을 해결해주는 관음신앙에 관한 이야기들을 여러 번 소개함으로써 중생 구제의 과제를 실천하기 위한 자신의 신앙을 뚜렷이 나타내고 있다.

이러한 『삼국유사』를 어떻게 읽을 것인가. 『삼국유사』는 단순한 사실史實만을 서술하고 있는 것이 아니다. 사실들이 이야기(史話)로서 구성되어 있다. 여기에는 이야기하고자 하는 자의 메시지가 담겨 있다. 즉 우리는 『삼국유사』를 통해 사실史實도 공부하고, 사실을 매개로 한 이야기의 세계도 음미할 수 있는 것이다. 역사적 진실을 탐구하는 '역사학'과 역사적 사실을 바탕으로 서술된 이야기를 연구하는 '문학'이 『삼국유사』를 통해 함께 논의될 수 있는 것이다.

2009년 익산 미륵사지 석탑의 해체과정에서 「사리봉안기」가 발견됐다. 그 내용 가운데 "우리 백제의 황후는 좌평 사택적덕의 딸로……"란 표현이 있다. 즉 미륵사를 창건한 무왕武王의 왕비가 사택적덕의 딸이라는 말이다. 이는 무왕의 왕비가 신라 진평왕의 딸인 선화공주라는 『삼국유사』의 기록과는 상반되는 내용이다. 그래서 선화공주는 설화 속의 인물일 뿐 역사적 사실이 아니라는 주장이 강력하게 제기됐다. 그렇다면 왜 『삼국유사』에는 그렇게 기록되었을까?

무왕의 즉위 시기 백제 왕실은 특정 귀족가문에 의해 주도되고 있었다. 무왕은 처음에는 몰락왕족으로서 익산 지역에 살면서 마를 캐어 생계를 이어가는 '서동'의 생활을 했다. 그러던 그가 법왕을 제거하고 실권을 장악한 귀족들에 의해 옹립되어 왕위에 오르게 됐다. 귀족들은 자신들의 정치적 주도권을 계속 유지하고자 몰락한 왕족이었던 '서동'을 왕으로 옹립한 것이었다.

그러나 무왕은 『삼국유사』에 나오듯이 호락호락한 인물이 아니었다. 그는 왕권강화를 위한 여러 정책을 적극적으로 추진했다. 왕실에 대한 권위를 높이고 외적으로는 신라와의 긴장 관계를 해소하려는 목적으로 선화공주와의 결혼도 추진했다. 당시 신라는 고구려와 백제, 양쪽으로부터 공격을 받고 있던 처지였다. 신라는 고구려를 견제하고 백제의 압력을 완화시키기 위해 선화공주와 무왕과의 결혼을 용인했던 것이다. 이런 상황에서 무왕은 자신의 근거지였던 익산에 미륵사라는 거대한 사찰을 건립한다. 3탑 3금당의 가람구조를 가진 유일한 사찰인 미륵사는 백제를 우위에 두고 삼국의 세력 균형 속에서 안정을 도모하고자 하는 세계관을 보여준다. 이러한 미륵사 건립 과정에서 진평왕이 백공百工을 보내 공사를 도와주었다는 기록이 『삼국유사』에 전하고 있다.

이러한 역사적 상황과 『삼국유사』 무왕 부분의 기록, 그리고 미륵사 「사리봉안기」를 종합해 보면, 미륵사의 창건과 관련된 이야기가 『삼국유사』의 무왕 부분에 해당하며,「사리봉안기」는 미륵사 가운데서도 석탑의 건립과 관련된 것으로 볼 수도 있다. 즉『삼국유사』무왕조의 기록과「사리봉안기」를 상호 보완해 이해할 때 과거를 더욱 풍부하게 해석할 수 있는 것이다.

『삼국유사』가 더욱 귀한 이유는 원 자료의 수집과 채록에 있다. 설화 등이 '사실'史實로는 한계를 가지고 있으나 이를 채록으로써 고대 문화에 대한 깊은 분석과 문학적 상상력을 풍부하게 해 주는 것이다. 일연은 중국의 사료보다 우리의 문서나 민간 기록, 전설 등에 더 큰 비중을 두었다. 또한 전쟁 후 황폐해진 국토를 직접 다니면서 고증하는 노력도 했기에 역사적 자료로서의 가치도 이루 말할 수 없이 중요하다.

『삼국유사』는 권력을 위해서, 자신의 지식을 드러내기 위해서, 신앙을 강조하기 위해 쓰인 책이 아니다. 그 시대를 치열하게 살아가면서 고민한 지식인이었던 승려의 삶이 고스란히 담긴 책이며, 무궁무진한 이야기로 뻗어 나갈 수 있는 살아 있는 역사서다.

일연,「삼국유사」, 김원중 옮김, 민음사, 2008.
『삼국유사』는 수많은 번역서와 편집본들이 나와 있다. 대상에 따라 발췌된 것부터,「삼국유사」에 기록된 유적지를 돌아볼 때 유용한 안내서까지 참으로 다양한 책들이 출판되어 있다. 그러나 먼저 원전을 읽어보기 바란다.『삼국유사』와 더불어 한국 고대사와 관련된 책을 읽으면 도움이 될 것이다. 한국역사연구회 고대사분과에서 펴낸 『문답으로 엮은 한국고대사 산책』(역사비평사, 1994),『고대로부터의 통신』(푸른역사, 2004) 등이 있다.

민족의 교과서

백범, 『백범일지』

그는 '백범'白凡이 아니다. 스스로 낮추어 불렀을 뿐, 우리가 어찌 그를 평범한 인물로 치부할 수 있으랴.

한 인간이 살아가면서 개인에 매몰되지 않고 자신이 속한 국가와 민족의 모순을 해결하기 위해 평생을 바치는 것은 결코 쉬운 일이 아니다. 그것도 변절하지 않고 초지일관 그 일을 했다는 것은 존경받아 마땅하다. 그런 인물 중에 으뜸가는 분이 김구 선생이다.

망한 조국을 떠나 남의 나라에서 독립운동을 한다는 것이 얼마나 힘들었을까! 어려운 경제적 여건도 그러하지만 일제의 탄압 속에 체포되고 사형당하는 동지들, 힘든 여건을 견디지 못하고 변절하는 동지들, 기존의 노선이 마음에 들지 않는다고 비판하면서 떠나가는 동지들을 대하면서 김구는 무슨 생각을 하였을까. 사랑하는 장남의 죽음을 겪은 그가 이러한 극도의 고통 속에서 자신에게도 언젠가 닥칠지 모르는 위험을 생각하면서 남은 아들에게 유서 대신으로 쓴 것이 바로 『백범일지』이다.

김구는 출간사에서 "나는 내가 못난 줄 잘 알고 있다. 그러나 아무리 못났더라도 국민의 하나, 민족의 하나라는 사실을 믿음으로, 내가 할 수 있는 일을 쉬지 않고 해온 것이다. 이것이 내 생애요, 내 생애의 기록이 이 책이다"라고 하였다. 또한 아들이 성장하여 아버지의 삶을 알게 하고 싶은 애틋함이 담긴 책이기도 하다.

『백범일지』는 한국 근현대 역사에서 김구가 차지하는 역사적 비중만큼이나 중요한 책이다. 자서전이 의미를 가지기 위해서는 역사성을 가져야 한다. 시대에 대한 역사성을 가져야만 자신이 살아온 과거에 대해 제대로 된 의미와 한계를 살펴볼 수 있다. 그런 의미에서 『백범일지』는 일제의 침략과 지배, 미군정이라는 민족의 현실 앞에서 그가 어떻게 고민하고 대응했는가를 진솔하게 담아내고 있다. 또한 '김구'라는 한 개인의 이야기를 넘어서 그를 압박했던 외세의 실체와 함께 활동했던 인물들, 그가 관여한 사건들에 대한 실상과 그에 담긴 이념이 서술되어 있어 사료史料로서의 가치도 높다.

『백범일지』의 상권은 1929년에 완성되었다. 이른바 국민대표회의 결렬 이후 분열되고 침체된 임시정부를 다시 추스르는 힘든 시기였다. 상권은 1928년 이후 김구가 상해임시정부에서 국무령에 취임한 이후 노모와 두 아들을 고국으로 떠나보냈던 시기까지를 회고한 내용이다. 하권은 1941년에 집필을 시작하였다. 윤봉길 의거 이후 상해를 떠나 넓디넓은 중국 땅을 이동하다가 충칭에 정착하여 한국광복군을 창설하고 본격적인 무장투쟁을 준비하던 시기였다. 이제 독립운동의 막바지라 생각하고 새로운 다짐을 하던 시기였다. 하권의 출간사에서 그는 "내 나이 벌써 칠십을 바라보아 앞날이 많지 않으므로 주로 미주와 하와이에 있는 동포를 염두에 두고, 민족운동에 대한 나의 경륜과 소감을 알리려고 쓴" 것이라 하였다. 국무령으로 활동하던 시기부터 해방 후 귀국하여 지방을 순회하였던 사실 등이 하권에 담겨 있다.

『백범일지』는 한 인간이 민족의 현실에 어떻게 저항하고, 그 가운데 변화되어 가는지를 여실히 보여준다. 미천한 신분의 한계를 뛰어넘기 위한 노력, 민족의 현실에 눈떠 저항한 결과로 얻어진 감옥살이, 자살시도 등이 그러하다. 특히 감옥생활은 그의 인생에서 가장 중요한 변화의 계기가 되었다. 그는 그러한 극한 상황에서 개인에 매몰되지 않고 민족을 바라보았으며, 민족이 처한 현실의 모순구조를 정확하게 인식하였다. 그러면서 저항의 동력은 바로 평범한 민중에게 있음을 깨달은 그는 자신의 호를 '연하蓮下'에서 천한 신분인 백정白丁과 범부凡夫를 줄인 '백범白凡'으로 바꾸었다.

『백범일지』는 험난한 여정 속에서 여러 곳을 옮겨 다니면서 집필하였기에, 원본에는 목차도 없고 서술 내용 가운데 시기나 인명·지명 등에서 착오가 있기도 하다. 그리고 한문으로 서술되는 과정에서 오·탈자 등이 많다. 또한, 김구의 활동 시기와 범위가 광범위하고, 등장하는 역사적 사건이나 인물에 대한 설명이 부족하기에 원문의 의미를 제대로 파악할 수가 없는 경우가 있다. 이러한 한계를 해결하고 김구의 뜻을 바르게 전달하고자 여러 번역서와 주해서가 간행되었다.

첫 번역서는 놀랍게도 친일파 이광수에 의해 간행되었다. 김구는 해방된 조국이 미군정에 의해 통치되는 현실 가운데 그저 쓸쓸히 귀국하였다. 이후 신탁통치문제를 둘러싼 좌우 대립 속에 정치활동을 모색하나 이미 그 영향력은 쇠퇴한 상황이었다. 그런 가운데 이광수는 자신의 친일 행적을 은폐하기 위해 『백범일지』의 윤문 작업을 자청하게 된다. 아마도 김구는 이광수의 친일 행적은 괘씸하나, 그가 상해임시정부 초기에 함께 활동한 옛정을 생각하면서 책의 출판을 맡긴 것으로 보인다.

1947년 12월 이광수가 번역하여 국사원國土院에서 간행한 것이 최초의 『백범일지』이다. 이는 김구의 생존 당시에 간행되었다는 의미를 지닌다. 여기에는 원본에 없는 「나의 소원」이 추가되어 있다. 그러나 이광수는 자신의 편의(?)대로 내용을 삭제·축소하거나 의역하는 오류를 저질렀다. 게다가 원본에 수록된 윤봉길 의사 거사 직후 상해 민족운동단체의 동향과 이에 대한 백범의 비난은 빠져 있다. 그 결과 원본과는 거리가 먼 '교열본'이 되었다. 이는 이광수가 김구의 출간 의도와는 달리 그를 항일영웅으로 만들고자 하는 과정에서 벌어진 일로 보인다.

이후 이승만 정권하에서 『백범일지』는 금서禁書로 분류되어 잊혀갔다. 그러나 4·19혁명을 계기로 김구와 더불어 『백범일지』도 재조명되었다. 『백범일지』는 1960년 동명사에서 출간된 이후 1980년 백범김구선생기념사업협회 등 20여 종이 출간되었다. 그 중 대표적인 것이 백범의 측근에 의한 필사본을 바탕으로 서문당에서 간행된 『원본 백범일지』(1989)와 집문당에서 유족이 공개한 필사본을 영인한 것이다.

인간 백범 김구는 완벽한 인물은 아니었다. 그의 역사적 시각과 행동에 대해 문제점도 지적된다. 해방 후 신탁통치문제나 미·소간 냉전체제에 대한 인식 등, 김구가 주장한 민족주의에 있어 그의 한계는 분명하다. 그러나 경제발전만 추구하는 세계화의 시대에 민족의 현실을 직시하고 주체성을 확립하는 것이 더욱 필요한 오늘의 현실에서 『백범일지』는 진정한 '민족의 교과서'로서 가치를 가진다고 볼 수 있다. 탈냉전의 시대 '문화'를 강조하는 오늘의 현실에서 김구의 「나의 소원」은 더욱 절실하게 다가온다.

"나는 우리나라가 세계에서 가장 아름다운 나라가 되기를 원한다. 가장 부강한 나라가 되기를 원하는 것은 아니다. (…) 오직 한없이 가지고 싶은 것은 높은 문화의 힘이다."

김구, 『올바르게 풀어 쓴 백범일지』, 배경식 옮김, 너머북스, 2008.
역사문제연구소 배경식 선생이 엮은 이 책은 『백범일지』 원본뿐 아니라 주변 사료들을 섭렵하고 최근의 연구 성과를 통해 기존 출간본의 번역상 오류를 바로잡고자 하였다. 또한 원문이 가진 한계를 깊이 있는 분석을 통해 보완하고 있으며, 이를 통해 김구의 역사성에 대한 의미를 더욱 체계화하였다. 나아가 김구의 역사적 삶에 대한 비판을 통해 인간 김구와 그 가족에 대한 새로운 시각을 가질 수 있게 편집하였다.

전장의 영웅과 인간 이순신

이순신, 『난중일기』

한 사람이 경험한 일상을 기록하는 것은 문자의 역사만큼이나 오래되었다. 그 중 '일기'는 개인이 삶을 기록하는 가장 기본적인 방식이다. 다른 기록물과는 달리 고쳐지는 경우가 드물기에 의미를 지닌다. 그리고 그 기록이 개인의 경험에 국한되지 않고, 사회와 국가의 중대사와 결합되어 있을 때 특히 주목을 받는다. 이순신이 남긴 『난중일기』는 그런 의미에서 중요한 역사적 자료가 될 수 있다. 임진왜란에 대한 평가에서 항상 중심에 놓이는 인물의 기록이기에 중요한 의미를 가진다. 『난중일기』는 전쟁의 실상과 인간 이순신이 가진 본연의 모습을 살펴볼 수 있는 자료다.

이순신은 흔히 알려져 있는 것처럼 몰락한 역적 가문이 아닌 나름의 양반 사대부 가문에서 성장하였다. 이순신의 가문은 고려시대 무반 출신이었으나 조선시대에 들어와 비로소 문과에 급제자를 배출하였다.

9대조인 이거는 성종 대에 식년시에 급제한 후 왕에게 유학을 강의하는 경연관 등의 일을 맡아 보았다. 성종 말년에는 연산군의 교육을 담당하는 시강원 보덕이 된 그는 성실하고 강직한 성품으로 연산군과 사이가 원만치는 않았다고 한다. 그럼에도 연산군 즉위 초에 통정대부 정3품 당상관이 되어 순천부사와 병조참의를 역임하는 등 순탄한 관직 생활을 하였다. 이 시기 이순신 집안의 가세가 안정되었던 것으로 보인다.

이순신의 가계 중 후대에 잘못 묘사되고 있는 인물이 할아버지 이백록이다. TV 드라마 〈불멸의 이순신〉이나 소설, 전기류 등을 보면 이백록은 중종 대에 기묘사화에서 조광조와 함께 사약을 받아 죽은 것으로 묘사되어 있다. 그러나 이는 잘못된 것이다. 이백록은 가문의 전통을 이어 생원으로서 성균관에서 학문을 연마하던 청년이었다. 기묘사화는 1519년(중종14년)의 일이며, 당시 죽은 자의 명단에 이백록은 없다. 물론 이백록이 조광조의 개혁에 동조해서 처벌을 받은 사실은 있다. 이로 인해 관직 생활에 지장을 받았을 것이다.

이러한 가문을 배경으로 이순신은 서울에서 태어나 어린 시절을 보냈다. 그때 자신의 일생에 중요한 영향을 끼칠 뛰어난 인물을 만났다. 나중에 영의정이 되는 세 살 터울의 유성룡이었다.

이순신도 다른 양반 자제들과 마찬가지로 문과에 급제하여 입신양명하기를 바랐을 것이다. 이순신의 부친 이정李貞은 무관직인 병절교위(종6품직)를 지냈으나, 이순신의 조부 백록이 기묘사화에 연루된 이후 벼슬을 하지 않았다. 이로 인해 생활이 어려워지자 이순신의 외가가 있는 아산의 백암리(아산 현충사가 있는 방화산 기슭)로 이사한다.

20세까지 문과를 준비하던 이순신은 할아버지가 기묘사화에 연루된 이후 쇠약해가는 가세를 고려하여 문과를 포기하고 무과를 준비하게 된다. 늦은 나이였던 28세에 무과에 응시하였으나 달리던 말에서 떨어져 낙방한다. 4년 후 다시 도전하여 병과 4등으로 급제하였다. 주로 함경도에서 관직 생활을 하던 중 모함을 당해 백의종군하기도 하였다. 그는 임진왜란 직전 유성룡의 천거로 전라좌도 수군절도사에 임명되었다. 일기는 바로 이 시기 이후인 임진왜란이 일어난 후부터 1598년 노량해전까지, 전쟁의 경과와 상황, 전쟁터의 일상사 등을 적은 것이다.

처음 이순신이 일기를 쓸 당시에는 제목이 없었다. 그러나 정조대『이충무공전서』의 편찬자가 편의상『난중일기』라고 붙인 뒤 일반화되었다. 이러한『난중일기』는 이순신을 가장 잘 나타내는 기록이다.

우리는 전쟁의 영웅으로 이순신을 대하나, 일기에 나타난 이순신은 참으로 효성이 지극한 아들이요, 정이 넘치는 아버지이며 냉철한 지휘관이었다. 1593년의 일기에서 이순신은 "오늘이 어머니의 생신이었으나, 적을 토벌하는 일 때문에 가서 축수의 잔을 올리지 못해 평생의 한이 되겠다"라고 쓰고 있다. 심지어 어머니의 형편을 듣지 못하면 "어머니의 안부를 못 들은 지 이레가 되어 무척 초조했다"라고 하거나, 직접 찾아뵙지 못하는 자신의 처지를 안타까워했다. 또한 원균의 모함으로 죽음 직전까지 몰렸다가 감옥에서 풀려나와 백의종군의 길을 가던 중 어머님의 상을 당하고 "가슴을 치고 뛰며 슬퍼하니 하늘의 해조차 캄캄해 보이"는 심정으로 "어머니 영전에 하직을 고하고 울부짖으며 곡하였다. 어찌하랴, 어찌하랴 천지 사이에 어찌 나와 같은 사정이 있겠는가. 어서 죽는 것만 같지 못하구나"(1597년 4월 13일, 19일)라고 적고 있다.

아들에 대해서도 이순신은 여느 부모와 같았다. 막내아들이 병으로 고생하자 밤새 잠 못 이루는 심정을 적기도 하였다. 1597년 왜적들이 명량해전에서의 패배에 대한 보복으로 아산 고향집을 불사르고 이에 저항하던 아들 면이 전사했다는 소식을 접하자, 그는 "천지가 캄캄하고 해조차도 그 빛이 변했구나. 슬프고 슬프다. 내 아들아……. 내가 지은 죄 때문에 양화가 네 몸에 미친 것이냐. 내 이제 세상에 목숨을 부지한들 누구에게 의지할 것이냐. 너를 따라 함께 죽어서 같이 지내고" 싶다 하며, 남은 가족들 때문에 연명할 수밖에 없으므로 "하룻밤 지내기가 길고 길어 1년 같구나"라고 한다.

그의 일기에는 이러한 인간으로서의 고뇌뿐 아니라 지휘관으로서의 막중한 책임감과 사명감도 적혀 있다. 임진왜란이 일어나기 전부터 그는 방어용 성과 못, 봉수대 등을 수리하였다. 맑은 날은 어김없이 활쏘기를 하였고, 관할 지역을 직접 순찰하면서 전쟁 준비에 결함이 많은 군관들에게 엄한 벌을 내리기도 하였다. 임진왜란이 일어나기 두 달 전인 1592년 2월 26일 "날이 저물어서야 방답에 이르러 공사간의 인사를 마치고 무기를 점검했다. 장전과 편전은 쓸 만한 것이 하나도 없어서 걱정했으나 전투선은 그런대로 완전하니 기쁘다"라고 하였다. 사명감과 책임감은 기록의 철저함에서도 확인된다. 전쟁이라는 상황을 핑계로 대충 적을 수도 있으나 기상의 변화나 만난 인물의 인명과 관직, 그리고 대화 내용까지도 꼼꼼하게 기록하였다. 원균에게 모함 받아 투옥되었다가 풀려나 고향으로 돌아왔다가 도원수 권율 휘하에 백의종군하러 가는 여정은 참으로 치밀하게 기록되어 있다.

또한 지휘관으로서의 신중한 면모도 확인된다. 어머니의 장례도 치르지 못하고 백의종군한 그는 이항복 등의 천거로 다시 삼도수군통제사로 임명되었다. 전쟁터로 향하던 그는 피난민들과 패잔병들의 무리를 접하기도 하고, 겁을 먹고 숨어있는 관료들이 나타나 구차한 변명을 접하자

이를 꾸짖기도 하였다. 참으로 암담한 상황이었으리라. 그런 가운데 1597년 8월 23일 어란포에 머무르는 사이 왜적이 왔다는 소문이 돌자, 이를 퍼뜨린 어민을 잡아 목을 베어 효시하여 백성들을 안정시키기도 하였다. 그 해 9월 7일의 일기에는 적의 배들이 포를 쏘며 습격해오자 겁을 먹은 군사들을 엄하게 독려하고 자신이 탄 배가 앞장서서 적을 격퇴시켰다는 내용이 나온다. '필사즉생, 필생즉사' 必死卽生 必生卽死 의 전두지휘와 솔선수범은 명량해전에서 13척의 배로 왜선 133척과 싸워 31척을 격파하는 승리로 이어졌다.

『난중일기』는 그가 전사하기 이틀 전인 1598년 11월 17일까지 기록되었다. 일기의 마지막 부분은 군사들이 왜선 한 척을 추격하였으나 "왜적은 한산도 기슭을 타고 육지로 올라가 달아났고, 포획한 왜선과 군량은 명나라 군사에게 빼앗기고 빈손으로 와서 보고했다"라고 적고 있다. 보고를 받고 일기를 쓰는 이순신의 마음은 얼마나 허망했겠는가.

다음날 명나라 장군 진린이 뇌물을 받고 왜의 통신선 한 척을 통과시켜 주었고, 왜의 병선들이 소서행장을 구하고자 노량에 집결하였다. 이를 격퇴하기 위한 노량해전에서 이순신은 도주하던 왜군을 추격하던 중 총탄을 맞고 전사하였다. 굳이 추격하지 않아도 될 상황에서 그는 왜 죽음을 무릅쓰고 전투를 독려하다가 결국 목숨을 잃었을까? 그가 전사한 날은 공교롭게도 그를 옹호하던 유성룡이 영의정에서 파직된 다음날 새벽이었다.

이순신에 대해서 수많은 책과 영상물이 제작되었다. 그러나 대부분 인간 이순신의 모습보다는 영웅으로서의 면모를 부각시키려는 의도 때문에 사실관계가 왜곡되어 표현되기도 하였다. 이제 영웅 이순신은 조금 접어두고 그의 '일기'를 통해 인간 이순신을 이해하자. 그리고 진정한 지휘관이란 어떤 인물인지에 대해 생각해보자. 할 도리는 하지 않고 권력의 눈치만 보고 개인의 영예와 부만 추구하는 지휘관들을 이순신이 보았다면 어떻게 했을까?

이순신, 『교감완역 난중일기』, 노승석 옮김, 민음사, 2010.
기존의 역본들이 가진 오류들을 최종적으로 바로잡아 번역한 책이다. 꼼꼼한 각주와 해설, 원문이 함께 수록되어 있다. 최근에는 같은 역자가 이를 보완한 책이 출간되었다(『증보 교감완역 난중일기』, 여해, 2014). 『난중일기』를 통해 한 인간으로서의 이순신을 만나고, 나아가 동시대의 역사에도 관심을 가져보기를 바란다.

실천적 지식인으로서의 역사 인식의 표상

E. H. 카, 『역사란 무엇인가』

누구나 역사를 이야기하는 세상이다. 정치가들은 역사에 물어보라거나 역사가 심판할 것이라고 이야기한다. 일반인들은 역사를 알아야 교양이 있어 보인다고도 한다. 그리고 일본과 중국의 역사 왜곡에 대해 분노하고, 또 우리 역사를 너무 모르는 현실에 대해 개탄하기도 한다. 혹자는 다시 못 올 것에 대한 낭만으로서의 역사를 이야기하며 즐기기도 한다. 이러한 논란 속에서 언급되는 '역사'는 무엇을 말하는가? 그러한 논란 가운데 정작 '역사'가 무엇이며 왜 '역사'를 이야기하는가에 대한 진지한 고민들은 부족해 보인다.

대학에서 역사학을 전공한 사람이나 역사에 조금이라도 관심을 가진 이들은 E. H. 카와 그의 저서인 『역사란 무엇인가』를 접해 보았을 것이다. 『역사란 무엇인가』는 서구사회뿐 아니라 한국사회에서도 주목받았던 역사이론서이다. 특히 과거 군부독재시절, 식민사관의 잔재가 남은 왜곡된 역사상을 벗어나고자 하는 지식인들에게는 필독서와 같은 것이었다. 그러하기에 1980년대에는 금서목록에 오르기도 하였다.

E. H. 카는 1892년 런던에서 출생하였다. 캠브리지의 트리니티칼리지를 졸업한 그는 20년간 영국 외무부 직원으로 근무하였다. 그는 암거래 단속국에서 독일과의 경제전쟁을 수행하였고, 영국대표단의 일원으로 파리강화회의에 참석하였으며, 라트비아 영국공사관을 지내기도 하였다. 이러한 경력을 바탕으로 1936년에 웨일즈대학에서 국제정치학 교수가 되었다. 이 과정에서 카는 러시아의 10월혁명을 목격하였고, 이후 유럽에서의 국제정치를 실제 경험함으로써 유럽 전반에 걸친 정세를 파악하고 논평할 수 있는 안목을 가지게 되었다. 웨일즈대학을 그만둔 그는 영국의 주요 신문이었던『타임즈』의 부편집인을 지냈다. 당시 그는 영국의 전시외교정책과 재건정책에 대한 냉철한 분석과 설명을 기사로 썼다. 이후 48세에『타임즈』를 떠나 옥스퍼드대학의 정치학 강사를 거쳐 58세에 모교인 트리니티칼리지의 정식 교수가 되었다.

그는 외교관이라는 화려한 경력을 바탕으로 말년의 삶을 여유롭게 보낼 수도 있었을 것이다. 그러나 그는 일종의 학자 자격이라 여겨지던 박사 학위도 없이 자신의 다양한 경력을 학문 연구에 활용하였다. 그것도 대학이라는 울타리 안에서 즐기는 지적 유희가 아니라, 현실 문제의 해결과 연결시키고자 하는 신념의 실천으로서의 학문 연구였다. 그 결과물로서 남긴 여러 저서들 가운데 하나가 바로『역사란 무엇인가』이다.

그는 영국의 자유주의자들과의 치열한 논쟁에서 끊임없는 비판을 받았다. 그럼에도 기존의 승자 중심의 역사라든지, 우연을 강조하는 역사관에 대응하면서 인류의 진보에 대한 낙관적 신념을 바탕으로 도덕적 상대주의를 고수하였다. 아울러 우연성보다는 인과관계의 중요성을 강조하였다. 그의 이러한 태도는 주류의 분위기에서 벗어나는 것이었다.

『역사란 무엇인가』는 단순한 '역사'학에 대한 이론서가 아닌, 저자 자신의 역사관을 명확하게 밝힌 책이다. 카는 기존 랑케 중심의 실증사학을 비판하면서, 남겨진 사실은 과거에 해당하나 이를 발굴하여 연구하고 서술하는 역사학자는 현재의 존재이기에 그 해석과 평가의 기준은 현재에 있는 것이라 하였다. 즉 현재의 모습을 제대로 이해하기 위해 과거를 살펴보고, 이러한 과거와의 대화를 통해 미래에 대한 교훈을 찾아내기 위함이 역사의 존재 이유라는 것이다.

여기서 과거는 역사가 없이는 역사로 탄생될 수 없으며, 역사가 또한 과거 없이 역사를 쓸 수가 없다. 결국 역사는 역사가와 과거 사실 간의 끊임없는 대화를 통해 재생산되어지는 것으로 보았다. 즉 그가 이야기하는 역사는 역사가에 의해 재구성된 것이다. 역사를 이해하기 위해서는 그 역사를 쓴 역사학자를 이해하여야 한다고 카는 말한다. 역사가는 신神이 아니다. 역사가는 현실을 살아가는 사회적 존재이다. 그렇기 때문에 '역사관' 역시 자신이 속한 사회의 정치·사회·경제적 입장을 반영하고 있다는 것이다.

카는 역사 가운데 사회와 개인의 관계를 중시하였다. 카는 2장 '사회와 개인'에서 "우리는 자신의 시대보다 훨씬 앞서 갔기 때문에 그 이후의 세대에 의해서만 그 위대함이 인정되었던 위인들을 잊어서는 안 된다"라고 한다. 그가 생각하는 위인은 "역사적 과정의 산물이자 대리인이면서 동시에 세계의 모습과 인간의 사유를 변화시키는 사회적 힘의 대변자이자 창조자인 탁월한 개인"이었다. 그러하기에 역사는 사회적인 과정이며, 개인은 그 과정에서 사회적인 존재로서 참여한다. '역사가와 그의 사실들' 사이의 상호작용, 즉 현재와 과거와의 대화라고 하였던 그 과정은 추상적이고 고립적인 개인들 사이의 대화가 아니라 오늘의 사회와 어제의 사회 사이의 대화인 것이다. 그러하기에 역사의 기능은 인간이 과거의 사회를 이해할 수 있도록 해주는 것, 그리고 현재 사회에 대한 인간의 지배력을 증대시키는 것에 있다고 보았다.

카는 근대학문이 자연과학의 발달에 영향을 받았기에 역사학에서도 과학적인 방법을 도입해야 한다고 보았다. 역사가 과거에 남겨진 특수한 개별 사실들과 일반적인 사실들 간의 관계성을 파악하고자 하기에 '과학'이라 볼 수 있다고 하였다. 이러한 과학적 인식을 바탕으로 역사학에서 연구의 대상을 '원인'이라고 하였다. 4장 '역사에서의 인과관계'를 보면, 모든 사실에는 원인이 있으며, 그 원인은 경제적·정치적·이데올로기적·개인적 원인 및 장기적·단기적 원인 등 다양하다고 하고 있다. 여기서 역사학자는 역사적 중요성이란 측면에서 다양한 원인들 중 궁극적인 원인을 규명하고, 해석을 통해 원인들 간의 선택과 배열을 결정한다고 하였다. 이를 행하는 것이 역사가의 '능력'이라는 것이다.

또한 그는 과거와 미래는 동일한 시간대의 일부이며, 과거에 대한 관심과 미래에 대한 관심이 서로 연관되어 있는 것이라 하였다. 역사학자는 '왜'라는 질문에 그칠 것이 아니라 '어디로?'라는 질문까지 해야 한다는 것이다. 카가 "어디로 역사가 전개될 것인가"를 다룬 부분이 5장 '진보로서의 역사'이다. 여기에서 그는 역사는 신학처럼 종말을 강조하거나 현실 밖의 목표를 제시하는 것이 아니라, 과거를 통해 획득된 자산의 전승과 연결된 미래의 진보를 제시해야 한다고 보았다. 물론 그는 역사의 흐름에 퇴보의 시기도 있을 것이라 인정하면서 인간의 잠재력의 부단한 발전에 대한 강력한 신념으로서 '진보'를 설정하고 있다. 나아가 이는 역사 과정을 통해 생성된 것이며, 과거를 다루는 역사가는 미래의 이해에 다가설 때에만 객관성에 접근할 수 있는 것이라 하였다. 이를 통해 카는 "역사는 과거와 현재와의 끊임없는 대화"라는 표현을 진전시켜, 과거의 사건들과 서서히 등장하고 있는 미래의 목적들 사이의 대화라고 하였다. 역사의 본질은 운동이며 곧 '진보'이기 때문이다. 즉 그는 진보에 대한 믿음을 가지고 미래 사회의 전망을 제시하는 것도 역사가의 임무라고 주장한다.

  물론 카의 역사 인식이 현재의 상황으로 보았을 때 여러 문제들을 가진 것으로 볼 수 있다. 이 책이 출간된 1960년대 초반 이후 현실의 세계는 엄청난 변화를 겪었다. 미래에 대한 전망은 더 불투명하며, 빈부격차나 종교, 이념의 갈등도 더 심해지고 있다. 그럼에도 불구하고 카의 역사 인식이 효용성을 가지는 것은 이러한 진보 과정으로서의 역사에 대한 통찰을 마련하는 것이기 때문이다. 우리는 카의 실천적 역사관에서 제시하고 있는 '진보'의 개념에 오늘의 위기 상황을 접목시켜 볼 수 있다. 또한 오늘의 상황을 역사적으로 설명하고, 현실의 문제를 해결하고 대안을 마련할 수 있는 역사관을 고민해야 할 것이다. 그리고 그 대안을 위해 다양한 시각과 방법으로 과거와 현재의 대화를 시도해야 할 것이다.

E. H. 카, 『역사란 무엇인가』, 김택현 옮김, 까치, 2007.
'역사'의 과잉의 시대에 우리는 역사를 어떻게 바라볼 것인가. 이 책은 사관(史觀)을 이야기하고 있다. "역사란 과거와 현재 간의 끊임없는 대화"라는 말은 과거에 대한 재해석을 통해 현실을 이해하고 나아갈 바를 이야기하는 것이 역사학이라는 것이다. 이 책이 의미를 가지는 것은 카의 '역사'에 대한 인식 과정을 만날 수 있기 때문이다. 독자들은 이 책을 통해 현실의 모순과 이를 어떻게 해결해 나갈 것인지에 대해 고민할 힘을 가질 수 있을 것이다.

치욕을 딛고 본 '인간에 대한 이해'

사마천, 『사기열전』

최근 구술생애사 작업을 하면서 과거 한 '사람'에 대한 평가를 남겨진 기록만 가지고 한다는 것에 많은 한계가 있음을 느꼈다. 특히 한국 근현대와 같은 격동의 시기에 남겨진 기록은 대부분 일본제국주의의 지배 논리에 의한 것이거나, 혹은 교육을 받고 경제적 여건을 갖춘 자들의 경험에 의한 것이었다. 이런 형편에서 어느 한쪽의 기록이 객관성을 가질 수 없다. 억압하는 자의 논리와 당하는 자의 논리, 그리고 쓰는 자의 입장이 반영되어 남겨지기에 후대 사람들이 그 남겨진 기록만 가지고 한 인간을 평가하는 데에는 한계가 있는 것이다. 그래서 그 인물과 더불어 살았던 사람들의 관련 증언들이 평가의 생명력을 더하는 데 중요하게 작용할 수 있다. 이러한 점을 고려하면서 읽은 사마천의 『사기』, 그 내용 가운데 가장 주목을 받는 「열전」은 바로 그가 현장을 직접 다니면서 구한 사료와 이야기를 바탕으로 쓴 '인물들의 생애사'였다.

사마천은 『사기』를 통해 전설상의 황제시대로부터 자신이 살았던 한 무제漢武帝 때까지의 중국 역사를 다루었다. 각 국가의 흥망성쇠를 인물 중심으로 다루고 있는 『사기』에 대해 남송南宋대의 학자인 정초는 "『육경』 이후 이 책만이 있을 뿐"이라고 평가할 정도로 고전 중의 고전으로 손꼽히는 역사서이다. 이러한 평가를 받는 『사기』는 어떻게 쓰였을까?

사마천은 한 무제 때 사람이다. 사마천의 아버지 사마담은 천문과 역曆을 담당하는 태사령을 지냈다. 사마담은 한 무제와의 관계에서 억울한 심정으로 죽으면서 "주공과 공자의 춘추를 이어 역사를 남기라"는 유언을 남긴다. 낭중의 자리에 있던 사마천은 아버지의 유언을 계기로 『사기』의 집필을 준비하고, 4년간 자료수집을 한 후 집필하기 시작하였다.

사마천은 자신 또한 태사령이 되어 한 무제를 받들면서 천제天帝에 대한 제사를 보필하고 역법을 개정하는 일도 맡아 보았는데, 의도하지 않은 사건에 휘말리면서 집필이 중단된다. 적국 흉노에 투항한 이릉李陵이라는 장수를 홀로 두둔하다가 무제의 노여움을 사서 감옥에 갇히게 된 것이다. 사마천은 같은 문하에 있었으나 별다른 친분이 없었던 이릉을 위해 죽음을 무릅쓰고 황제에게 나아가 적극 변호하였다. 이릉의 인간됨을 높이 평가하였던 그는 이릉을 다치게 하려는 여러 신하들에 대한 인간적인 실망감에서 그리하였던 것이다.

이른바 '이릉의 화'로 1년간 감옥 생활을 한 그는 무제가 제시한 세 가지 형벌 중 하나를 선택해야 하는 위기를 맞는다. 법에 따라 죽든지, 돈 50만 전을 내고 죽음을 면하든지, 이도 아니면 궁형을 감수하라는 것이었다. 참으로 난감하였으리라. 아버지의 유언을 지키자면 죽을 수도 없고, 그렇다고 직책이 높지 않은 태사령의 신분에 돈을 지불할 수도 없는 형편이었다. 천한 노예조차 명예를 위해 죽음을 선택하던 당시의 분위기 속에서 사마천은 궁형이라는 치욕을 선택하였다. 이는 그가 "비루하게 세상에서 사라져버려 후세에 문형이 드러나지 못함을 한으로 생각"하고, 자신이 남기게 될 역사서를 통해 공자孔子에 필적할 만한 인물로 남고자 하는 의지 때문이었다.

궁형의 고통과 이릉의 처형이라는 상황 속에서도 『사기』를 집필하던 사마천은 친구 임안의 추천을 받아 다시 무제의 순행을 보필하는 자리로 돌아온다. 이후 『사기』는 완성되었으며, 그는 죽음을 맞이했다. 그의 사망 시기에 대해서는 정확하게 알려진 바가 없다.

우여곡절 끝에 완성된 『사기』는 「본기」, 「세가」, 「열전」, 「서」, 「표」로 구성되는데, 그 중 가장 주목되는 부분이 「열전」이다. 「열전」에는 충신, 학자, 청렴한 관리만 나오는 게 아니다. 무자비한 관리나 자객, 여색이나 남색을 통해 황제의 총애를 얻는 부류도 나오고, 저잣거리의 인물도 등장한다. 그 가운데 「백이열전」을 가장 먼저 배치한 것은 백이와 숙제가 자신의 처지와 다를 바 없다는 생각이 반영된 것이다. 그리고 치욕을 견디고 세상에 이름을 떨친 관중이나 오자서 등의 전기를 따로 서술한 것도 그러하다. 그는 될 수 있는 대로 도덕적 기여도가 높은 인물을 먼저 선택하고 평가를 덧붙였다. 그러한 인물들은 대부분 격동의 시대에 제대로 대접받지 못하고 사라져간 자들이었다.

이뿐만이 아니다. 그는 마지막 부분에 「화식열전」貨殖列傳을 배치하여 '부'에 대한 긍정적 태도를 보이기도 한다. 돈 50만 전이 없어 치욕적인 궁형을 당한 그였기에 이러한 입장은 충분히 이해될 것이다. 그는 "기인도 아니면서 가난과 천함에서 벗어나지 못하는 선비가 말로만 인의를 떠드는 것은 부끄러운 일"이라고 하면서 "부를 추구하는 것은 인간의 본성으로서 배우지 않아도 누구나 바라는 바"라고 하며, 물질 또한 인간을 움직이는 중요한 동력임을 인정하고 있다. 나아가 그는 "가장 훌륭한 정치는 마음으로 다스리는 것이고, 그 다음은 이익을 통해 백성들을 이끄는 것이며, 그 다음은 가르쳐 깨우는 것이고, 그 다음은 힘으로 규제하는 것이고, 가장 말단은 백성들과 다투는 것이다"라고 하였다. 정치에서도 마음과 더불어 물질의 이익을 강조하고 있다. 그러나 앞서 이야기한 것처럼 사마천에게 있어 인물 평가의 가장 중요한 덕목은 도덕성이다.

사마천은 이러한 인물들의 특징을 선명하게 드러내기 위해 이전의 서술방식인 편년체編年體를 버리고 기전체紀傳體라는 방식을 창안하였다. 역사 서술에서 가장 오래된 방식인 편년체로 쓴 것이 공자의 『춘추』春秋인데, 제후들의 이야기를 연대별로 나열한 것이다. 편년체는 단순한 사실을 꾸밈없이 서술하는 방식이다. 비판이 허용되지 않는 방식이었다. 사마천은 이러한 편년체 방식으로는 자신의 생각을 담아낼 수 없었던 것이다. "의를 세우고 적절한 시기에 뛰어난 능력을 발휘하여 천하에 공명을 세운 사람을 위하여" 열전을 쓴다고 한 그는 엄격한 도덕적 기준을 제시하고 이를 통해 인간에 대한 평가까지 서술하였던 것이다. 또한 인과관계에 따라 서술함으로써 내용에 생명감을 불어넣었다.

『사기열전』의 또 다른 특징은 내용에 있어서 그의 여행 경험이 고스란히 담겨 있다는 점이다. 사마천은 관직에 임명되기 전인 스무 살 때부터 『사기』를 완성하기 전까지 일곱 번에 걸쳐 중국 전역을 여행하였다. 그는 여행을 통해 그 지역의 풍토와 지리, 그리고 교통에 관한 정보를 얻었고, 현지에서 해당 지역의 인물에 대한 이야기를 직접 수집할 수 있었다. 이는 전쟁이나 제국 간의 왕래, 지방관의 부임 등에 관한 사실이 『사기』의 기록에 풍부하게 묘사되고 있는 것을 통해 알 수 있다. 그리고 한 무제가 자신의 권위를 과시하기 위해 지낸 봉선封禪이나 산천 제사를 수행했던 사마천은 각 지역의 실상을 직접 목격할 수 있었다. 이는 그 지역의 실상을 상세하게 묘사할 수 있는 배경이 되었고, 주변의 여러 민족에 대해서도 인식을 할 수 있는 계기가 되었다. 이를 통해 다른 민족의 인물들도 열전에 소개될 수 있었던 것이다. 『사기열전』이 중국 고대사에 대한 풍부한 지식을 담고 있는 것은 이러한 특징 때문이다.

『사기열전』은 단순한 과거 사실의 나열이 아니다. 성공한 사람들만의 이야기도 아니다. 아버지의 유언을 기억하면서 치욕을 딛고 쓴 살아 있는 역사서이다. 역사에 대한 이성과 열정을 바탕으로, 현지 여행을 통해 얻은 사료와 이야기들을 생생하게 재구성한 것이다. 또한 『사기열전』은 그 시대의 아픔과 인간에 대한 따스한 마음과 냉철한 판단이 담겨 있는 역사서이다. 사마천의 인간에 대한 문제의식은 오늘날 우리에게도 그대로 적용될 수 있을 것이다.

사마천, 『사기열전』, 연변인민출판사 고전번역팀 엮어 옮김, 서해문집, 2011.
『사기열전』은 여러 번역본들이 시중에 나와 있다. 소개한 책은 중요 인물들을 발췌하여 엮은 것이다. 『사기열전』의 완역본을 보고 싶다면 민음사에서 나온 김원중이 번역한 판본을 추천한다. 후지타 가쓰히사가 지은 『사기를 탄생시킨 사마천의 여행』은 사마천의 여행 루트를 따라 사적지를 돌아보면서 쓴 책이다. 국내 『사기』 전문가인 김영수가 쓴 『사마천, 인간의 길을 묻다』는 『사기』를 좀 더 풍부하게 이해하는 데 도움이 될 것이다.

절의(節義)를 실천한 지식인의 역사서

황현, 『매천야록』

8월 29일이 무슨 날인가? 바로 국치일國恥日이다. 1910년 8월 22일 뜨거웠던 여름날, 일본제국주의는 대한제국 황실을 무너뜨리고 합병조약을 체결하였다. 이후 일주일간 전국의 움직임을 살핀 후 8월 29일 합병을 선포하였다. 망국의 그날 매천梅泉 황현黃玹(1855~1910)은 아래와 같은 절명시를 남기고 자결함으로써 자신의 삶을 완성한다.

난리 속에 어느덧 백발의 나이 되었구나
몇 번이고 죽어야 했지만 그러지 못했네
오늘 참으로 어쩌지 못할 상황 되니
(…)
금수도 슬피 울고 산하도 찡그리니
무궁화 세상은 이미 망해 버렸다네

가을 등불 아래서 책 덮고 회고해 보니
인간 세상 식자 노릇 참으로 어렵구나.

그는 절명시와 함께 "내가 죽을 때 꼭 죽어야 할 이유가 있어서 죽는 것은 아니다. 황은이 망극해서도 아니고 누가 시켜서도 아니고 그저 분해서 죽는 것"이라는 유서를 남긴 후 치사량의 아편을 먹고 자결하였던 것이다. 시에서 나타나듯이 그는 이미 을사늑약 때 망명이나 자결을 결심하였다. 그의 자결은 조선 지식인들의 선언과 같은 행동이었다. 김택영을 따라 망명을 하려다 실패한 그는 죽음을 준비한 것이다.

전라도 광양 출신이었던 매천 황현은 영재 이건창, 창강 김택영과 더불어 '한말韓末 삼재三才'라 불리었던 인물이다. 갑신정변을 전후한 시기, 과거에 급제하였건만 부패한 왕조의 관료가 되기를 거부하고 전라도 구례로 낙향하여 학문 연구와 글쓰기에 전념하였다. 그가 교유한 학자들은 강화학파라 하여 양명학, 고증학 등을 공부한 자들이었다. 그들은 학자로서의 강력한 지적 결벽성을 강조하였던 인물들로서 현실과 타협하기를 거부하였다. 망해 가는 나라에 통분하면서 자결하거나 국외로 망명하여 독립운동을 전개한 자들이었던 것이다.

황현 또한 구례에서 일본제국주의의 침략과 권력의 부패함을 접하고서 통분하였다. 후손들에게 뼈아픈 역사의 현실을 전하고자 쓴 책 중 하나가 『매천야록』梅泉野錄이다. 왜 야록野錄이라 이름하였던가. 야록은 야사野史와 같은 의미이다. 이는 민간에서 개인이 쓴 역사를 의미하며, 국가에서 주도하여 쓴 정사正史와 대립된다. 황현의 『매천야록』은 보통의 야사와는 다르다. 그저 풍속이나 민담 등 정사에서 다루지 않는 것을 수집한 것이 아니다. 권력의 부패함과 일제의 침략 속에 망해 가는 나라를 바라보면서, 망명을 포기한 후 죽기로 작정하고 쓴 역사서이다. 외세의 침략과 권력의 부정부패에 대해 신랄하게 비판하여 시대의 아픔을 꾸밈없이 드러내고자 한 것이다. 물론 그 시대의 역사 기록으로 『철종실록』이나 『고종실록』, 『순종실록』이 있다. 그러나 『철종실록』은 세도가에 의해, 『고종실록』과 『순종실록』은 일제에 의해 철저하게 왜곡돼 부실하기 짝이 없다. 그러하기에 『매천야록』은 더욱 소중한 역사서이다.

황현은 『매천야록』을 통해 민중의 저항과 외세침략에 대응하는 과정에서 드러난 왕실의 부패와 무능을 신랄하게 비판하였다. 고종의 즉위, 즉 흥선대원군의 집권 시기부터 쓰기 시작한 황현은 대원군 정권의 등장 배경인 안동 김씨 세도정권에 대해 "탐욕, 교만, 사치에 빠져 실로 외척이 나라를 망치는 화근"이라 하였다. 흥선대원군에 대해서는 국가 기강을 확립한 부분을 긍정적으로 평가하기도 하였으나, 고종과 민비, 민씨 척족의 무능과 부패에 대해서는 강력한 비판을 제기하였다. "임금은 친정親政한 이래 날마다 유흥을 일삼고 (…) 과거를 유희처럼 여겨 어느 달이고 과거를 치르지 않은 때가 없었"으며, 청렴 강직한 이건창, 조병세 같은 선비는 멀리하고 "항간에 부녀자들마저 침을 뱉으며 욕할" 정도의 심순택을 등용함을 신랄하게 비판하였다. 어디 이뿐인가. 고종이 과거시험을 통해 매관매직賣官賣職을 하게 하고, 민비가 자신의 용돈을 충당하기 위해 수령의 정가定價를 매기도록 한 사실을 언급하면서 격분하였다.

뮤지컬이나 영화를 통해 이른바 '명성황후'라 칭하며 자랑(?)하는 민비에 대해 황현은 어떻게 서술하였던가. 그는 민비의 죽음에 대해 상세히 서술한 후 '애도'哀悼가 아니라 통렬한 비판을 하였다. "왕비가 된 지 10여 년 만에 나라를 망쳤고 천고에 없는 변을 당하였다"고 평하였다.

이어서 민비 생전에 시기와 모함 가운데 죽을 고비를 넘기고 쫓겨난

상궁 출신 엄 씨를 고종이 민비가 죽은 지 닷새 만에 불러들인 사실을 기록하고 있다. "장안 백성들은 임금이 양심이 없다며 모두 한탄했다" 하고, 엄 씨 또한 민비 못지않게 고종의 총애를 배경으로 정사에 관여하여 뇌물을 받았으니 점점 민비가 있을 때와 같아졌다"라고 하였다.

고종에 대해서도 황현은 노골적인 비판을 서슴지 않았다. 미국공사관 의사로서 미국과 조약 체결 직후부터 조선에 와서 활동하였던 알렌이 돌아가면서 "한국 백성들은 불쌍하다. 내 일찍이 구만 리를 돌아다녔지만 상하 사천 년에 한국 황제 같은 인간은 또한 처음 보는 인종이다"라고 한 말을 소개하기도 했다.

그는 일본의 침략에 대해서도 비판하였으나, 이에 못지않게 조선의 탐관오리들의 부패에 대해서도 신랄한 비판을 제기하였다. 일본으로부터 차관을 도입하는 과정에서 박제순, 민영호 등이 중간에 착복한 사실을 적고, "차관이 매국노의 자금이 되었으니 나라가 망하는 것도 멀지 않았다"라 하였다. 물론 일제의 침략에 대해서도 면밀하게 적고 있다. 그는 일본의 강압에 의해 발표된 이민조례나 을사늑약, 군대 해산, 독도 강탈, 의병 탄압 등 일제의 침략상을 정확하게 파악하여 이를 폭로하고자 하였다. 그 외에도 경제·문화적 침략상 또한 기록함으로써 망해 가는 나라의 현실을 기록하고 비판하였다.

『매천야록』에 황현이 마지막으로 적은 문장은 "8월 22일 기미에 합방 조약을 체결하였다"였다. 뒷부분은 그의 문인이었던 고용주가 덧붙여 쓴 것이다. 고용주는 책의 마지막을 앞서 소개한 황현의 절명시絶命詩로 마무리하였다. 황현의 뜻을 잘 헤아려 매듭지은 것이다.

황현은 순국을 결심하고 자손들에게 이 책의 원본을 공개하지 말도록 당부했다고 한다. 그러나 후손들은 원본의 유실을 염려하여 부본副本을 몇 부 작성한 뒤 상해로 망명가 있던 김택영에게 보냈고, 김택영은 『한사경』을 저술할 때 이를 인용한다. 이때 비로소 『매천야록』이 세상에 알려지게 된다. 조선사편수회가 남원에서 부본을 입수하였으나 그 내용 때문에 간행하지 못하였다. 해방 후 국사편찬위원회에서 황현이 태어난 지 100년이 되던 1955년에 번역본을 처음 발간하였다. 이후 여러 차례 번역본이 간행되었다.

『매천야록』은 같은 시기에 간행된 김윤식의 『음청사』, 『속음청사』, 정교의 『대한계년사』와 더불어 한국 근대사 연구의 기본사료로 중요한 가치를 지녔다. 사건의 연대에 오류가 있기도 하지만 정사에서 다룰 수 없는 소중한 사실들이 담겨져 있기에 그 중요성은 이루 말할 수가 없다. 더불어 황현이 교유하였던 강화학파의 민족운동과 그들이 가졌던 망국의 한을 정리한 글로 서여西餘 민영규閔泳珪 선생이 쓴 『강화학 최후의 광경』이 있다. 꼭 읽어 보시라. 난세에 지식인으로서 살아가는 고통에 자결하거나 망명하였던 강화학파의 삶을 읽다 보면 눈물이 절로 글썽인다.

황현의 죽음에 대해 김택영은 「황매천선생상찬」黃梅泉先生像贊에서 "밝은 마음과 우뚝 선 기개로 세상의 도덕으로 겉치레하는 자의 이마에 땀을 흘리게 할 만하다"라 평하였다. 황현이 순국한 44년 뒤 아우 석전石田 황원黃瑗 또한 구례에서 십리 떨어진 월곡저수지에 몸을 던져 스스로 목숨을 끊는다. 1944년 2월 17일의 일이었다.

황현, 『매천야록』, 허경진 옮김, 서해문집, 2012.
서해문집에서 나온 『매천야록』은 중요한 사건을 발췌하여 엮은 것으로, 중요 사건이나 인물에 대한 사진과 설명이 첨부되어 있다. 더불어 연표가 함께 수록되어 있어 보기에 수월하다. 『매천야록』의 전체 내용을 읽고자 한다면 문학과지성사에서 출간된 『역주 매천야록』 상하본을 보면 좋을 것이다.

비폭력, 신과 진리의 동의어

간디, 『간디 자서전』

허튼 삶이 어디 있으랴. 나름 의미 있는 삶을 살아 왔다고 여기는 이들은 살아온 날들을 기록하고 싶을 것이다. 해방 후 한국 사회에서도 수많은 자서전이 출간되었다. 문제는 그 기록이 어떤 의도로 쓰였으며, 출판된 이후 얼마나 많은 사람들이 읽고 그 의미를 되새기는가에 있을 것이다.

가장 탁월한 자서전 중의 하나가 『간디 자서전』일 것이다. 『간디 자서전』은 싸구려 정치 뒷이야기나 자신의 삶을 미화한 자서전이 아니다. 그야말로 삶의 여정 한가운데서 엄격하게 자신을 판단하여 서술한 것이다. 간디는 "나처럼 사악하고 못난 것이 세상에 또 어디 있을까?" 하고 머리말에 적고 있으나, 이는 자신을 비하하는 말이 아니라 자신의 삶을 냉정하게 바라보며 부르짖는 말이었다.

『간디 자서전』의 특징은 죽음을 앞두고 쓴 것이 아니라는 데 있다. 이 책은 1926년 그의 나이 56세가 되던 해에 캘커타 지역의 폭동을 해결하고부터 쓰기 시작하여 59세가 되던 해인 1929년에 완성된 것이다. 간디가 자서전을 쓰기 시작하자 주변에서는 그에게 할 일이 아직 많이 남아있고, 혼란한 상황에서 여러 변수가 나타날 수 있다는 점을 들어 반대하기도 하였다.

간디는 머리말에서 "정말로 자서전을 쓰는 것이 나의 목적이 아니다. 나는 단지 나의 진실 추구 이야기를 하고 싶을 뿐"이라고 하였다. 지난 삶에서 투쟁을 통해 이루고자 한 것은 "자아 실현이고 신의 얼굴을 마주 보는 것이며, 구원(해탈)에 이르는 것"이라 하였다. 이를 위한 간디의 '진실 추구'는 도덕을 바탕으로 공개적으로 행해진 것이었다. 이는 깊은 성찰을 통해서 취사선택된 것이었으며, 그 결과에 따라 행해진 것이었다. 간디가 추구하는 진리는 말의 진실만이 아니라 생각의 진실이고, 절대적 진실, 영원한 원칙, 즉 신에 관한 것이다. 여기서 신은 진실 그 자체이다. 그는 그러한 신을 찾기 위해 "생명까지도 기꺼이 바칠 각오로 행동"하고자 하였다.

간디는 자서전을 통해 자신의 삶을 가감없이 서술하고 있다. 부끄러움이 많고 사람들과 어울리기 싫어했던 어린 시절 이야기라든지, 조혼을 할 수 밖에 없었던 환경에서 성욕이나 남편 노릇에 대한 고민들을 가감없이 기록하고 있다. 영국의 지배를 당하고 있던 인도 사람으로서 오히려 영국이나 영국인을 좋아했으며, 유학 시절 그들로부터 받은 도움에 대해 감사함을 고백하고 있다. 영국 유학을 통해 변호사 자격을 획득한 그는 비록 식민지의 백성이었으나 지식인으로서 나름 대접받고 살 수 있었다.

그러나 여러 종교에 대해 공부하면서 인간에 대한 새로운 인식을 가지게 되었고, 남아프리카공화국에서 겪은 인도인의 현실을 자각하면서 본격적인 정치 활동에 뛰어들게 된다. 법률사무소를 개설하고 주간 신문 『인디언 어피니언』의 창간 등 언론 활동을 하거나 '진실 관철 투쟁' 등의 정치 활동을 해나가던 그는 투옥과 석방이 반복되는 고난의 삶 가운데에서도 흔들림 없이 자신의 '진실'을 추구해 나갔던 것이다. 그는 진실을 실현하는 유일한 방법은 '비폭력'이라고 선언하면서 이를 실천하고자 노력하였다.

간디는 어떠한 폭력도 폭력의 근원을 제거할 수 없다고 하면서 비폭력을 주장하였다. 그에게 있어 '비폭력'은 신과 진리의 동의어였다. 인간은 비폭력의 상황에 최대한 접근하려고 노력해야 한다고 주장하였다. 비폭력을 선택하는 것이 용기있는 선택이며, 폭력은 짐승의 법칙이고 비폭력은 인간의 법칙이라고 구분하기도 하였다. 간디는 비폭력이 실패하는 것은 호응과 인식의 부족 때문이지 결코 비폭력 자체의 약점이라고 하지 않았다.

이러한 '비폭력'에 대해 간디는 사랑과 자비의 개념을 연결시키면서 그 근거를 힌두교, 기독교, 이슬람의 경전에서 발견할 수 있다고 하였다. 간디는 이를 위해 성경이나 코란 등 여러 종교의 경전에 대해서도 공부하였다. 이러한 간디의 종교관은 배타적인 교리와 고정된 의례만을 강조하는 기존의 종교와도 차이가 있다. 간디는 기성 종교의 이러한 점을 비판하면서 진실한 행동과 삶을 강조하였다.

나아가 간디는 인도의 민중은 설교가 아니라 실천을 통해서만 교육될 수 있다고 하였다. 테러리즘에 대해서는 비폭력으로, 거짓에 대해서는 진리로 맞서야 한다고 강조하면서, 이러한 행동이 적극적인 저항이며, 나아가 인류 전체를 위한 신앙이라고 하였다. 이를 위해 그는 남아공 더반에 '피닉스마을'이라는 비폭력공동체를 만들었고, 요하네스버그 근처에 '톨스토이농장'을 설립하기도 하였다. 이는 또한 그가 지속적으로 운영해온 아슈람(수행자 마을)들의 사례에서도 발견된다. 그는 '신에 대한 살아 있는 신앙'은 인류 전체에 대한 가족애로 승화되어야 하며 이웃 종교에 대한 경의로 공존의 태도로 드러나야 한다고 주장했다. 이러한 관점에서 인도에서 행해진 기독교인들의 일방적 선교에 대해 "인도인들을 미신이나 믿는 무지한 자들로, 사탄의 무리로 보는 것은 또 다른 폭력이라고 지적"하였다. 즉 일방적으로 개종을 강조하는 고압적인 포교 활동은 봉사의 미덕과 사랑의 실천으로 대체되어야 한다고 주장하고 있다.

간디는 종교를 통해 인도의 통합과 화해를 추구하였기 때문에 타종교에 대해 연구를 충실히 하면서도 정통 힌두인으로서의 정체성을 잃지 않았다. 이러한 간디의 종교관은 다문화와 다종교시대를 살아가는 오늘날에도 유용한 모델일 것이다.

간디는 자서전을 완성한 후 19년의 삶을 더 살았다. 그는 자서전의 마지막 부분에서 "그 후로 나의 생활은 공적인 것이 되어 인민이 모르는 것이 아무것도 없게 되었다"라고 하였다. 간디는 자서전을 통해 밝혔듯이, 끊임없이 '진실'을 추구하고자 하였기에 『간디 자서전』 이후의 삶도 그렇게 마무리하였다. 간디는 다른 식민지 지식인들과 달리 인도의 독립만 추구한 것이 아니라, 자신의 '진실'을 실천하고자 하는 투쟁을 이어갔던 것이다.

간디의 삶을 돌아보면서 "우리도 식민지배를 받은 역사를 가지고 있고, 다양한 종교 전통을 가진 나라인데 왜 이런 인물이 없을까?" 하는 생각을 해본다. 영국과 일본이라는 지배의 당사자가 달라서인가? 아니면 간디와 같은 인물이 있음에도 우리가 애써 외면하고 있는가? 식민지 시기의 많은 지식인들이 '독립'만 추구하다가 가족이나 집안의 영욕에 갇히거나, 추구하는 종교나 예술에 파묻혀 민족을 외면하는 삶을 살았다. 그리고 왜곡된 해방의 현실에서 그들 개인이 추구한 결과물들이 도리어 더 높이 평가되어 왔다. 이런 우리의 현실은 '간디'와 같은 인물을 찾으려 하지 않을뿐더러, 그런 인재를 키우려 하지도 않는 것 같아 안타까운 마음이 든다.

간디가 남긴 유품에 대한 경매기사가 신문에 실린 적이 있다. 간디는 옥중에서나 일상에서 늘 물레를 돌렸다고 한다. 그 옥중에서의 물레가 영국의 경매업체에 나왔는데 11만 파운드(1억 8000만 원)에 팔렸다고 한다. 비교하면 서글퍼지나, 우리는 왜 이런 위인이 없을까!

마하트마 K. 간디, 「간디 자서전」, 박홍규 옮김, 문예출판사, 2007.
20세기 마지막 성자, 더 이상 무슨 설명이 필요하겠는가. 일찍이 함석헌은 간디를 현대사의 조명탄이라 하면서 번역서를 내기도 하였다. 또한 이를 바탕으로 수많은 학자들이 그의 삶을 조명한 평전을 출판하였다. 어느 책을 보든 간디의 삶을 이해하는 데 불편함은 없을 것이다. 소개하는 책은 영남대 박홍규 교수가 번역한 것이다. 풍부한 해석과 더불어 그의 냉철한 후기가 수록되어 있다. 이를 통해 이 책이 가지는 의미를 더욱 풍부하게 접해 볼 수 있을 것이다.

국망의 아픈 역사를 되돌아보는 거울

박은식, 『한국통사』

얼마나 고통스러웠으면 역사책의 이름을 '통사'痛史라 하였을까! 고향을 떠나 서울로 와서 기울어 가는 민족을 일으키기 위해 몸부림쳤건만 일제로부터 작위를 받아먹은 왕족들과 부패한 친일관료들에 의해 허망하게 망해버린 나라. 이를 바라보는 선비의 심정은 그러했을 것이다. 박은식은 그 고통스러운 역사를 피하지 않고 도의道義를 위한 지극한 정情을 가지고 춘추春秋의 대의大義를 실천하기 위해 『한국통사』韓國痛史를 편찬하였다.

박은식은 세도정치의 혼란함이 극에 달했던 1859년 황해도 황주에서 태어났다. 서당의 선생 노릇을 하던 아버지에게서 한학을 공부한 그는 25세가 되던 해 이항로의 문인이었던 박문일의 문하에서 주자학을 공부하였다. 당시 그는 주자학에 통달하여 대학자의 면모를 지닌 인물로 알려져 있었다.

주자학에 심취해 있던 그는 40세 무렵인 1889년 서울로 상경한다. 서울에서 새로운 학문을 접하게 되고, 대한제국 성립 전후의 혼란한 상황을 직접 경험하면서 시대의 흐름에 맞춰 새롭게 변신하여야만 나라를 보존하고 민족을 살릴 수 있다고 생각한다. 그리하여 그는 유교가 가진 한계를 인식하고 이를 개혁하고자 하였으며, 이를 위해 서양의 근대적 정치론까지 수용하고자 하였다. 1898년 이후 박은식은 『황성신문』과 『대한매일신보』에서 주필로 활동하였다. 다른 한편으로는 을사늑약 이후 국권 회복을 위한 계몽운동에도 적극적으로 참여하였다. 평안도·황해도 출신들이 조직한 서북학회, 대한자강회, 대한협회에도 참여하였다.

을사늑약을 통해 이른바 외교권이 강탈당하는 현실에 직면한 박은식은 잃어버린 '국권'을 회복하기 위한 방법으로서 신교육의 보급과 산업 발달 등을 주장하였다. 그리고 현실 변화에 대응하지 못하고 있던 유교의 개혁을 위해서 양명학을 도입하자고 하였다. 나아가 서양 문명의 핵심 요소 가운데 하나가 종교라 인식하고 유교를 종교화한 대동교大同敎 창건에 참여하여 종교부장을 맡기도 하였다.

그러나 1910년 8월 국망國亡의 치욕을 겪게 되었고, 이듬해 부인마저 병으로 죽자 그는 만주로 망명하였다. 우리 동포들이 많이 거주하던 환인현으로 간 그는 민족을 구할 '영웅'의 탄생을 기대하며 동포 청년들의 역사 교육을 위해 『발해태조건국지』, 『명림답부전』 등과 같은 고구려와 발해의 역사서를 저술하였다. 그는 "민족이 있으면 역사가 있고, 역사가 없으면 민족이 없다"는 점에서 역사의 필요성을 역설하였다. 역사를 민족심을 일깨우기 위한 교육 자료로 이용해야 한다고 생각한 그는 여진의 역사를 우리 역사로 보며 쓴 『몽배금태조』에서 이른바 '4천년 역사학교'를 주장하기도 하였다.

이후 상해로 근거지를 옮긴 박은식은 본격적인 독립운동을 전개하고자 신규식, 홍명희 등과 함께 동제사同濟社와 박달학원博達學院을 설립하였다. 나아가 1910년대 해외의 여러 곳에서 치열하게 전개되고 있던 독립운동세력의 대동단결과 공화주의 임시정부 수립을 제창한 '대동단결선언'大同團結宣言에 참여하였다.

이 시기 박은식은 활발한 민족운동을 전개하는 과정에서도 역사책을 편찬하였으며, 그 중 대표적인 것이 바로 『한국통사』였다. 그는 「서언」에서 이 책을 편찬한 이유에 대해 "일찍이 우리를 스승으로 여겼던 일본이 도리어 우리를 노예로 부르고 짐승과 가축으로 대우하는 데 대해 심한 부끄러움과 고통"을 느끼게 되었고, 이를 극복할 수 있는 길은 "역사를 통해 그 '아픔과 부끄러움'을 알게 하고, 국혼國魂을 지키는 것만이 있을 뿐"이라 하였다. 그리고 국혼에 대해서는 국교國敎·국사國史 등이 혼魂에 속하는 것이고, 군대·기계 등이 백魄이라 하여 이른바 '혼백론'을 명확하게 설명하고 있다. 즉 "나라는 형체요 역사는 정신이다. 이제 한국의 형체는 허물어졌으나 국혼만이라도 홀로 보존"하여 잃어버린 나라를 되찾고자 하였던 것이다.

이러한 배경하에 간행된 『한국통사』는 우리나라의 지리와 역사에 대한 개괄적 설명과 함께 1863년 대원군의 집권에서부터 1911년 신민회 해체를 목적으로 한 105인 사건까지 중요 사건을 세 부분으로 나누어 서술하였다. 『한국통사』는 한문으로 되어 있어 일반 국민들이 쉽게 읽을 수 있는 책은 아니었지만, 근대적인 역사 서술방식을 채택하였다.

전체적으로 일본의 침탈 과정과 우리나라 망국의 과정을 인과적으로 설명하였고, 시간 흐름에 따라 장을 구성하면서도 일제 침략의 전후 사정, 이에 대한 국내 여러 세력의 대응과 한계점 등을 연관시켜 서술하였다. 그러면서도 구체적인 사건에 대해서는 자신의 의견을 명백하게 제기하였다. 박은식은 대한제국이 망한 이유는 국왕을 필두로 지배층이 자강 정신 없이 무능한 가운데 실학 등 실용적인 학문은 외면하고 고식적인 외세에 의존하여 권력만 유지하려 하였으며, 총체적인 연안宴安(헛되이 놀고 즐김)의 구습이 이들의 심성에 스며들었기 때문이라 냉정하게 평가하였다.

나아가 일본제국주의의 침략성에 대해 자세하게 설명하고 있다. 일본의 침략이 한국사회의 모든 방면에 걸쳐 '거짓된 명분'을 앞세워 전개된 것이라 하였다. 1876년 강화도 조약 이후 전개된 일본의 침략은 조약 등을 통해 "한국의 독립을 보장"하거나 "영토를 보호"한다는 명분을 내세웠으나 실상은 모두 거짓이었음을 밝히고 있다. 그리고 이권 침탈, 토지 침탈은 물론 종교와 언론 탄압 등 사회 전방위에 걸친 침략과 탄압 양상을 소개하고 있다. 또한 이러한 일본의 침략이 국내 친일 집권층의 호응에 의해 이루어지고 있는 점을 적고 있다. 일본에 머물던 왕족들과 송병준 등의 일진회 무리, 그리고 을사오적 등 일본에 의해 작위도 받고 은사금도 받은 자들을 소개하고 있다.

일본의 침략에 항거한 여러 활동들도 소개하고 있다. 한말 계몽운동가들은 의병 활동에 대해 대체로 부정적이었으나, 박은식은 이를 높이 평가하면서 최익현, 민긍호 등 여러 의병장들의 활동을 소개하였다. 이와 더불어 이토를 살해한 안중근이나 친일파 미국인 스티븐스를 처단한 장인환·전명운, 그리고 이완용 처단을 시도한 이재명의 의거 등을 적고 있다.

『한국통사』는 1915년 상해의 대동서국에서 영국·일본 등 강대국의 근대사와 월남·인도 등 식민지 국가의 근대사를 편찬하는 과정에서 간행된 것이다. 박은식 선생은 결론에서 "감히 정사正史를 자처하려는 것은 아니다. 우리 동포들의 국혼이 담겨 있는 것임을 인정하여 버리거나 내던지지 않기를 바랄 뿐"이라고 하였으나, 이 책은 발간 후 큰 반향을 일으켰다. 중국은 물론 러시아, 미국 등 여러 지역의 동포들에게 널리 보급되었고, 미국에서는 한글로 번역되어 교과서로 사용되기도 하였다. 국내에도 비밀리에 유입되어 민족의식 고취에 활용되었다. 이에 당황한 일제는 1916년 조선반도사편찬위원회(조선사편수회의 전신)를 조직하고 식민사관에 입각한 조선사 편찬에 착수하였다.

『한국통사』의 후서後序를 쓴 신규식은 "비록 선생께서 늙으셨으나 우리의 독립사獨立史와 광복사를 편찬해 주실 것"을 요구하였다. 이러한 요구와 더불어, 3·1운동을 통해 우리 민족의 강렬한 독립 의지를 확인한 박은식은 『한국독립운동지혈사』韓國獨立運動之血史를 편찬하였다. 즉 『한국통사』를 통해 민족의 아픈 역사를 확인하고, 그러함에도 국혼을 지켜나가면서 독립을 쟁취하기 위하여 피의 독립투쟁을 전개하고 있다는 사실을 기록함으로써 독립의 의지를 드높이고자 하였다.

박은식은 상해 임정이 분열되자 독립운동의 통합을 강조하는 가운데 임시정부의 개조를 주장하였다. 신채호 등과 임정의 통합을 위해 1923년 국민대표회의를 개최하였으나 이 또한 실패하였다. 이후 이승만이 탄핵되자 2대 대통령으로 취임한 선생은 임시정부의 내분을 수습하고자 개헌을 추진하였다. 그 결과 국무령체제가 성립되고 이상룡이 선출되자 대통령직을 사임하였다. 이미 건강이 악화된 상태였던 박은식은 1925년 11월 67세를 일기로 타계하였다.

그는 생전에 여러 호를 사용하였다. 겸곡, 백암 등이 있으나, 망명 생활 중에는 "나라를 잃고도 살아 있는 것이 부끄럽다"는 의미에서 '무치생', 그리고 "태백산(백두산)이 있는 나라의 사람으로, 나라 잃고 일본의 노예가 되어, 이를 슬퍼하며 미쳐서 돌아다닌다"라는 뜻을 지닌 '태백광노'太白狂奴도 많이 사용하였다.

그저 물질적 풍요만을 추구하는 현실을 배경으로 역사인식은 후퇴하고 있는 안녕치 못한 현실이다. 그런 가운데 그저 부끄러움도 모르고 시대의 아픔도 모르면서 오로지 곡학아세나 일삼는 후안무치한 자들이 역사를 제대로 보려 하지 않고, 공부하지 않고 쓴 것이 '역사교과서'의 탈을 쓰고 자신의 동포를 위협하는 현실이 답답할 따름이다.

박은식, 『한국통사』, 김태웅 옮김, 아카넷, 2012.
황해도 출신의 골수 성리학자였던 박은식은 계몽운동을 통해 민족의 현실을 자각하게 된 후 망명 생활에서 독립운동의 방편으로 역사를 서술하였다. 박은식은 수집한 사실을 소개하는 데 그치지 않고 인과관계에 따라 서술하였으며, 마지막에는 '안'(按)이라는 단서를 붙여 사실에 대한 역사적 평가를 덧붙였다.
시중에는 여러 종류의 『한국통사』가 있다. 김태웅이 옮긴 『한국통사』는 전문을 번역하지 않고, 국내 정치적 주요 사건을 위주로 번역하였으며, 주요 내용에 대한 풍부한 해설을 넣었다. 또한 『매천야록』 등 같은 시대의 역사를 기록한 책들과 대조하여 정리하였다. 이 책을 통해 함께 망국의 아픔을 느낄 수 있으면 한다.

시대를 앞서 '통섭'(通涉)을 추구하다

홍대용, 『의산문답』

지식이 넘치는 세상이다. 매일 쏟아져 나오는 책과 신문 등을 통해 사람들은 배우고 읽는다. 그럼에도 무언가 공허하다. 세상에 대한 진지함이 부족한 까닭일 것이다.

조선 후기 명망가의 후손으로서 벼슬을 마다하고 진정한 학문의 세계를 추구한 이들이 있었다. 그것도 세상을 외면하고 이론理論에만 빠져 자신의 학문적 영예만을 추구한 것이 아니라 현실의 아픔을 해결할 수 있는 대책을 마련하고자 학문을 하였던 이들이다. 그 가운데 담헌 홍대용은 이른바 '북학'에 매몰되지 않고 주체적으로 자신의 학문 세계를 정립한 대표적인 학자였다.

홍대용은 1731년(영조 7년) 충청도 천원군의 수촌마을에서 노론의 핵심 문벌이었던 남양 홍씨 집안의 장남으로 태어났다. 아버지 홍역 등 여러 집안 어른들이 과거를 통해 관직에 진출한 명망가였다. 그러나 홍대용은 이와 달리 십대 때부터 순수한 학자의 길을 고집하였다. 당시 노론 계열의 학자로서 명망이 높았던 김원행의 석실서원에서 공부하였다. 당시 김원행은 큰할아버지였던 김창집이 신임사회에서 화를 당하자 충격을 받고 석실서원에 칩거하면서 학문 연구와 제자 양성에 몰두하고 있었다. 이러한 김원행의 문하에서 공부하였던 젊은 날의 홍대용은 엄격함만을 강조하는 닫힌 모습을 보이기도 하였다.

이십대 초반 홍대용은 소론인 윤증의 문집을 읽고 그의 학문에 빠져들면서 자신이 속한 노론이 가진 문제점을 거론하였다. 소론과의 갈등에서 큰 피해를 입었던 스승 김원행은 이러한 태도에 격분하였으나 홍대용은 "큰 의심이 없는 자는 깨달음이 없다"며 자신의 태도를 굽히지 않았다.

석실서원을 떠난 그는 서울에 머무르면서 천문학·수학·노장사상·불교·양명학 등 기존 주자학에서 이단시하던 것에 대해 폭넓게 공부하였다. 이는 그가 공부한 석실서원의 학풍을 계승한 것으로 볼 수 있다. 석실서원은 노론 내에서도 주역이나 장재의 자연철학에 대해 관용적이었다. 홍대용은 천문학을 세계 만물의 근원인 하늘을 탐구하는 성리학의 한 분야로 파악했다.『주해수용』籌解需用에서 그는 당시 모든 성리학자들의 인식인 '하늘이 만물의 시조'라는 관점에서 나아가 "천지의 참모습을 알기 위해 직접 기기를 만들어 측정하며, 수를 계산해서 추측"해야 한다고 하였다.

그는 부친의 도움을 받아 1759년(영조 35년) 나주에 있는 기술자 나경적과 그 제자 안처인에게 의뢰하여 3년간의 작업 끝에 혼천의渾天儀와 서양식 자명종을 만들었다. 홍대용은 이를 자기 집에 정자를 지어 그 안에 보관하였다. 그리고 보관하던 정자의 이름을 두보杜甫의 시 중 "日月籠中

鳥乾坤水上萍"(일월농중조 건곤수상평)라는 구절에서 따서 '농수각'籠水閣이라 불렸다. 이를 통해 그가 일찍부터 서양의 과학에도 많은 관심을 가지고 있었던 것을 알 수 있다. 당시는 청을 통해 서양과학이 본격적으로 수용되어 읽히던 시기였다. 그로 인해 서양과학에 대한 이해도 상당한 수준이었다. 이러한 분위기 속에 홍대용 또한 당대 학자들과 교유하면서 자신의 이해 수준을 높여갔던 것이다.

홍대용은 1765년 35세가 되던 해 숙부의 자제군관으로서 북경을 방문하여 약 2개월간 머물렀고, 그 내용을 「을병연행록」이란 글로 남겼다. 그는 북경에서 60여 일을 머무르면서 여러 학자들을 만났지만 자신을 진정으로 알아주는 인물을 만날 수는 없었다고 한다. 또한 북경의 천주교당을 방문함에 많은 준비를 하고 갔으나 "처음부터 끝까지 친절하지 않았고, 서책과 의기를 모두 없다 하며 보여주려 하지 않았으니 너무나 분통이 터져 어쩔 수가 없었다"라고 하였다. 이렇게 홍대용은 연행을 통해 자신의 학문을 점검하고자 하였으나 서양선교사들의 불친절한 태도로 인해 천주교당에 대한 기대를 접고, 남은 기간 동안 엄성, 반정균, 육비 등 중국 선비들과의 교류에 힘을 쏟는다. 그러나 이들은 과거 준비에만 급급한 상황이어서 홍대용의 지식 수준에 미치지 못하였다. 도리어 홍대용이 자신이 조선에서 만든 농수각에 대해 설명하고 그와 관련된 시문을 받았을 뿐이었다.

홍대용이 이러한 연행에서의 실망감을 극복하고 이후의 더욱 발전된 학문을 정리하고자 쓴 것이 『의산문답』으로 보인다.

대체로 『의산문답』의 창작 시기는 그의 학문이 무르익은 만년晩年으로 본다. 형식에 대해서는 철학소설로 보기도 하고 산문으로 보기도 한다. 『의산문답』은 젊은 날의 북경 방문 경험을 토대로 쓰였는데, 이는 작품의 배경으로 '의무려산'을 언급하고 있는 데서 알 수 있다. 이 산은 연행을 오갈 때 경유하게 되는 장소였다. 그리고 글의 주인공 허자虛子가 북경에서 60여 일 머물렀다는 부분은 당시 연행사절이 북경에 체류하는 기간과 일치한다. 즉 전통적인 문답식 산문 전통과 홍대용 자신이 기존에 저술했던 문답체 연행록의 형식을 기반으로 『의산문답』을 저술하였던 것으로 보인다.

『의산문답』에는 두 명의 인물이 등장한다. 한 사람은 허자이고 다른 사람은 실옹實翁이다. 허자와 실옹의 대화는 주로 허자의 견해를 실옹이 하나씩 반박하고 깨우쳐 주는 식으로 전개되고 있다. 실옹이 허자에게 질문을 던지기도 하지만 그것은 대부분 실옹의 입장에서 전개하기 위한 도입부의 역할을 담당한다.

홍대용은 이야기를 풀어가는 장소로 의무려산을 선택하고 있다. 의무려산은 백두산 천산과 더불어 동북지역의 3대 명산에 속한다. 당시 중국과 조선을 오가던 학자들은 이 산을 주목하였다. 중화中華와 오랑캐夷의 경계를 가장 잘 나타내는 산이라 인식되었던 곳이다. 이는 당대 중국 중심의 세계관을 타파하고자 하는 홍대용의 의도가 반영된 선택이었다. 그리고 '산'이라는 자연적 조건이 가지는 일반 세상과의 단절성, 적막함과 신비함, 그리고 모든 것을 멀리, 아래위로 볼 수 있는 객관적 조망성 등을 고려한 선택이었을 것이다.

그는 『의산문답』에서 당대의 현실에 대해 "학술을 함에 있어서 근본을 잃어버려, 남과 내가 무엇인지도 몰라 허虛가 위僞(거짓)를 만들어내고 위가 허를 조장하게 되었다. 여기에서 진실한 마음이나 진실한 정사는 가망이 없게 되었다"라 하면서 이를 바로잡고자 하였다. 또한 그는 천지간 생물 중 오직 사람만이 귀하다는 허자의 말에 대응하면서 "인간의 입장에서 보면 물物이 천하지만, 물의 입장에서 보면 인간이 천하다. 그러나 하늘의 입장에서는 인간과 물은 균등하다"고 하였다.

그는 모든 존재들의 관계에서 자기중심성을 철저하게 배격하였다. 지구와 다른 별의 관계에 대한 인식에서도 확인된다. "하늘에 가득한 별들 치고 저마다 세계 아닌 것이 없다. 뭇 별에서 본다면 지구 또한 하나의 별일 뿐이다"라고 하였다. 이러한 관점은 그의 개혁론인 『임하경륜』林下經綸에서도 확인된다. 과거 제도를 폐지하고 각 면에다 학교를 세우고, 사농공상을 초월하여 8세 이상의 자제를 모두 교육시켜 언론·행동·학식·재능에 따라 신분에 구애됨이 없이 조정에 추천해 인재를 등용하도록 하자고 하였다.

흔히 홍대용을 박지원과 더불어 북학파로 보기도 한다. 그러나 그는 우리가 북학파라 부르는 박지원, 박제가 등과는 다른 학문의 특징을 지닌다. 홍대용은 중국을 방문하고 돌아와 쓴 『연기』燕記에서 북학이란 말을 쓴 적이 없다. 그는 청의 문물에 대해 늘 학자적 태도를 견지하면서 균형을 유지하였다. 취할 것을 세밀하게 정리하기도 하고 우리의 것과 장단점을 비교하기도 하고 그 문제점을 거론하기도 한다. 중국 문물의 화려한 뒷모습에 감춰진 부분을 세밀하게 관찰하고 그 문제점을 지적하기도 하였다. 북경 거리의 사치함을 지적하면서 "이상한 재주에 음탕하고 사치스런 물건들로 사람의 뜻을 해치는 것뿐이어서 선비들의 기풍이 점점 흐려져 가니 중국이 발전 못 하는 것도 다 그런 이유 때문인 것 같다"라고 비판하고 있다. 이렇듯 홍대용은 사치를 배격하고 검소함을 숭상하는 문명관을 가지고 있다. 즉, 그는 청의 문물을 대함에 있어 무조건 도입할 것이 아니고 장점을 취하고 단점을 버리는 태도를 취할 것을 주장하고 있다.

그리고 홍대용은 청을 무조건 오랑캐로 보는 것도 비판하였고, 기존의 철저한 중국 중심의 관점에서 벗어나 새로운 대안을 구축하고자 하였다. 기존 북학파가 물질의 효용성과 풍부함을 추구한 것과 달리 절약과 검소함에 의해 그 건강성을 유지하고자 하였다. 즉 생태주의적으로 문명과 세계를 전망하고자 하였다. 나아가 사람들 간의 평등함을 가장 중요한 가치로 인식하였다. 이러한 홍대용의 사상은 유가 사상을 뛰어넘어 이단으로 인식되었던 묵자墨子까지도 적극적으로 긍정하고 있다. 특히 묵자의 평등과 겸애의 사상을 함께 수용하여 이를 바탕으로 새로운 세계관과 사회적 원리를 이념적으로 창조하고자 하였다.

홍대용, 『의산문답』, 김태준·김효민 옮김, 지만지, 2011.
'문답'은 고전적인 서술방법이다. 시대 상황을 반영하고 또 편찬자가 전달하고자 하는 것을 명확하게 할 수 있는 방법이다. 만년의 홍대용이 자신의 학문 세계를 문답 형식으로 쓴 것이 『의산문답』이다. 이 책에서 홍대용은 평생 공부하여 얻은 인간과 자연에 대한 세계관을 정리하고 있다. 그는 어디든 중심이 될 수 있으며, 인간과 자연이 더불어 공생하여야 한다는 자연관을 이야기하고 있다. 이는 오늘날에도 유용한 관점이다. 『의산문답』은 여러 번역본들이 나와 있다. 전문가의 해설이 담긴 정확한 번역본을 추천한다.

평범한 지식인의 삶에 담긴 역사

백승종, 『그 나라의 역사와 말』

유명한 사람이라 해서 그 삶이 귀한 것만은 아니다. 평범한 사람이지만 시대의 모순과 아픔을 느끼며 자신의 신앙이나 철학을 가지고 해결하려 노력한 이들도 많다. 다만 그들의 삶을 돌아보기 어려운 것은 그들이 남긴 흔적들이 있음에도 이른바 명망가 중심의 역사 서술 과정에서 외면되었거나, 그들의 흔적이 제대로 보존되지 못하고 사라졌기 때문이다.

최근 역사 서술에서 주목되는 것이 '미시사'라는 방식이다. 레비[G. Levi] 등 이탈리아 역사학자들은 역사 서술에서 개별 인간들의 삶을 계량적으로 연구하고 이를 통해 대규모 체계의 규칙에 포함시키려는 흐름에 반발하였다. 그들은 인간 개인의 행위를 사실적으로 파악하고 이를 통해 다양한 삶의 모습을 복원하고자 하였다. 즉 역사적 행위의 주체인 개인의 사소한 일상을 통해 그가 속해 있는 사회가 가진 문제들 간의 연관성을 생생하게 그려내고자 하는 것이다.

세월호 사건은 한국 사회의 지도층이 얼마나 무능하고 부패하였는가를 여실히 드러내는 계기가 되었다. 정치가들은 '정치'를 하지 않고, 주류 '언론'은 도리어 말길을 막거나 왜곡시켰다. 사람들은 주류보다 SNS를 통해 현장의 상황을 더 생생하게 접하였다. 위기의 상황에서 빛난 것은 그저 평범한 '민'들이었다. 사람으로서의 도리를 알기에 자연스럽게 현장으로 달려갔던 이들이다. 맡은 일을 하라고 직책을 붙여준 '선장', '해경' 등은 정작 그 이름값을 버리고 도망가거나 우왕좌왕하여, 그 가진 이름이 거짓임을 드러내버렸다. 더불어 몇몇 유명한 '목사'들은 자신의 신앙을 빙자하여 허튼 소리를 지껄이다가 비난을 자초하였다. 그 비난은 목사 개인을 넘어 한국 개신교 전체에 대한 비판으로 이어지고 있다. 이들은 이러한 비난이 있을 거라 생각지 못했을까? 배운 게 없는 것도 아니고, 명색이 목사로서 성찰의 시간도 많이 가졌을 것인데, 어찌 이리 세상에 대해 가벼이 말하는가. 여기에 동조하는 평신도도 같다.

한말 일제 침략기 개신교를 받아들인 신앙인들은 적어도 시대의 문제에 함께 아파하는 모습을 보였다. 물론 신앙을 빙자하여 일제에 기대어 개인의 영달을 추구한 자들도 일부 있었다. 그러나 많은 이들이 기도나 교육 활동, 사회단체 활동을 통해 개인의 문제를 넘어 사회와 민족의 문제에 신앙을 가지고 동참하고자 하였다. 이번에 소개하는 책의 주인공인 이찬갑도 그런 인물이었다. 이찬갑은 일제 식민지 시기, 평안북도 정주군의 시골 마을에 살면서도 신문을 받아 보던 사람이었다. 당시 신문은 세상의 소식을 접하는 가장 중요한 매개였다. 그는 신문을 읽으며 관심 가는 기사를 스크랩하고 자신의 느낌을 기록하였다. 이찬갑은 이렇게 만든 신문 스크랩북과 철학과 종교 관련 논문 몇 편 등을 남겼다.

이찬갑이 남긴 자료들을 미시사의 연구 방법을 통해 한 권의 책으로 묶어낸 분이 백승종 선생이다. 독일 튀빙겐대학에서 한국학과 철학박사 학위를 받고 귀국한 백승종은 서강대 등 여러 대학에서 '선생'을 하였다. 「한국사회사연구」(1996), 「18세기 전라도 어느 양반들의 문건」 등 조선 후기 생활사와 관련된 논문과 책을 펴내면서 우리나라 미시사 연구의 선구자 역할을 하고 있는 학자이다.

백승종은 이찬갑이란 인물이 남긴 일곱 권의 일기와 신문스크랩북, 논문 등을 통해 식민지 시기 한 지식인의 일상 생활을 주도면밀하게 관찰하고, 기존 연구 성과를 잘 접목하여 이 책을 완성시켰다. 일기와 이찬갑이 남긴 것들, 그리고 후손과 동지들의 이야기를 치밀하게 연결하여 한 인간의 삶과 신앙을 제대로 복원하였다. 그리고 그 개인의 삶을 통해 그 시대의 실상도 복원하였다.

이찬갑은 일제 침략으로 망국의 그림자가 짙어지던 1904년 평안북도 정주군 갈산면 용동마을에서 태어났다. 용동마을은 남강 이승훈 선생이 안창호의 연설에 감동 받아 오산학교를 설립한 바로 그 마을이다. 남강 이승훈은 이찬갑의 종조부였다. 17세가 되던 해, 이찬갑은 오산학교가 외형적 성장에 치우치고 일제의 교육제도에 편입되는 이른바 '제도권학교'로 승격되는 것에 반발하여 학교를 그만두었다. 이후 서울의 피어선 신학교에서 목사 수업을 받기도 하였으나 이 또한 그만두었다. 목사가 되는 것이 세속적인 출세로 인식되는 세상 풍습이 못마땅해서였다. 그래서 그는 평생 평신도의 삶을 살았던 것이다.

1928년 이찬갑은 함석헌, 김교신 등과 『성서조선』을 통해 무교회 운동에 참여하였다. 당시 조선의 기독교가 미국 선교사들의 분위기를 모방하는 풍조에서 벗어나지 못함을 유감으로 알아, 순수한 조선산 기독교를 해설하고자 간행한 것이 『성서조선』이었다. 1942년 이찬갑은 『성서

조선』에 실린 김교신의 글을 문제 삼은 일제 경찰에 의해 함석헌 등과 함께 서대문형무소에 수감되었다. 당시 함께 수감 생활을 한 송두용은 이찬갑에 대해 "정당한 이유가 없으면 어떠한 타협도 받아들이지 않고 바른 소리만 하는, 불평불만이 많은 사람"이라 평하였다. 그의 이러한 태도는 태생적이었다. 이찬갑은 17세의 어린 나이에도 종조부였던 이승훈이 오산학교 운영 과정에서 사리에 맞지 않는 일을 한다고 생각되면 거침없이 대들었다고 한다. 이러한 태도는 사사로운 이익을 추구하는 것이 아니라 자신의 신앙을 바탕으로 진정 가족과 사회, 나아가 민족을 위하는 마음에서 행해진 것이었다.

그는 20대의 젊은 날 일본과 중국의 빈민 지역과 농촌을 둘러보고 덴마크의 그룬트비히의 사상을 바탕으로 한 이상적인 농촌 교육을 구상하였다. "그 나라의 역사와 말이 아니고서는 그 백성을 깨우칠 수 없다"는 그룬트비히의 말을 실천하고자 고향으로 돌아온 그는 과수원을 경영하면서 소비조합운동 등을 전개하였다. 그는 일제 식민지배라는 암울한 현실 가운데서도 '조선말'을 통해 하나님의 사명을 깨닫고자 하였다. 교회 등 기존의 모든 세력을 비판하였으며, 모든 형태의 권력으로부터 소외되기를 자청하였다. 그 대신 진심으로 '나라의 역사와 말'을 아끼고 사랑하였다. 이러한 마음을 가지고 시골까지 배달되어온 신문을 읽고 중요하다고 생각되는 기사를 오려내고 자신의 느낌이나 비판을 촘촘히 기록하였던 것이다.

1938년 5월은 이른바 중일전쟁 이후 일제의 황국신민화정책이 강화되어가던 시기였다. 당시 신문에는 "일본과 조선의 기독교도들이 연합하여 일본에 충성을 다하기로 서약"했으며, "조선의 기독교회들은 급히 조선기독교연합을 결성하여 군가 합창, 황국신민서사를 제창"했다는 기사가 게재되었다. 그는 이에 대해 "아, 이것을 예수 믿는다고 할까? 예수 믿는 자로 민족운동을 할 것도 아니지마는 참말, 이 꼴들은 못 보겠다. 이것을 어떻게 예수 믿는 자의 노름들이라고 할까. 순교! 그 맑은 정신의 발휘의 때는 오는 것 같지마는 누구 그럴 이가 있는 것 같지 않다"고 적고 있다.

1941년 이찬갑은 일제의 탄압이 심해지자 신문 스크랩북과 책들을 기름먹인 종이로 싸서 양철통 안에 넣고 양촛물로 밀봉한 후 다시 커다란 독에 넣었다고 한다. 그의 성격대로 치밀하게 보관하였던 것이다. 일 년 후인 1942년 이른바 '『성서조선』 사건'에 연루되어 검거되었을 때, 이처럼 미리 대비하지 않았다면 자료가 발각되어 목숨을 부지하지 못하였을 것이고, 자료 또한 건지지 못하였을 것이다.

이찬갑은 해방 후 교사로서 활발한 활동을 전개하였다. 53세가 되던 해에 동지 주옥로 선생과 더불어 충청남도 홍성군 팔괘리 풀무골에서 '풀무학원'을 설립하였다. 그의 삶이 말해 주듯 온갖 어려움을 이겨내고 예수를 닮은 위대한 평민을 기르는 데 모든 것을 바쳤던 것이다.

백승종은 이 책을 통해 이찬갑은 그저 이름 없는 지식인이 아니었으며, 모든 권력에서 소외된 대단히 예외적인 지식인이었다고 평하였다. 『그 나라의 역사와 말』은 그저 이찬갑 개인의 일기에 대한 해제에 그치지 않는다. 주어진 자료를 통해 그 시대의 상황과 관련 사실들을 풍부하게 잘 정리해 놓았다. 개인을 통해 그 시대의 역사를 읽어낼 수 있는 것이다. 그리고 한 개인의 내면적 세계관이 어떻게 형성되었으며, 이러한 세계관과의 대화를 통해 시대가 가진 여러 본질적인 문제에 대해 깊이 성찰하는 전통을 이어가고자 하는 마음을 담고 있다. 이는 이 책의 저자에게만 해당되는 것이 아니고 독자들에게도 주어진 과제이다. 독자들

또한 이찬갑이란 거울을 통해 신앙인으로서, 또한 한국인으로서 깊이 성찰하고, 이를 통해 용기를 얻는 기회가 될 것이다.

백승종, 『그 나라의 역사와 말』, 궁리, 2002.
『그 나라의 역사와 말』은 무명의 지식인이 남긴 일기와 신문 스크랩, 그리고 그가 쓴 논문 등을 통해 그의 일상과 세계관을 재구성한 책이다. 당시에도 신문을 보거나 일기를 남긴 사람은 많았을 것이다. 그러나 이찬갑의 기록이 더 큰 의미를 가지는 것은 개인보다는 민족을 우선시하는 신앙과 행동이 담겨 있기 때문이다. 우리는 진실된 개인의 기록과 발자취를 통해 당시 사회와 민족의 현실을 파악할 수 있는 것이다.

동양철학

최병덕

동양고전은 우리의 사고 속에 이미 깊숙이 뿌리내린 분야이기에 널리 알려져 있고 많이 읽히고 있다. 그래서 특별히 열 권의 책을 선정해 소개한다는 것이 적지 않은 부담이었다. 남들이 다 하는 그런 뻔한 이야기를 또 해야 한다는 부담감 때문이다. 게다가 열 권이라니. 너무 뻔한 책들을 선정했지만, 그 많은 동양고전들 중에서 열 권을 선정하는 것도 결코 쉽지 않았다. 처음에는 동양사상 전체를 균형 있게 살펴볼 수 있도록 여러 분야에서 골고루 선정해야 한다는 압박감에 시달렸다. 그 부담과 고민의 결과, 무언가 새로운 것이 아니라 필자인 나 자신에게 이미 익숙한 책들을 선정하기로 하였다. 그것은 바로 『대학』, 『논어』, 『맹자』, 『중용』, 『노자』, 『장자』, 『묵자』, 『한비자』, 『정관정요』, 『자치통감』이다.

흔히 동양사상이라 하면 유교, 불교, 도교를 떠올린다. 그런데 이 속에는 불교에 관한 책이 한 권도 없다. 필자인 나 역시 불교에 관해 읽고 싶은 몇 권의 책들이 있긴 하지만 나 자신이 이 분야에 거의 아는 것이 없기에 이번 선정에서는 당연히 제외하였다. 그러다 보니 자연스럽게 유교와 도교를 중심으로 한 책들을 선정하였고, 중국의 고전들을 선정하였다. 특히 동양사상의 기본 틀을 제공한 진나라 이전의 핵심적 학파인 유가, 도가, 묵가, 법가의 사상을 살펴볼 수 있는 책들을 우선 선정하였다. 동양적 사고의 가장 중심적 축인 유가의 핵심 서적으로는 4서, 즉 『대학』, 『논어』, 『맹자』, 『중용』을 선정했고, 도가 사상의 핵심 서적으로는 도가의 양대 종사의 사상을 담은 『노자』와 『장자』를 선정했다. 그리고 유가와 같이 선진시대 사상의 양대 축을 형성한 묵가의 사상을 담은 『묵자』와 춘추전국시대의 분열을 종식시키고 진나라가 천하를 통일하는 데 사상적 토대를 제공한 법가의 사상을 담고 있는 대표적 서적인 『한비자』를 선정했다. 그리고 중국의 역사와 정치를 살펴볼 수 있는 책을 두 권 더 선정했다. 한 권은 중국 역사상 가장 성대한 시대였다고 평가되는 당 태종의 리더십과 정치를 보여주는 『정관정요』이며,

다른 한 권은 역사의 거울을 통해 정치에 교훈을 주고자 한 『자치통감』이다.

이 책들은 정치학을 전공하는 필자가 공부를 하면서 많은 도움을 받았을 뿐만 아니라 재미있게 읽었던 책들이다. 처음에는 필요해서 읽었지만, 점차 그 속에서 삶의 지혜를 얻을 수 있었다. 여러 독자들도 이 책들 속에서 삶의 지혜와 세상을 보는 안목을 얻을 수 있을 것이다. 고전은 읽는 행위 그 자체도 높이 평가되지만, 그것이 자기 삶의 세계와 연결되어 삶의 길이 되어 줄 때 진정 의미 있는 것이다. 여기 소개된 책들은 고리타분한 옛 이야기가 아니라 지금 현재의 내 삶을 성찰하게 하는 거울과 같은 것들이다. 거울은 내 모습을 비춰 볼 때 그 가치가 실현되는 것이다. 동양고전이라는 거울 속에 내 삶을 한번 비춰 보자.

필자는 열 권의 동양고전을 소개하면서, 이미 공부를 많이 하였고 익숙한 독자들에게 책을 새롭게 음미할 수 있는 독특한 시각을 제시하는 것이 아니라 책 읽기가 다소 낯설거나 아직 익숙하지 않은 독자들에게 기본적인 내용을 되도록 쉽게 설명하여 동양고전 읽기가 결코 낯설거나 힘든 일이 아님을 보여주고자 했다.

자신을 완성하고
평화로운 세상을 만드는 배움의 길

공자, 『대학』

고위 공직자 인사가 있을 때마다 반복적으로 도덕성 문제가 불거지고 있다. 병역 비리, 부동산 투기, 이권 개입, 위장 전입 등 갖가지 의혹이 제기된다. 그러면 하나같이 몰랐다거나 죄송하다고 대답한다. 이런 일들이 비일비재하기에 무슨 통과의례인양 새삼스럽거나 놀랍지도 않다. 그럼에도 불구하고 우리는 고위 공직자를 비롯한 사회지도층들에게는 특별한 도덕성을 요구한다. 왜일까? 우리 속담에 "윗물이 맑아야 아랫물이 맑다"고 했다. 아무리 아랫물이 맑고자 해도 윗물이 맑지 않으면 결코 깨끗해질 수 없듯이, 투명하고 도덕적인 세상을 만들기 위해서는 상류에 있는 기득권층인 사회지도층이 먼저 모범을 보여야 하기 때문이다.

그래서였을까. 우리 선조들은 세상에 나아가 뜻을 펼치기 위한 가장 우선적 조건이 자신을 완성하는 것, 즉 자기의 도덕성을 닦고 자기 집안을 바르게 하는 것이라 여겼다. 이러한 선조들의 생각을 담고 있는 말이 바로 우리에게 너무나 익숙한 표현인 '수신제가치국평천하'修身齊家治國平天下이다. 자신을 닦고 집안을 가지런히 하고 나라를 다스리고 천하를 평화롭게 한다는 이 말은 전통시대 지식인이라면 반드시 읽는 필독서인 『대학』大學이라는 책에 실려 있다.

『대학』은 유학의 기본 경전인 사서삼경四書三經 중 한 권이다. 사서는 『대학』, 『논어』, 『맹자』, 『중용』이고, 삼경은 『시경』, 『서경』, 『역경』이다. '사서'라는 말은 송나라 때의 유학자 정호, 정이 형제로부터 시작되었는데, 후에 그 학통을 이은 남송의 주희朱熹, 즉 주자朱子가 『논어』, 『맹자』와 『예기』에서 추려내 별도의 책으로 만든 『대학』과 『중용』에 주석을 달아 『사서장구집주』를 내면서 유학의 기본적 이념을 담고 있는 중심 서적이 되었다. 뒤에서 사서에 대해서 차근차근 알아갈 것인데, 그 중 『대학』은 유학을 이해하기 위한 입문서이기에 사서 중에서 가장 먼저 읽어야 하는 책이다.

오늘날 우리가 보는 『대학』은 사실 『예기』에 있는 그대로의 내용이 아니라 주희가 자신의 생각대로 정리하고 해설을 붙여 새로 고친 것이다. 원래 『예기』에 있는 내용을 『고본대학』이라 하고, 주희가 고친 것을 『대학장구』라 한다. 주희는 『대학』은 공자가 남긴 글이며 처음 배우는 사람이 '덕으로 들어가는 문'이라고 한 정호, 정이 형제의 뜻을 계승하여 유학의 학문적 틀을 체계적으로 제시하는 책으로 다시 만들었다. 주희는 원래 『예기』 속에 들어 있던 『고본대학』은 순서가 뒤섞였을 뿐만 아니라 일부 빠진 부분도 있다고 생각하여 순서를 바꾸고 '격물치지'를 설명하는 128자를 새로 써 넣었다. 또한 그 내용에는 공자의 말씀을 공자의 제자인 증자가 정리한 부분과 증자의 해설을 증자의 문인들이 정리한 부분이 섞여 있다고 보고, 성경현전聖經賢傳, 즉 "성인이 경을 말씀하시고 현인이 전을 지어 부연하고 설명하였다"는 입장에서 공자의 말씀을 기록한 '경 1장'과 그것에 대한 증자의 설명인 '전 10장'으로 나누었다. 그렇게 해서 오늘날 우리가 보는 사서의 한 권인 『대학』의 원형이 만들어졌다.

공자의 말씀을 기록한 '경 1장'은 『대학』의 총론에 해당하는 부분으로 유학이 지향하는 학문의 큰 줄거리와 이를 실천해 평천하平天下에 이르는 구체적 덕목을 체계적으로 제시하고 있다. 유학이 지향하는 학문의 큰 줄거리를 삼강령三綱領이라 하고, 그것을 실천해 나가는 구체적 덕목을 팔조목八條目이라 한다.

삼강령은 유학이 지향하는 이상적 인격체인 대인大人이 실천해야 할 세 가지 목표인데, 그것은 '명덕을 밝히는 것'(明明德), '백성을 새롭게 하는 것'(新民), '지선에 머무르도록 하는 것'(止於至善)이다. 유학은 이 삼강령의 완성을 통해 모든 사람들이 도덕적으로 각성하여 그것을 실천하는 이상적인 세상을 만드는 것을 궁극적 목표로 삼았다. 팔조목은 이러한 유학의 이상을 실현하기 위한 여덟 가지의 구체적 실천 덕목인데, 그것은 격물格物·치지致知·성의誠意·정심正心·수신修身·제가齊家·치국治國·평천하平天下이다. 이 팔조목은 유학자가 실현해야 할 덕목들을 단순히 나열한 것이 아니라, 모든 사물에는 근본과 말단이 있고, 일에도 먼저 할 일과 나중에 할 일이 있듯이 선후관계를 가진 실천의 덕목들이다.

증자의 해설에 해당되는 '전 10장'에서는 '경 1장'에서 제시한 삼강령과 팔조목을 『시경』, 『서경』 등 고전들의 관련 문장을 인용하여 해설하고 있다. 주희는 『대학』의 내용을 개정하여 유학의 가르침을 체계적으로 드러내는 입문서로 만들고자 했는데, 바로 이 부분에서 원문의 순서를 일부 바꾸기도 하고 『고본대학』에는 없는 격물치지와 관련한 내용을 보충하였다. 또한 경에서 제시된 강령과 조목에 대한 계통적 해설을 고려하여 '전 10장'을 명명덕·신민·지어지선·본말·격물치지·성의·정심수신·수신제가·제가치국·치국평천하 등 열 개의 장으로 나누었다. 주희는 이렇게 『대학』을 개정함으로써 성리학의 체계를 제시했는데, 그것이 바로 자신을 수양한 후에 남을 교화한다는 수기치인修己治人의 실천 논리이다. 그래서 흔히 성리학을 수기치인의 학문이라 하는데, 그 내용은 삼강령으로 제시되어 있다.

수기는 삼강령의 '명덕을 밝히는 것'에 해당되는 것인데, 인간은 누구나 자신의 마음속에 본래부터 밝고 온전한 덕성을 갖추고 있지만 외부적 환경의 제약으로 밝음을 잃게 되었으므로 먼저 그 밝고 온전한 상태를 회복하도록 노력해야 한다는 것이다. 치인은 '백성을 새롭게 하는 것'에 해당되는데, 자신의 명덕을 회복한 것을 바탕으로 백성들을 교화시켜 도덕적으로 새롭게 한다는 것이다. 그리고 수기치인, 즉 명덕과 신민을 통해 도달하는 궁극적 경지는 '지선에 머무르도록 하는 것'이다. 이는 유학이 제시한 이상적 경지로, 주어진 상황에서의 최선의 도덕적 실천을 한다는 것이다.

팔조목도 수기치인의 실천과 관련된다. 그 중 격물·치지·성의·정심·수신은 자신의 명덕을 밝히는 것, 즉 수기와 관련된 실천 덕목이고, 제가, 치국, 평천하는 백성을 새롭게 하는 것, 즉 치인과 관련된 실천 덕목이다. 격물은 사물의 이치를 탐구하는 것이며, 치지는 격물을 통해 앎을 완성하는 것이다. 사람은 마음속에 이미 앎의 이치가 있기 때문에 그 능력을 가지고 사물에 나아가 하나하나 그 이치를 탐구해 가다 보면 결국 온 세상 만물의 이치를 깨달을 수 있게 된다. 성의는 뜻을 성실하게 하는 것으로, 스스로를 속이지 않는 것이다. 정심은 마음을 바로잡는다는 것으로, 성냄, 두려움, 좋아하고 싫어함의 감정에 사로잡히지 않아 사물을 객관적으로 대할 수 있게 된 상태를 의미한다. 수신은 자기 자신을 닦는 것으로, 마음을 바르게 하여 편견을 버리고 바르게 처신한다는 의미이다. 제가는 집안을 가지런히 한다는 것으로, 집안 사람들을 가르칠 수 없으면 남들도 가르칠 수 없기 때문에 수신을 바탕으로 먼저 집안을 잘 다스려 가정에서 윤리가 실천되도록 한다는 것이다. 치국은 나라를 다스린다는 말로, 집안을 잘 다스리는 원리를 국가적으로 확장하여 국가가 윤리적으로 잘 다스려지게 한다는 것이다. 평천하는 천하를 평화롭게 한다는 것으로, 국가를 다스리는 원리를 천하에 확장하여 천하가 평화로워지도록 한다는 것이다.

이것들이 바로 『대학』에서 제시하는 평화로운 세상을 만들기 위한 실천의 덕목이자 과정이다. 평천하를 위해서는 먼저 치국을 해야 하고, 치국을 하기 위해서는 먼저 제가를 해야 하고, 제가를 하기 위해서는 먼저 수신을 해야 하고, 수신을 하기 위해서는 먼저 정심을, 정심을 위해서는 먼저 성의를, 성의를 위해서는 먼저 치지를, 치지를 위해서는 먼저 격물을 해야 한다. 이는 결국 자신의 수양을 통해 도덕성을 완성하고 이것을 사회적으로 실천함으로써 세상을 평화롭게 한다는 것으로 유학의 이상이 도덕성을 함양하는 것에 근본하고 있음을 드러내고 있다.

『대학』은 옛날 선비들이 필수적으로 읽었던 책이며, 수신을 통해 바람직한 지도자가 되는 길을 제시한 책이다. 그 논리는 사람들이 원래 가진 덕성을 드러내고 그것을 실천하면 도덕적 사회가 된다는 것이다. 그런데 오늘날은 도덕적 자질보다는 업무 능력이나 경쟁력을 더 강조하는 시대이다. 그렇다면 『대학』은 별 의미 없는 옛날 도덕 교과서이거나 특별한 도덕성을 요청받는 사회지도층들에게나 의미 있는 책일까? 그렇지 않다. 아무리 시대가 변해도 도덕적 자질은 여전히 중요한 문제이다. 그래서 우리는 다른 사람들의 도덕적 자질에 대해 더 민감하게 반응하지 않는가? 그리고 우리 또한 늘 다른 사람들과 함께 살아가면서 도덕적 자질을 평가받지 않는가? 사회적 활동을 당연하게 여기는 우리 시대에 남들보다 뛰어난 경쟁력이 어느 정도 성공을 가져다줄 수 있을지도 모르지만, 도덕성이 뒷받침되지 않는다면 한순간에 무너지고 말 것이다. 돈 몇 푼 때문에 자신의 지위를 잃어버린 사례가 심심찮게 보도되고 있다. 결국 우리가 갖추어야 할 진정한 경쟁력은 도덕성이라 할 수 있다. 그런 의미에서 『대학』은 우리 시대에 가장 먼저 읽어야 할 자기계발서이다.

『대학·중용』, 이세동 옮김, 을유문화사, 2007.
보통 『대학』과 『중용』이 한 권의 책으로 번역되어 있다. 주희는 사서의 읽는 순서를 『대학』, 『논어』, 『맹자』, 『중용』의 순으로 제시했다. 가장 먼저 읽는 『대학』과 가장 나중에 읽는 『중용』이 한 권에 묶여 있는 이유는 단지 분량 때문이다. 시중에는 『대학』의 다양한 번역서와 해설서들이 있다. 이세동이 옮긴 『대학·중용』은 전공자가 일반인들이 이해하기 쉽도록 번역하고 해설한 책이라 처음 읽기에 무난한 책이다. 좀 더 전문적인 해설을 보고자 한다면 박완식의 『大學 — 대학, 대학혹문, 대학강어』(여강, 2010)를 보면 된다. 국한문 혼용이긴 하지만 설명이 깊고 자세하다.

사람이 가야 할 당연한 길

공자, 『논어』

 "자왈子曰 학이시습지學而時習之면 불역열호不亦說乎아?" 즉 "공자께서 말씀하시기를, 배우고 때때로 익히면 또한 즐겁지 아니한가?"라는 한 번쯤은 들어보았음직한 구절로 시작하는 『논어』는 우리나라를 비롯한 동양 사회에서 가장 많은 사람들이 읽은 고전이다.

 많은 사람들이 『논어』를 공자의 저술로 생각하는데, 사실은 그렇지 않다. 후한後漢의 반고班固가 쓴 『한서』의 「예문지」에 의하면, 『논어』는 공자가 그의 제자들과 당시 사람들의 물음에 응답한 것과 제자들이 서로 주고받은 말을 기록한 것으로, 주로 공자에게서 들은 것을 중심으로 당시 제자들이 각기 기록해 놓은 것을 공자가 죽은 뒤에 서로 모아 논의하여 편찬한 책이다.

 우리가 보는 『논어』는 한漢나라 때에 만들어진 것으로 '학이편'에서 '요왈편'까지 모두 스무 편으로 이루어져 있다. 각 편의 이름은 첫 구절에서 두세 글자를 따서 붙인 것으로, 제목 자체에는 특별한 의미가 없다. 각 편의 내용도 중심적인 내용이 있긴 하지만 어떤 일관성을 가진 주제로 구성된 것은 아니다. 또한 각 편은 공자와 그의 제자 또는 공자와 당시 사람들이 주고받은 말이나 행동을 적은 짧은 글들인 여러 개의 장으로 구분되는데, 이 장들도 대부분 내용상 앞뒤 장과 아무런 관련성이 없는 것들이다. 한마디로 『논어』는 공자 사후에 제자들에 의해 편찬된 책이며, 유교의 창시자인 공자의 사상과 행동을 어록의 형식으로 기록하고 있는 책이다.

공자는 지금으로부터 약 2500년 전인 기원전 551년 중국의 노魯나라 창평향 추읍(지금의 산동성 곡부의 동남 지역)에서 태어났다. 공자는 그의 어머니가 니구산尼丘山에 기도를 드려 낳은 아들이라서 이름은 구丘이고, 자字는 중니仲尼이다. 일설에는 태어날 때부터 머리 꼭대기가 언덕처럼 움푹 들어가 있어 이름을 구라고 했다는 말도 있다. 흔히 우리가 공자라고 부르는 것은 성姓에다 선생님이라는 뜻의 존칭어인 '자子'를 붙인 것이다.

공자는 은나라 몰락 왕족의 후손이었지만, 매우 가난하고 보잘것없는 집안에 태어났으며, 세 살 때 부친마저 세상을 떠났기 때문에 어려서부터 매우 어렵고 비천하게 살았다. 그는 불우한 생활 속에서도 배움에 대한 열의가 있어 15세에 학문의 길에 뜻을 두고 공부를 시작하여, 서른 살이 되어 학문이 어느 정도 원숙한 경지에 이르렀다. 이때부터 공자의 관심은 개인 문제나 가정 생활의 문제를 벗어나, 어지러운 민심을 바로잡고 세상을 구원하는 일로 옮겨 갔다. 이 무렵부터 그의 명성도 높아져서 문하에 제자들도 모여들기 시작하였다. 당시 공자는 귀족의 자제들뿐만 아니라 평민에 이르기까지 다양한 학생들에게 육예(예의, 음악, 활쏘기, 말

타기, 글쓰기, 수학)를 가르쳤다. 사마천이 쓴 『사기』의 「공자세가」에 의하면 공자의 제자는 약 삼천 명이었고, 그 중에서 '육예'에 통달한 사람이 일흔두 명이었다고 한다. 이들에 의해 유가儒家라는 최초의 학파가 형성되었다.

공자가 살았던 시대는 주나라의 봉건질서가 붕괴되고 새로운 질서가 형성되어 간 중국 고대의 극심한 사회 변동기인 춘추전국시대로, 처음부터 끝까지 서로 다른 나라를 공격하고 침략하는 전쟁으로 일관한 어지러운 시대였다. 천자가 제후를 통제할 힘을 상실하고, 제후들은 멋대로 전쟁을 일삼게 되어 남의 나라를 침략함으로써 강대해진 제후의 나라들이 연이어 출현하였다. 천자는 천자로서의 권위를 잃었고, 제후는 제후로서의 권능을 잃어갔다. 이러한 북새통에 주나라 초기부터 전해 온 예의 제도가 파괴되고, 백성들은 날로 혼란 속에 어려움을 당해야만 했다. 공자가 살던 노나라 역시 정치가 혼란해져 임금은 완전히 권위를 상실하였고, 계손季孫·맹손孟孫·숙손叔孫의 삼환씨三桓氏가 정권을 농락하는 형편이었다.

이러한 상황에서 공자는 도덕정치를 주창하면서 현실의 모순을 해결하려 했지만, 현실의 장벽에 부딪혀 자신의 포부를 완전히 펼치지 못하고 물러났으며, 이후 자신의 이상을 실현할 군주를 찾아 천하를 떠도는 13년간의 주유천하周遊天下의 길에 오르기도 했다. 그러나 아무도 그를 등용하지 않아 결국 자신의 정치적 이상을 실현하는 데 실패하고 68세 되던 해에 고국으로 돌아와 후진 육성과 자신의 학설을 정리하는 일에 힘쓰다가 73세를 일기로 세상을 떠났다.

공자는 평생을 학문 연구와 노력에 바쳤고 일흔이 되어서야 성인의 경지에 도달할 수 있었다. 그는 이런 자신의 삶을 다음과 같이 표현하였다. "나는 열다섯 살에 배움에 뜻을 두었고, 서른에 스스로 일어섰고, 마흔에 미혹되지 않게 되었고, 쉰에 천명을 알았고, 예순에 귀가 순해졌고, 일흔에는 마음이 하고자 함을 따라도 법도를 넘지 않았다."(위정4) 이 문장에서 우리는 나이를 칭할 때, 열다섯을 지학志學이라 하고, 서른을 이립而立이라 하고, 마흔을 불혹不惑이라 하고, 쉰을 지천명知天命이라 하고, 예순을 이순耳順, 일흔을 종심從心이라 한다.

　공자는 춘추시대 말기를 살았는데, 이때는 예禮에 의해 지배되고 다스려지던 주나라 초기의 질서정연한 신분질서가 철저히 파괴되고, 그 신분질서를 유지하던 예도 철저히 붕괴되어간 시기였다. 그래서 공자는 무엇보다 주나라 초기에 정립된 신분질서와 예악문물을 회복시켜 잘 조화되고 질서 있는 세상을 다시 만들고자 하였다. 이를 위해 공자는 정명正名, 즉 '명분을 바르게 하는 것'을 가장 중요한 시대적 과제로 삼았다. 정명이란 각 신분의 사람들이 그 신분에 맞는 예를 행하는 것이다. "임금이 임금의 도리를 다하고 신하가 신하의 도리를 다하고 아비가 아비의 도리를 다하고 아들이 아들의 도리를 다해야 한다."(안연11) 공자는 사회의 모든 구성원들이 각자 제 역할을 다할 때 세상의 질서가 조화롭고 바르게 유지될 수 있는 것으로 보았다.

　공자는 이렇게 명분이 바르게 된 사회를 만들기 위해서 개인에게는 도덕적 수양을 통해 스스로 군자君子가 되기 위해 노력할 것을 강조하였고, 위정자에게는 덕치德治를 통해 이상사회를 실현할 것을 요구하였다. '군자'란 누구라도 노력하고 수양하면 될 수 있는 올바른 인간상으로, 덕德과 인仁과 의義를 갖추고 있으며 말보다 실천을 앞세우는 사람이다. 즉, 군자는 재능보다는 올바른 몸가짐과 훌륭한 덕성을 지니고 세상을 바르게 살아가는 사람이다. 덕치는 법과 형벌보다는 도덕과 예의로 백성들을 교화시키는 것으로, 백성들의 자발적 참여를 통해 공동체의 목적을 자연스럽게 달성하는 통치방법이다. "덕으로 정치를 하는 것은 마치 북극성이 제자리를 지키고 있고 뭇별이 그것을 향하고 있는 것과 같다."(위정1)

공자가 『논어』에서 무엇보다 강조하는 것은 인仁이라는 인간적 가치를 추구해야 한다는 것이다. 인은 공자 사상의 가장 핵심 개념이다. 그러나 『논어』에서는 인이 무엇인지 정확하게 말하지 않는다. 다만 제자들의 질문에 "사람을 사랑하는 것", "자기가 바라지 않는 것을 남에게 베풀지 않는 것", "자신을 극복하고 예로 돌아가는 것" 등의 대답이 있을 뿐이다. 이 대답들도 일관성 있게 풀이된 것이 아니라 질문을 한 각각의 제자들이 처한 상황과 수준에 맞게 실천할 수 있는 것을 말해 준 것이다. 그럼에도 인은 이기심을 버리고 이타심을 발휘하는 어진 마음, 즉 다른 사람을 사랑하는 마음으로 사람을 사람답게 하는 가장 중요한 가치로 이해할 수 있다.

사실 『논어』가 위대한 성인 공자의 어록이지만, 무릎을 탁 치게 하는 무슨 특별한 내용이 담겨 있는 것이 아니라 사람이 가야 할 당연한 길이 제시되어 있을 뿐이다. 너무나 평범한 일상의 삶을 이야기하고 있지만 그게 바로 유학이다. 정자程子는 『논어』를 다 읽고도 전혀 아무 일이 없는 자도 있고, 다 읽은 뒤에 그 가운데 한두 구절을 얻어서 기뻐하는 자도 있고, 다 읽은 뒤에 『논어』를 알고 좋아하는 자도 있고, 다 읽은 뒤에 그저 자신도 모르게 손발이 덩실덩실 춤추는 자도 있다고 하였다. 또 『논어』를 읽기 전에도 이러한 사람이고 다 읽은 뒤에도 또 다만 이러한 사람이라면 이것은 전혀 읽은 것이 아니라고 했다.

나는 어떤 사람일까? 어떨지는 일단 『논어』를 한번 읽어 보면 금방 알 수 있을 것이다.

공자, 『논어』, 박종연 옮김, 을유문화사, 2006.
현재 시중에 통용되는 『논어』의 번역본은 백여 종이 넘고, 절판된 책까지 합치면 3백여 종이 넘는다. 이렇게 『논어』가 많이 번역된 이유는 아마도 시대를 초월하는 인류의 보편적인 가치를 담고 있을 뿐만 아니라, 그것이 시대적 상황에 따라 새롭게 음미될 필요가 있기 때문일 것이다. 박종연이 옮긴 을유문화사의 『논어』는 쉽고 간단하게 본문을 읽을 수 있도록 구성되어 있고 한자 원문에 우리말 음을 달고 현토까지 해 두어 일반적으로 읽기에 무난하다. 게다가 상세한 주석이 붙어 있어 『논어』에 대한 이해의 깊이도 더해 준다.

사람답게 살기 위해 우리가 추구해야 하는 것

맹자, 『맹자』

흔히 유학을 공맹지도孔孟之道라고 한다. '공자와 맹자가 주창한 인의仁義의 도'라는 뜻으로 풀이되는 이 말은 당나라 때 유학자인 한유韓愈가 공자, 맹자를 추축으로 하는 도통道統설을 제창한 이후 유학을 지칭하는 대명사로 사용되고 있다. 그리고 유학에서 성현을 존경하며 도덕을 기리고 학문을 숭상하여 예의를 지키는 고장을 추로지향鄒魯之鄕이라고 한다. 이는 맹자가 태어난 추鄒와 공자의 모국인 노魯를 합친 말로 공자와 맹자의 고향이라는 뜻이다. 또한 봉건적 도덕이나 유학의 가르침을 늘어놓는 것을 '공자 왈 맹자 왈'이라고 한다. 이처럼 항상 유학의 창시자인 공자孔子와 더불어 지칭되는 맹자孟子는 공자의 사상을 계승하고 발전시켜 그에 버금가는 성인이라는 의미에서 '아성'亞聖으로 불리는 유학의 중심적 인물이다. 그렇다고 공자와 맹자가 동시대의 사람은 아니다. 맹자는 공자가 세상을 떠난 후 백 년이 더 지나서야 태어났다.

『맹자』는 유교의 핵심 경전인 사서삼경의 한 권으로, 맹자의 언행과 맹자와 그 당시 사람들 혹은 제자들 간에 서로 문답한 것을 기술한 책이다. 『맹자』의 저자에 대해서도 중국의 고대 문헌이 다 그렇듯이 다소 논쟁이 있다. 사마천이 지은 『사기』의 '맹자순경열전'에 "물러나 만장萬章 등 문도들과 『시경』, 『서경』을 서술하고, 공자의 뜻을 기술하여 『맹자』 7편을 지었다"고 한다. 이로 보아 『맹자』는 맹자 자신이 만장 등의 제자들과 함께 직접 저술했으며, 이후 제자들에 의해 다소 첨삭된 것으로 이해된다. 『맹자』의 7편은 양혜왕梁惠王・공손추公孫丑・등문공滕文公・이루離婁・만장萬章・고자告子・진심盡心인데, 후한 때의 학자 조기趙岐가 『맹자』에 대해 본격적인 주석을 달아 『맹자장구』를 지으면서 7편을 각각 상하로 나누어 14편으로 만들면서부터 이 체제가 보편화되어 지금까지 통용되고 있다.

맹자의 성은 맹孟이며, 이름이 가軻이다. 그의 생몰 연대에 대해선 정확한 자료가 없지만, 주나라 안왕 17년인 기원전 385년에 태어나 주나라 난왕 11년인 기원전 304년까지 약 80년을 살다가 세상을 떠난 것으로 추정한다. 맹자가 살던 시기는 전국시대戰國時代였다. 전국시대는 철기의 확산으로 생산력이 급격히 발달하면서 제후들 사이에 치열한 영토 쟁탈전이 벌어지던 전란의 시대였다. 이 시기에 춘추시대의 170여 개에 달했던 제후국들이 동맹과 연맹의 결성, 외교적・군사적 전쟁을 통해 전국칠웅戰國七雄이라 불리는 한・위・조・연・제・초・진이라는 7개의 제후국으로 정리되었고, 이들은 서로 천하를 제패한다는 한 가지 목표를 두고 약육강식의 전쟁을 전개하였다.

동시에 이 시대는 중국사상사에서 가장 자유롭고 다채로운 논쟁이 전개된 제자백가諸子百家의 시대였다. 미증유의 사회적 혼란 속에서도 법가,

도가, 농가, 종횡가, 음양가, 잡가 등을 표방하는 수많은 학자들이 나타나 왕성한 사상 활동을 펼치며 삶의 방법과 세상을 구제할 방법에 대한 다양한 견해를 제시하였다. 맹자 역시 그들 가운데 한 사람이었다.

맹자는 당시의 정치적 분열 상태를 극복하고 천하를 통일할 수 있는 유일한 길이 인의仁義의 덕을 바탕으로 하는 왕도정치라고 믿고, 양나라·제나라·위나라·등나라 등의 제후국을 다니며 각국의 군주들에게 성선설을 근거로 왕도정치를 시행하라고 역설하였다. 그러나 당시의 제후들이 필요로 했던 것은 부국강병의 정치술이었다. 그러한 제후들의 현실적 관심과 동떨어진 맹자의 주장은 어느 제후에게도 채택되지 못하였다. 이러한 상황을 사마천의 『사기』에서는 각국들은 바야흐로 합종연횡을 통한 싸움에 힘쓰고 전쟁만을 능사로 여기고 있었는데, 맹자는 요순과 하은주 삼대의 성왕들의 덕치를 주장하고 다녔으므로 그의 주장은 찾아간 나라들의 실정과 부합할 수 없었다고 평가하였다.

이처럼 맹자의 핵심적 사상은 왕도정치론과 성선설이며, 그것을 뒷받침하는 것이 인의仁義라는 도덕적 가치이다. 왕도정치론은 인의의 정치를 행해야 할 필요성을 논하는 것이며, 성선설은 모든 사람이 본래부터 인의의 마음을 갖추고 있음을 제시하는 것이다.

맹자는 양나라 혜왕을 만났을 때 "왜 하필 이익을 말하십니까? 오직 인의가 있을 뿐입니다"(양혜왕 상)라고 하며, 전국시대의 각 제후들이 추구한 부국강병이라는 국가 이익 중심의 통치방식에 대해 근본적인 문제점을 지적하였다. 나라를 이롭게 하는 진정한 가치는 이익이 아니라 인의라는 도덕적 가치임을 역설하고, "인은 사람이 거해야 할 편안한 집이고, 의는 사람이 걸어야 할 바른 길"(이루 상)이라고 하였다. 이런 인의의 도덕적 가치를 정치에 실천하는 것이 바로 인정仁政이고, 왕도정치이다.

맹자는 힘으로 인을 가장하는 것은 패도霸道라 하고, 덕으로 인을 행하는 것은 왕도王道라 하였다. 덕으로 남을 복종시키면 그것은 마음속으로부터 기뻐서 정말로 복종하는 것이라고 하면서, 군주들에게 인의의 도덕적 가치에 입각한 왕도정치를 베풀고 군주 자신의 이익을 넘어 백성들과 함께 즐거움을 나누는 여민동락與民同樂의 정치를 실천하라고 권고하였다. 맹자가 말하는 왕도정치, 여민동락의 정치는 백성들에게 경제적 터전을 마련해 주고 인륜을 가르침으로써 백성들이 안락하고 인간다운 삶을 누릴 수 있도록 해 주는 정치이다.

맹자가 당대의 군주들에게 왕도정치와 여민동락의 정치 이념을 제시하고 그것을 실현하도록 요청한 근거는, 그가 모든 인간에게는 남을 사랑하는 마음, 즉 어진 마음仁心이 있다고 보았기 때문이다. 맹자는 인간이라면 누구나 사단四端이라는 보편적 감정을 가지고 있다고 하면서 인간의 본성이 근본적으로 착하다는 성선설을 주장하였다. 맹자는 '우물에 빠지려는 아이'에서 느끼는 연민의 정을 예로 들어, 인간에게는 남의 불행을 차마 그대로 넘기지 못하는 마음인 '불인인지심'不忍人之心이 있다고 말하면서, 그것을 인간과 동물을 구별하는 중요한 지표로 여겼다.

맹자는 인간의 착한 본성인 불인인지심을 곤경에 처한 사람을 측은히 여기는 측은지심, 의롭지 못한 일에 대해 부끄러워하고 미워하는 수오지심, 남을 공경하고 사양하는 사양지심, 옳고 그름을 알고 판단할 줄 아는 능력인 시비지심이라는 네 가지 마음으로 구분하였다. 맹자는 이 네 가지 마음을 인간의 본질적 특성이라 하면서 그것을 사람이 마땅히 갖추어야 할 성품인 인의예지라는 네 가지 덕성을 이루기 위한 단서, 즉 사단으로 여겼다. 측은지심은 인의 단서이고, 수오지심은 의의 단서이고, 사양지심은 예의 단서이고, 시비지심은 지의 단서이다.

맹자는 인의예지의 사덕四德을 인간이 본래 가지고 태어났다고 말하지 않고, 그 단서인 네 가지 마음을 인간이 가진 것으로 보았다. 즉 인간이 저절로 도덕적 존재가 된다고 본 것은 아니다. 인의예지의 사덕은 사단이 실현된 상태이고, 사단은 인의예지의 사덕을 이룰 수 있는 가능성이다. 인간은 자신의 노력에 의하여 이 네 가지 단서를 확충시켜 나가 도덕적 본성을 실현시킬 수도 있고 그렇지 못할 수도 있다. 그러므로 인간은 자신의 도덕적 본성을 각성하고 그것을 실현시키기 위해 자신의 욕망을 줄이고 이익을 향하여 치달리는 마음을 거두어들이며, 호연지기를 길러 가는 부단한 수양의 공부를 해야 한다.

우리 시대는 무한경쟁의 시대이다. 모든 것을 경쟁으로 인식하고 이해관계로 판단하여 돈을 많이 벌고 출세하고 성공하는 것을 최고의 가치로 여긴다. 그 속에서 삶의 물질적 측면은 점차 풍요로워졌지만, 마음 한 구석에는 여전히 채워지지 않는 공허함이 남아 있다. 물질적 풍요로움 속에 사람다운 모습을 조금씩 잃어버렸기 때문이다. 사람은 물질적 풍요로움만으로 사는 것이 아니라 사람다움으로 사는 것이다. 『맹자』는 비록 2천여 년 전에 쓰였지만, 물질적으로는 풍요롭지만 정신적으로는 빈곤한 우리 시대에 사람이 사람답게 살기 위해서는 무엇을 추구해야 하는지를 알려주는 여전히 의미 있는 지침서이다.

맹자, 『맹자』, 우재호 옮김, 을유문화사, 2007.
현재 50여 종이 넘는 맹자 번역서가 있는데, 각각의 책들은 나름의 장단점이 있다. 우재호가 옮긴 『맹자』는 원문의 한자마다 우리말 음을 달고 구절 끝에는 토를 달아 원문과 비교해 번역문을 쉽게 읽을 수 있도록 하였다. 게다가 인명과 지명에 대한 자세한 주석과 풍속이나 문물 제도에 대한 치밀한 고증을 제시하여 내용에 대한 정확한 이해를 돕고 있다.

기울지도 넘치지도 않는 균형 잡힌 삶의 원리

『중용』

앞서 한 번 언급했듯이 남송의 유학자 주희朱熹는 고대의 유학을 성리학이라는 새로운 체계로 재구성하면서 그것의 기본 이념이 사서四書라 불리는 네 권의 책에 담겨 있다고 했다. 그 중의 한 권이 바로 『중용』이다. 『중용』은 원래 『대학』과 마찬가지로 오경五經으로 분류되는 『예기』에 포함되어 있는 한 편의 글이었다. 이 글은 그 의미가 심오해 이미 한漢나라 때부터 별도의 책으로 다루어지기 시작했지만, 송나라 때에 성리학이 발흥하면서부터 그것의 가치가 본격적으로 인정되어 별도의 경전으로 독립되었다. 특히 주희는 장절의 구분이 없는 난삽한 글인 『중용』이 유학의 핵심을 담고 있는 책이라고 생각하여, 장과 절을 나누고 세밀한 주석을 붙여 읽기 쉽도록 한 『중용장구』를 짓고, 전편이 일관된 주장을 갖는 체계적인 논술임을 밝혔다.

『중용』이 송나라 시대의 성리학자들에게 특별한 주목을 받은 이유는 이전에 성행하고 있던 불교와 도교를 극복할 유학의 이론적 체계가 필요했기 때문이었다. 수·당대에는 유학이 침체하고 도교와 불교가 크게 유행했다. 당나라 말부터 유학의 정통성과 지위를 회복하려는 노력이 시도되었고, 이는 송나라 시대에 들어와 유학의 자기 반성과 불교와 도교를 극복하기 위한 노력으로 전개되었다. 특히 불교와 도교를 극복하기 위해서는 유학에도 불교의 심성론이나 도교의 형이상학적 이론에 대항할 수 있는 철학적 원리가 뒷받침되어야 한다는 시대적 요청이 있었다. 이에 유학의 철학적 배경을 간명하면서도 심오하게 밝히고 있는 책으로 주목받은 것이 바로 『중용』이었다.

『중용』은 사서의 다른 책인 『논어』나 『맹자』와 달리 우주 만물과 인간 심리의 존재와 작동 원리를 형이상학적으로 다루고 있다. 이러한 『중용』은 표현이 추상적이고 난해한 부분도 있어 그 내용이 심오하고 이해하기 어려워, 사서四書의 체계를 확립한 주희는 『중용』은 사서를 읽을 때 가장 마지막에 읽는 것이라 하였다. 그렇지만 『중용』에는 자기완성의 방법과 진실의 세계를 실현할 수 있는 길이 있다고 하니, 한번쯤 읽어 봄직한 책이다. 그 속에서 기울지도 치우치지도 않는 균형 잡힌 삶의 길을 찾을 수 있을 것이다.

그렇다면 『중용』은 누가 지었을까? 다른 고대 중국의 책들이 그렇듯이 『중용』 역시 정확한 저자가 누구인지에 대해서는 논란이 있다. 대체로 사마천이 지은 『사기』의 기록에 따라 『중용』은 공자孔子의 손자인 자사子思의 저술로 받아들여지고 있다. 하지만 한편에서는 진한시대의 어떤 사람에 의해 이루어진 저작이라고 하고, 다른 한편에서는 자사의 저본을 바탕으로 후세의 학자들이 상당 기간 동안 가필해 완성한 것이라고도 한다. 『중용』의 가치를 확고하게 정립한 주희는 『중용장구』의 서문에서 『중용』의 저자와 저술 동기 및 경전에서 전하고 있는 유가 심법心法의 핵심을 밝히고 있는데, 여기서는 "자사자子思子가 도학의 전통이 사라질 것을 우려하여 지었다"고 하였다.

먼저 『중용』의 전체 구성에 대해 살펴보자. 이 책의 구성 체제에 대해서는 여러 의견이 존재한다. 『예기』 속에 있는 원래의 『중용』 고본은 33절로 나뉘는데, 이를 송나라 때의 유학자인 정자程子는 37절로 고쳤다. 주희는 『중용장구』를 지으면서 다시 33장으로 나누고, 그것을 논리의 전개 과정에 따라 네 부분으로 구분하였다.

첫 부분은 1장에서 11장까지인데, 하늘이 부여해 준 착한 본성을 타고 난 인간에게는 도덕적으로 살아가야 할 사명이 있음을 밝히고 그렇게 사는 길이 바로 중용의 실천임을 말하고 있다. 또한 공자의 말씀 가운데 중용과 관련된 내용을 인용하여 중용의 함의와 실천의 방법까지 다양하게 설명하고 있다. 특히 책 전체의 핵심이 집약된 1장에서는 천명天命·성性·도道·교教를 말하여 중용의 철학적 근거와 내용을 밝히고, 중용 실천의 최고 경지를 제시하고 있다. 나머지 2장에서 11장까지는 공자의 말씀을 인용하여 1장의 뜻을 부연 설명하고 있다.

두 번째 부분은 12장에서 20장까지인데, 공자의 말씀과 『시경』을 인용하여 '중용의 도'의 원리와 작용을 밝히고 있다. 이 부분에서는 '도'는 잠시도 떨어질 수 없는 것이라고 하면서, '도'는 개인과 가정 그리고 사회의 일상적이고 평범한 곳에서부터 성왕聖王이 천하를 다스리는 지극히 큰 일에까지 두루 쓰이고 있음을 밝히고 있다.

세 번째 부분은 21장에서 32장까지인데, 『중용』의 핵심 개념인 성誠과 그 성을 실천하여 인격이 도달할 수 있는 최고의 경지에 이른 성인聖人에 대해 논의하고 있다. 그리고 마지막 부분인 33장에서는 『중용』 전체의 핵심 내용을 요약하여 반복하고 강조하면서 전체를 종결하고 있다.

『중용』의 핵심 내용은, 성인이 천하를 통치하고 백성을 보살피던 시대에 보여준 천하 통치의 정신이 도통道統으로 전해 왔는데, 그 도통의 핵심은 '중'에 있으므로 이를 터득하고 실천해야 한다는 것이다. 그 내용은 주로 중용, 중화中和 그리고 성誠에 대한 논의를 중심으로 전개된다. 주희는 중용을 풀이하면서 "중은 치우치거나 기울지 않는 것이며, 지나침도 모자람도 없는 것을 말하고, 용은 평범하고 바뀌지 않는 것이다"라고 했다. 치우치거나 기울지 않는다는 말은 내 마음속에서 아직 아무런 움직임도 없는 인간 본성 그대로의 상태를 말하는 것이고, 지나침도 모자람도 없다는 것은 사물이나 상황을 만나 내 마음이 이미 움직인 상태에서 지나치거나 모자라지 않게 세상 어디서나 통하는 도리로 처신하는 것을 말한다.

다시 말해 '중'이란 주어진 상황에서의 최선의 행동, 즉 더 이상 올바를 수 없는 '지극히 선한' 행동이며, '용'이란 누구나 알고 행하는 도리, 즉 늘 그러하므로 바뀌지 않는 진리이다. 그러므로 중용은 특별한 다른 무엇이 있는 행동 요령이 아니라 '일상에서의 최선의 행동'이라 할 수 있다. 이런 중용은 양쪽의 극단을 배제하고 절충하여 중간만을 취하는 고정불변의 논리인 중간주의는 결코 아니다. 중용은 도덕적 중심을 세워 대립하는 양극단을 모두 포괄하여 지나침도 모자람도 없는 가장 알맞은 상태로 변화하는 상황의 논리이다. 똑같은 것이 상황에 따라 달라질 수 있다.

'중화'는 중용의 철학적 표현이다. 즉 중화와 중용은 동일한 것의 다른 측면이다. 중화는 인간의 내면적 심성과 관련되고, 중용은 그것이 행위로 드러나는 것과 관련된다. 중화라고 할 때의 '중'은 기쁘고 노엽고 슬프고 즐거운 감정이 생겨나기 이전의 순수한 마음의 상태로 천하의 큰 근본이며, '화'는 마음이 생겨나 작용할 때 모두 절도에 맞는 상태로 천하에 두루 통하는 도이다. 이러한 중화는 세계에 질서를 부여하는 조화의 기틀이며, 생성과 양육의 원리인데, 원래 하늘로부터 부여받은 것을 발현하고 확충하는 것이다. 그래서 "중화를 지극히 하면 천지가 제자리를 잡고 만물이 잘 길러지게 된다"(1장)라고 하였다. '중화를 지극히 하는 것'이 바로 중용이 추구하는 최고의 경지로, 인간이 하늘이 부여해 준 원리를 그대로 실현할 수 있는 최상의 상태이며, 우주 만물이 제 모습대로 운행되는 조화로운 상태이다.

'성'誠은 우주 만물이 운행되는 원리인 '성실함'이다. 이는 하늘과 땅, 그리고 사람에 이르기까지 모든 존재를 하나로 꿰뚫는 원리다. 『중용』에서는 "성실함은 하늘의 도요, 성실히 하는 것은 사람의 도이다"(20장)라고 하였다. '성실함'은 스스로 이루어진 것이고, 사물의 끝과 시작이 되는 본체로서 존재의 원리이며, '성실히 하는 것'은 미숙한 인간이 진실 무망하려고 노력하는 과정에서 당연히 해야 할 일이다. 즉 '성실함'이란 인간이 본래 하늘로부터 부여받아 타고난 거짓 없는 마음이다. 그러나 그런 마음은 인간의 사사로운 기질에 가려 그 빛을 발할 수 없고 인간의 끊임없는 노력으로 빛을 발할 수 있으므로 '성실히 하는 것은 사람의 도리'인 것이다. 즉 성실한 것은 우주의 원리이고, 성실해지려고 하는 것은 사람의 도리이다. 결국 사람은 우주의 운행원리인 '성실함'을 깨닫고 배우고 실천하는 데서 인격이 완성되며, 결국에 가서는 천인합일의 경지에 도달하여 기울지도 치우치지도 않고 넘치지도 모자라지도 않는 균형 잡힌 삶을 살 수 있게 된다.

세상의 물질적 측면이 너무 빠른 속도로 변하면서 정신적·도덕적 가치는 점차 잊혀지고 물질주의와 경쟁주의가 만연하고 있다. 그러다 보니 목적이 수단을 정당화시켜 목적을 달성하기 위해 못할 게 없는 극단의 시대가 되고 있다. 인간이 점점 금수로 변해가는 시대이다. 이러한 시대에 사람답게 살려면 어디에 중심을 두고 삶의 균형을 잡아야 하고, 어떻게 살아야 하는지를 진지하게 고민해봐야 한다. 이러한 문제에 당면한 우리에게 나침반과 같은 역할을 하는 책이 바로 『중용』이다. 우리는 『중용』 속에서 치우치지도 않고 기울지도 않으며, 넘치지도 않고 모자라지도 않게 변화하는 상황을 정확히 읽어내고 자신의 처지를 정확히 판단하여 역동적인 변화에 올바르게 대응할 수 있는 균형 잡힌 삶의 길을 찾을 수 있을 것이다.

『대학·중용』, 이세동 옮김, 을유문화사, 2007.
앞에서 『대학』을 읽을 때 이미 소개한 책이다. 시중에 『중용』의 다양한 번역서와 해설서들이 있다. 이세동이 옮긴 『대학·중용』은 전공자가 일반인들이 이해하기 쉽도록 번역하고 해설한 책이기에 처음으로 읽기에 무난한 책이다. 좀 더 전문적인 해설을 보고자 한다면 박완식의 『大學 — 대학, 대학혹문, 대학강어』(여강, 2010)를 보면 된다. 국한문 혼용이긴 하지만 설명이 매우 풍부하다.

자연의 모습을 따르는 소박한 삶

노자, 『도덕경』

오늘날 우리 사회는 경제가 발전하고 물질적으로 풍요로워지면서 삶의 질이 한층 더 높아졌다고 한다. 하지만 여전히 우리는 더 많은 결핍에 시달리고 있으며, 더 많이 일해야 하며, 더 치열하게 경쟁을 해야 한다. 왜 이렇게 살고 있을까? 과연 이것이 제대로 된 삶의 방식일까? 이런 의문을 가진 우리들에게 다른 방식으로 삶을 돌아보게 하는 책이 바로 『도덕경』이다.

『도덕경』은 중국 도가 사상의 시조인 노자老子가 지었다고 전해지는 책으로, 『노자』 또는 『노자도덕경』으로도 불린다. 이 책은 5,200여 자, 81장으로 되어 있으며, 상·하편으로 나누어 상편 37장의 내용을 '도경'이라 하고 하편 44장을 '덕경'이라 한다. 『도덕경』이라는 명칭은 상편 1장의 "도가도 비상도"道可道 非常道의 '도'와 하편 1장(38장)의 "상덕부덕"上德不德의 '덕'이 합쳐진 것인데, 이것은 후대에 붙여진 명칭으로 처음부터 그렇게 지어진 것은 아니다. 송나라 때 이방李昉 등이 편찬한 『태평어람』이라는 책에 "노자는 관령 윤희를 위하여 『도덕경』을 지었다"는 말이 처음으로 나온다.

사마천의 『사기』에 의하면, 노자는 초나라 고현 사람으로 성은 이씨李氏, 이름은 이耳, 자는 백양伯陽 시호는 담聃이다. 그는 주나라의 국립중앙도서관 격인 수장실守藏室에서 문헌 자료의 수집과 보관을 관장하는 관리였는데, 주나라가 쇠망함을 보고 그곳을 떠나 은거하였다. 그가 주나라를 떠나기 위해 서쪽 국경에 당도하였을 때 국경을 지키던 관리인 윤희尹喜라는 사람이 그를 알아보고 "정말 더 이상 나타나지 않을 요량으로 멀리 떠나려 하신다면, 가시기 전에 저에게 선생님의 생각을 남겨주십시오" 하고 간청하자 그 자리에서 5천여 자의 말을 써 주었다고 한다.

그런데 노자의 사적을 정식으로 기록한 역사서인 사마천의 『사기』는 노자의 행적을 살필 수 있는 가장 신빙성 있는 기록이긴 하지만, 그 내용이 정확하지 않아 노자와 『도덕경』의 진위에 대한 많은 논란을 낳았다. 성에다 '자' 자를 붙여 위대한 스승을 일컫는 관례에서 볼 때 당장 노자의 성이 '이씨'라는 것부터가 의심스럽지 않은가. 그래서 어떤 이들은 노자의 성을 '이씨'라고 한 것은 발음이 비슷한 '노'가 '이'로 와전된 것이라고 하고, 어떤 이는 노자가 살았던 곳의 이씨 문중 사람들이 노자를 자기들의 조상이라고 주장했기 때문에 그렇게 기록했다고 한다. 또 어떤 사람들은 노자의 '노'는 성씨가 아니라 오래 살고 생각이 노숙한 '늙은이'라는 일반적 호칭이라고 한다. 하여튼 노자에 대해서는 이미 사마천의 시대에도 논란이 있었던 듯하다. 그래서 사마천은 "의문 나는 것은 의문 나는 대로 전하고(以疑傳疑), 믿을 수 있는 것은 믿는 대로 전한다(以信傳信)"는 역사서술의 원칙에 따라 판단을 유보한 채 여러 가지 사실들을 있는 그대로 기록해 두었던 것이다. 하지만 대체로 노자는 공자와 동시대의 사람이고 『도덕경』은 춘추시대 말 혹은 전국시대 초에 완성된 것으로 본다.

『도덕경』은 분량은 적지만 동양의 고전 중에서 가장 많은 번역과 주석서가 나온 책이다. 운율을 갖춘 한 편의 시와 같은 특성을 가지면서도 추상적이고 풍부한 의미를 내포하고 있어 다양한 방식으로 읽힌다. 문명을 부정하고 원시적 자연 상태로 돌아갈 것을 권고하는 반문명적 주장이 담긴 책으로, 특수한 수양을 거쳐서 초월적 경지를 맛볼 수 있게 해주는 수양서로, 우주의 발생 원리를 설명하는 형이상학적 서적으로, 공동체의 새로운 질서를 모색하는 정치사상서로, 또 복잡한 세상에서 유연하게 살아가는 처세술의 기록으로 읽힐 수 있는 책이다. 그만큼 풍부하고도 심오한 내용을 담고 있고 다양한 영감을 준다는 의미일 것이다.

노자가 살던 시대는 춘추전국시대였다. 이전까지 사회를 유지하던 천자 중심의 기본적 질서가 무너지면서 정치적 분열과 도덕적 위기가 생기고 사회와 인간의 존재 방식이 새롭게 재편되던 시대였다. 기존의 천하관이 무너지면서 지배체제에 대한 다양한 논의들이 등장하였고, 천명관이 무너지면서 인간의 존재 가치나 그 방식에 대한 인문적 논의들이 등장하였고, 지배와 피지배계층 사이에 동요가 생겨나면서 그 관계를 새롭게 정립하기 위한 다양한 논의가 전개되었다. 당시 이러한 논의를 주도한 사람들을 제자백가라 하며, 노자 역시 그들 중의 한 사람이었다.

노자는 인간의 자각 능력과 전통의 힘을 빌어서 인간을 위한 인간의 질서를 건립하려 했던 공자와 달리, 자연의 질서를 인간 세계에 적용시킴으로써 새로운 자연적 질서를 수립하고자 했다. 노자는 특히 인위적으로 형성된 특정한 문화체계를 진리로 간주하고 그 진리에 백성들을 통합시키려는 모든 시도를 반대했다. 왜냐하면 특정한 문화체계에 의한 하나의 가치기준을 따르면 특정한 방향으로 치우치거나 불균형을 초래하여 사회의 분별과 차별화를 가져오고, 그것이 통합의 기제로 작동하는 것이 아니라 배제와 억압의 과정을 통해 갈등 요소로 작용하여 결국에는 질서를 붕괴시킬 수 있기 때문이다. 그래서 그는 질서를 형성함에 가치 편향적인 특정한 문화체계에 통합시키는 인위적 방식을 거부하고, 어떠한 갈등의 요소도 없이 모든 것이 저절로 조화되는 자연에서 진정한 질서의 모델을 찾았다.

노자가 『도덕경』에서 제시하는 삶은 자연의 모습을 본받아 소박하게 사는 것이다. 그것은 인위적 문화의 소산인 이것과 저것을 구분하고 개념화하려는 지식에 의존하지 않고 특정한 욕망으로 무장하지도 않는, 있는 그대로의 자연에 순응하는 삶의 방식이다. 물론 노자가 지식이나 욕망 자체를 부정한 것은 아니다. 그가 경계한 것은 지식과 욕망이 행사되면서 드러나는 특정한 방향으로의 지향성과 거기서 생겨나는 배타성이다. 인위적으로 형성된 모든 지식체계는 무언가를 실현하기 위해서 형성되는데, 실현하려는 그 무엇 때문에 하나의 지식체계는 그것과 다른 지식체계와 배타적인 관계를 형성한다. 욕망이나 의욕이라고 하는 것도 사실은 특정한 체계에 의해 인도되면서 어떤 일정한 방향으로 내달리는 마음의 활동이다. 하나의 욕망을 실현하려다 보면 그 욕망에서 비켜나 있는 다른 모든 것으로부터 소외될 수밖에 없고, 또 그 모든 것을 소외시킬 수밖에 없다. 여기서 모든 갈등이 생겨난다. 그래서 노자는 사회 속에서의 인간은 특정한 문화체계에 의해 인도되는 개인의 욕망이나 인위적인 지향성을 최소한으로 줄이고, 모든 것이 반대되는 다른 한쪽을 허용하면서 존재하는 자연의 질서를 충분히 체득하여 자연의 운행 원칙을 구체적 삶 속에서 실현하려 한다. 그는 자연적 흐름에 순응하여 무언가를 억지로 하려고 애쓰지 않는 질박한 삶 속에서 진정으로 인간다운 삶이 실현될 수 있고, 세상의 질서도 조화로워지는 것으로 보았다.

　노자는 『도덕경』에서 자연의 관점으로 사물의 이치를 말한다. 억지로 하는 인위적인 작동이 아니라 저절로 이루어지는 자연의 무위를 강조한다. 부드럽고 약한 것이 강한 것을 이긴다는 점을 이야기하고, 최고의 선은 물과 같은 것이라고도 한다. 겸손함과 소박함을 강조하면서 뽐내거나 자랑하지 말라고 가르치고, 사심과 욕망을 줄여야 함을 강조한다. 이런 『도덕경』은 이미 주어진 문화체계에 순응하여 그것을 당연하게 받아들이며 그 속에서 자기를 실현하려고 하는 우리들에게 반성의 계기를 제공하는 일종의 각성제이다. 노자의 가르침을 현재의 문화체계를 거부하라거나 문명에서 벗어나 자연으로 돌아가라는 말로 읽을 필요는 없다. 다만 노자가 말하는 '자연에 순응하며 살아가는 소박한 삶의 가치'를 곰곰이 되씹으며 결코 채워지지 않는 욕망을 채우기 위해 치열한 경쟁으로 끝없이 치닫는 우리 삶을 되돌아보고, 무엇이 진정 인간다운 삶인가를 한번쯤은 생각해 볼 필요가 있다.

노자, 『노자』, 김원중 옮김, 글항아리, 2013.
본문에서도 언급했듯이 『도덕경』은 동양고전 중에서 가장 많은 번역과 주석서가 나온 책이다. 시중에 나와 있는 다양한 판본들은 나름대로의 장단점을 가지고 있어 어느 판본이 더 좋다고 말하기 어렵다. 김원중이 번역한 『노자』는 전체 내용을 빠짐없이 다루고 있으면서도 분량이 적당하며 또한 이해하기 쉽게 풀이되어 있다. 좀 더 전문적인 해설을 통해 깊이 있게 이해하고자 한다면 최진석이 번역한 『도덕경』(소나무, 2001)도 괜찮다.

세속적 가치를 초월한 정신적 절대자유의 경지

장자, 『장자』

동양 사회를 지배해 온 사상의 양대 축은 유가 사상과 도가 사상이었다. 이 두 사상은 상반되지만 공존하면서 지금까지 동양 사람들의 의식세계를 지배해 왔다. 유가 사상은 치국평천하의 기준이 되었고, 도가 사상은 인위적 질서를 비판하면서 마음의 피난처를 제공했다. 세상이 편안하고 사회가 안정되었을 때 사람들은 현실의 질서를 유지하려는 유가 사상을 묵묵히 따랐지만, 세상이 어지러울 때는 모든 작위적 행위를 거부하고 무위자연을 추구하는 도가 사상에서 위안을 얻고자 했다. 우리의 의식 속에는 여전히 이 두 가지의 가치관이 서로 공존하고 있다. 사람들 사이의 관계나 사회질서에는 유가적 색채가 강하게 작용하고 있으며, 인생이나 자연에 대한 가치관에는 도가적 색채가 강하게 작용하고 있다.

　도가 사상을 흔히 노장사상이라고도 하는데, 여기서 '노'는 노자를 말하며 '장'은 장자를 말한다. 장자는 전국시대에 활동한 제자백가 중의

한 사람으로 『도덕경』을 남긴 노자의 사상을 이어받아 도가 사상을 완성한 인물이다. 장자는 전국시대의 혼란한 현실에서 사람들이 겪어야 할 질곡과 고통을 바라보면서 세속의 속박으로부터 완전히 벗어난 인간 정신의 자유로운 해방을 갈구하였다. 그는 『장자』라는 책에서 기발한 비유와 다양한 우언을 통해 사람들에게 정신적 절대자유의 경지를 제시하고, 현실에 존재하는 질서의 형식적이고 자유롭지 못한 구속의 틀을 깨고 나와 현상과 사물을 새롭게 보는 눈을 제공하여, 우리가 현실을 비판적으로 성찰하고 당연하다고 여기는 것들에 대해 의문을 가지게 했다.

이처럼 우리에게 위대한 정신적 경지를 알려준 장자가 어떤 인물인지는 사마천의 『사기』에서 확인할 수 있다. 그는 몽蒙이라는 지방의 사람이며, 이름은 주周이며, 칠원漆園의 관리 노릇을 했다. 몽은 지금의 하남성 상구현 북쪽에 있는 지방으로 당시에는 송나라에 속하는 지역이었다. 장자는 양나라의 혜왕과 제나라 선왕 때의 사람으로 맹자와 거의 같은 시대를 살았다. 두 사람이 사상적으로 대립했지만, 서로 알지는 못해 서로에 대한 언급이 전혀 없다. 각기 다른 지방에 살고 있어 서로 만나지 못했을 뿐만 아니라 장자의 사상이 당시에는 널리 알려지지 않았기 때문이라고 한다. 그래서인지 전국시대 말에 쓰인 『순자』에서 순자가 당대의 중요한 열두 학파의 사상을 비판한 「비십이자」 편에 장자에 대한 언급이 없고, 다만 「해폐」 편에 "장자는 하늘에 가려져 인간에 대해 알지 못했다"는 간단한 평이 있을 뿐이다.

장자의 사상을 전하는 『장자』라는 책은, 『사기』에서는 10여만 자로 된 책이 있었다 하고 『한서』 「예문지」에서는 모두 52편으로 구성된 책이 있었다고 하지만, 현재 전하는 것은 총 33편으로 구성되어 있다. 오늘날 우리가 볼 수 있는 형태의 『장자』라는 책은 노장사상이 전성기를 이룬

4세기경 북송의 곽상郭象이라는 사람에 의해 편집된 것이다. 그는 그때까지의 여러 판본을 참조해 33편으로 편집하고 자기 나름대로 주注를 달아 각 편들에 각각 논리적 의의를 부여하였다. 또한 곽상은 『장자』를 33편으로 편집하면서 내편 7편, 외편 15편, 잡편 11편으로 나누었다. 『장자』 33편이 모두 장자 자신의 글은 아니다. 내편의 내용이 일관되고 문장이 정연할 뿐만 아니라 사상적으로 심오하기 때문에 대개 내편만을 장자 자신의 생각을 기록한 것으로 본다. 외편과 잡편은 장자의 후학들이나 그 사상에 공명한 사람들이 자기들 나름대로 글을 지어 부연한 것으로 본다. 그렇지만 내편, 외편, 잡편의 구분은 있지만, 모두가 『장자』라는 한 권의 책으로 묶여 있기 때문에 그 내용 전체를 장자의 사상이라고 보아도 별 무리는 없을 것이다.

여기서는 장자 자신의 사상이라는 내편의 내용만을 간략하게 살펴보자. 제1편인 「소요유」는 인간이 누릴 수 있는 절대자유의 경지와 그것을 가능하게 해주는 변화와 초월에 대한 이야기다. 사람들의 모든 가치 판단은 상대적인 것이기에 그것에서 벗어나 이해나 생사 같은 모든 의식을 초월해야 참으로 자유롭게 될 수 있다고 한다. 제2편인 「제물론」은 우리가 우리의 실존적 한계성을 초월하여 궁극적으로 변화되기 위해서는 사물의 한쪽만 보는 상식적이고 분석적이고 이분법적인 사고의 틀에서 벗어나 더 높은 차원에서 사물의 진상을 전체적으로 볼 수 있는 예지와 직관과 통찰을 체득해야 한다는 이야기이다. 세상의 일반적인 가치관을 초월한 도道라는 높은 경지에서 보면 세상의 모든 존재와 사물은 차별이 없는 한결같은 것이다.

제3편인 「양생주」에서는 신나고 활기차고 풍성한 삶이 어떤 것인지를 구체적인 예를 통해 제시하고 있다. 신나고 활기차며 풍성한 삶은 자

연의 순리에 따라 몸을 맡기고 살아가는 것이다. 모든 인위적이고 외형적인 것을 넘어 자연의 운행과 순리에 따라 우리의 행동을 자연스럽게 할 때 우리 속에 있는 생명력이 활성화되고 극대화되어 모든 얽매임에서 벗어난 자유로운 삶을 향유할 수 있게 된다. 제4편인 「인간세」에서는 우리의 구체적인 삶의 정황에서 어떻게 사는 것이 사회적으로 진정 기여하면서 보람차게 사는 길인지를 보여준다. 장자는 사람들의 앎이나 일반적인 사물에 대한 평가를 부정적으로 보지만 사회 그 자체를 부정하지는 않는다. 사회생활을 가장 원만히 할 수 있는 방법은 우선 마음을 비우고 도와 하나가 되는 경지에 이르는 것이다.

제5편인 「덕충부」에서는 육체가 온전하지 못한 사람들을 등장시켜 그 사람들이 비록 육체적으로 온전하지 않지만 그 속에 있는 천부의 잠재력을 최대한 발휘해 진실로 의연하고 풍성한 삶을 살 수 있음을 말한다. 덕이 안으로 찬 사람은 밖으로 자기의 형체를 잊게 되는데, 형체를 잊어야만 자연의 변화에 응할 수 있다고 한다. 제6편인 「대종사」에서는 모든 사람의 귀감이 될 진정으로 위대하고 으뜸이 되는 스승이 과연 어떤 사람인가를 다룬다. 장자는 노자의 사상을 계승하여 '자연'이야말로 사람들이 법도로 삼아야 할 위대한 스승이라 생각하였다. 제7편 「응제왕」에서는 이상적인 황제와 임금의 자격이 무엇인가 하는 문제를 다루고 있다. 참된 지도자는 모든 인위를 넘어서 실재를 있는 그대로 꿰뚫어 얻는 그 감화력으로 사람들을 자연스럽게 알 듯 모를 듯 이끌어 가는 사람이다. 속으로 성인 같은 완전한 자질을 갖추어 그것을 밖으로 표출할 때 이른바 '성제명왕'이라는 진정한 의미의 이상적 정치 지도자가 될 수 있다.

장자 사상의 궁극적 목표는 첫 편인 「소요유」에서 볼 수 있듯이 인간

정신의 절대자유를 추구하는 것이다. 일정한 기준에 따라 비교해 이루어진 세상의 모든 가치는 상대적이다. 그럼에도 사람들은 이런 가치들을 절대적인 것으로 착각하며 집착한다. 집착하기에 자유로울 수 없다. 장자는 인간 세상의 쓸모 있음과 없음, 아름다움과 추함, 인간의 선악과 귀천 등의 모든 가치는 도의 관점에서 보면 상대적인 것이지 본질적인 것이 아니라 한다. 그런데 사람들은 이러한 상대적 가치에 얽매여 자유롭지 못하게 살고 있다. 그러므로 자유롭기 위해서는 상대적인 가치기준을 초월해 아무것에도 거리낌이나 의지하는 데가 없는 '무대'無待의 경지에 이르러야 한다.

'무대'의 경지는 사람이 행동하고 의식하는 데 있어서 제약과 장애가 되는 모든 요소를 없애 버린, 완전히 자유로운 경지이다. 이 경지에 이르기 위해서는 자기가 이미 지니고 있던 마음인 '성심'成心이나 자기의 욕망, 감정 같은 것을 모두 없애 버려야 한다. 나아가 자기의 의식이나 존재까지도 잊어버려야 한다. 이렇게 해서 아무런 작위도 없는 '무위'의 경지에 이르러 자연과 완전 합치될 때 사람들은 무위자연 하게 되고, 그럼으로써 인간이 지니는 모든 의식이나 행동의 제약으로부터 완전히 해방된 정신적 절대자유를 누릴 수 있게 된다.

장자는 우리에게 해답을 주는 것이 아니라 스스로를 비춰볼 수 있는 거울을 제공한다. 장자는 우리가 떠받드는 상식적인 고정관념과 이분법적 사고방식, 그리고 거기에 기초를 둔 맹목적인 가치관·윤리관·종교관 등을 우리들 스스로 깊이 살펴보게 해서 이런 것들에 포함된 내재적 모순과 불합리를 발견하여 없애도록 도와준다. 현재의 삶에 안주하는 것이 아니라 그 속에 모순과 불합리가 내재함을 우리 스스로 깨달을 때, 우리는 부자연한 삶에서 자연스럽게 풀려날 수 있다. 다시 말해 현실사회의 획일적이고 고착화된 가치관에서 벗어나 그 어떤 선입관이나 고정관념에 얽매이지 않는 새로운 눈으로 세상을 볼 때 우리는 정신적으로 무한한 자유를 누리게 될 것이다. 또한 절대적으로 옳은 것이 없다는 상대주의적 관점을 가지고 사물의 다양성을 인정하고 나아가 타인의 다른 삶을 존중하여야 더불어 사는 평화로운 세상에서 자유롭게 살 수 있을 것이다.

장자, 『장자』, 김학주 옮김, 연암서가, 2010.
『장자』에 관한 여러 책들이 있기에 주변에서 쉽게 구할 수 있는 책을 읽어도 무방하지만, 굳이 한 권의 책을 추천한다면 김학주가 번역한 책을 소개한다. 1983년에 우리나라 최초로 『장자』 완역본(을유문화사)을 낸 역자가 한글세대도 쉽게 읽도록 풀어 써 가독성이 높을 뿐만 아니라 충실한 원문과 풍부한 해설도 붙어 있어 참고하기에도 좋다.

차별 없는 사랑으로 만드는 평화로운 세상

묵자, 『묵자』

고대 중국의 역사에서 진나라가 천하를 통일하기 이전의 시대를 진나라보다 앞선 시대라는 의미에서 선진先秦시대라 하고, 또 춘추전국시대라고도 한다. 춘추春秋라는 말은 공자가 쓴 『춘추』라는 책에서 따왔고, 전국戰國이라는 말은 전한시대의 유향이 쓴 『전국책』에서 따왔다. 이 시기는 중국의 역사상 가장 혼란한 시기였지만, 사상적으로 가장 번성한 시대였다.

 모든 사상은 당대의 혼란을 해결하기 위해 등장한다. 그러므로 혼란한 시대일수록 더 다양한 사상이 등장하기 마련이다. 가장 혼란한 시기였던 춘추전국시대에는 어느 시대보다 다양한 학파들이 등장해 당대의 혼란을 해결하기 위한 다양한 학설을 제시하며 서로 경쟁하였다. 이렇게 온갖 사상가 집단들이 등장해 새로운 질서에 대한 비전을 제시하며 사상적으로 서로 경쟁하던 이 시대를 백가쟁명百家爭鳴의 시대라고도 한다. 그리고 이 시대에 서로 경쟁하던 여러 사상가들과 학파들을 모두 일컬어 제자백가라 한다.

당시 등장한 다양한 사상가 집단 중에서 가장 영향력 있었던 집단은 유가, 묵가, 도가, 법가였다. 이 중 묵가는 유가와 대립하면서 가장 크게 성장한 사상 집단으로, 차별 없는 사랑으로 평화로운 세상을 만들고자 하였다. 이 묵가의 비조鼻祖는 묵자墨子이며 그의 사상과 행적을 기록한 책이 바로 『묵자』이다.

묵자는 공자의 사상을 공자 이후 최초로 체계적으로 비판한 사상가로 공자와 쌍벽을 이루며 당시 사회에 큰 영향을 미쳤지만, 그의 생애와 활동에 대해서는 이렇다 할 구체적 기록이 남아 있지 않다. 그에 대한 공식적인 기록이래야 사마천의 『사기』의 「맹자순경열전」의 끝에 "묵적은 송나라 대부로서 성城을 잘 지키고 절용節用을 주장하였다. 어떤 사람은 그를 공자와 같은 시대 사람이라고 하고 어떤 사람은 공자의 후세 사람이라고 한다"는 내용의, 한자로 된 스물네 자의 기록이 있을 뿐이다. 그렇기에 묵자의 생애에 대해 다양한 논란이 있다. 하지만 여러 기록을 종합해 보면 묵자는 공자가 활동하였던 춘추시대 말기에 태어나 맹자가 태어나기 전인 전국시대 초기에 활동하였던 인물이다. 성은 묵墨이고 이름은 적翟이며 공자와 같은 노나라 출신이다.

묵자는 상류층 출신이 아니라 천민 출신이라 한다. 당시 이마에 먹물을 새겨 넣고 노예로 삼던 묵형墨刑이라는 제도가 있었기 때문에 묵자의 묵墨은 성이 아니라 노예 출신을 나타내는 말이라는 주장도 있다. 그가 실제로 노예였는지는 알 수 없다. 하지만 동시대의 사람들이 묵자의 행동을 '천인들이 하는 것'이라 하였고 그 스스로도 천인임을 자처하면서 행동하였다는 점, 전쟁할 때 필요한 수레를 직접 제작하고 방어무기 제조에 재능이 있었다는 점, 비실용적인 상류층의 생활을 철저히 부정하고 근검절약이 몸에 배어 있었다는 점으로 보아 천민 출신의 기술자였을 것이다.

묵자는 처음에 유학을 공부했지만, 유가적 사상과 방법으로는 천하의 혼란과 현실적인 문제를 해결할 수 없음을 깨닫고, 유가와는 다른 자신만의 사상과 방법을 통해 현실을 타개하고자 했다. 공자가 주나라 초기의 전통적 제도와 예악문물을 동경하고 이를 윤리적으로 합리화해 질서를 회복하고자 했다면, 묵자는 그 제도와 예악문물의 타당성과 효용성에 회의를 품고 이들을 좀 더 유용한 것으로 대치시키려 했다. 그는 유가의 번거로운 예의는 백성들의 생산을 저해하여 재물을 낭비하고 백성들을 가난하게 만들 뿐이므로 반대하였다. 그리고 하층민의 삶과 기술자들의 생활체험을 통해 형성된, 백성을 사랑하면서 동시에 실생활에 맞는 실제적인 사상과 행동으로 현실을 변화시키려 하였다. 묵자는 형식과 명분을 중시하는 유교적 사상에서 벗어나 실질적인 사고를 바탕으로 행동한다면 만백성의 안녕과 행복이 이루어질 수 있다고 주장하였다.

묵자의 사상을 직접 확인할 수 있는 책이 바로 『묵자』이다. 그러나 『묵자』라는 책은 묵자 자신의 저술이 아니다. 공자의 언행을 모아 그의 제자들이 『논어』를 편찬한 것처럼, 『묵자』는 묵자의 말과 행동 그리고 주장을 그의 제자들이 모아 편찬한 책이다. 오늘날 우리가 보는 『묵자』는 53편으로 되어 있다. 반고의 『한서』 「예문지」에 『묵자』는 원래 71편이라고 하였으니, 원래 편수에서 18편이 없어진 셈이다. 그 중 8편은 제목만이라도 남아 있지만, 나머지 10편에 대해서는 제목조차도 전해지지 않는다.

묵가는 전국시대에 유가와 견줄 만큼 크게 유행한 사상이었지만, 진한시기를 거치면서 사상계에서 완전히 잊혀졌다. 진시황의 '분서갱유', 한漢 대의 유교의 국교화와 반유교적 사상의 이단시 등을 이유로 묵가의 사상은 중국의 사상계에서 완전히 잊혀 있었다. 그러다 청나라 때 고증학이 유행하면서 도교경전 모음인 『도장』을 정리하다가 그 안에 묵자의 책이 잘못 수록되어 있는 것이 발견되면서 다시 빛을 보게 되었다.

『묵자』는 묵자의 활동을 기록한 부분, 묵가에서 연구한 방어전술 및 성을 지키기 위한 병기와 도구에 관한 부분, 묵자가 창시하고 선전한 종교 및 사회사상에 관한 부분, 묵가의 인식론, 윤리론, 자연과학에 대한 사상을 담고 있는 부분으로 구성되어 있는데, 그 중에서 『묵자』 사상의 핵심을 따로 '묵자 십론十論'이라 한다. 그것은 현명한 사람을 숭상하라는 상현尙賢, 윗사람을 높이 받들며 따르라는 상동尙同, 모든 사람을 차별 없이 사랑하라는 겸애兼愛, 전쟁을 금지하라는 비공非攻, 비용을 아끼라는 절용節用, 장례를 간소화하라는 절장節葬, 하늘의 뜻을 따르라는 천지天志, 귀신의 존재를 알리는 명귀明鬼, 사치의 상징인 음악을 금하라는 비악非樂, 숙명론을 거부하라는 비명非命이다. 이 중의 핵심 주제는 차별 없는 사랑인 겸애이다.

묵자는 세상이 어지러운 것은 사람들이 서로 사랑하지 않기 때문인 것으로 보았다. 따라서 모두가 서로를 자신처럼 사랑하고 서로 이롭게 한다면 평화로운 세상이 될 것이라 생각하였다. 묵자는 "남의 부모를 나의 부모처럼 여기고, 남의 집안을 나의 집안처럼 여기고, 남의 도읍을 나의 도읍처럼 여기고, 남의 국가를 나의 국가처럼 여겨" 사람들이 자기 또는 자기 집, 자기 나라와 자기 위주의 생각을 버리고 모든 사람들을 차별 없이 사랑할 수 있다면 세상의 모든 분쟁이나 갈등이 사라져 평화롭게 될 것이라 한다. 이러한 겸애는 우선 내 부모를 사랑하고 그 사랑을 확대해서 친구의 부모, 남의 부모를 사랑하는 방향으로 나아가야 한다는 유가의 차등적 사랑과는 정면으로 충돌하는 것이었다. 그래서 맹자는 묵자의 겸애를 자기 아버지도 없는 것으로 짐승과 같은 것이라고 비판하였다.

묵자의 사상은 시종일관 당시 고통 받는 하층민의 입장에서 전개되고 있다. 묵자는 당시 계속되는 전란 중에 시름하는 백성들의 고통에 대해 진심 어린 동정심을 가지고 그 고통을 근본적으로 해결하고자 여러 나라를 다니면서 제후들을 설득하기 위해 노력하였다. 그는 노나라, 송나라, 제나라, 위나라, 초나라, 월나라 등 자신이 필요한 곳이라면 어느 나라도 달려가 백성들의 고통을 덜어보고자 하였다. 묵자는 앉은 자리가 따스해질 틈도 없이 행동하고 일했으며, 묵자네 집 굴뚝은 검어질 수가 없다고 할 만큼 검약하게 살면서 사방을 돌아다녔다고 한다. 맹자도 "묵자는 겸애를 주장하여 머리 꼭대기부터 발꿈치까지 털이 다 닳아 없어지더라도 천하를 이롭게 하는 일이라면 감행하였다"고 평했고, 장자도 "묵자는 정말로 천하의 호인이니 찾아도 얻기 어려운 분이다. 그는 비록 몸이 파리해진다 하더라도 그런 일은 버리지 않았으니 재사才士라 할 것이다"라고 평했다.

묵자는 백성을 너무 사랑한 나머지 백성들의 삶을 번거롭게 하는 모든 것을 반대하였고, 그것을 온몸으로 실천하고자 했다. 그러다 보니 그는 모든 것을 지극히 실질적이고 실용적인 관점에서 이해했다. 유가에서 강조하는 장례절차를 허례허식에 치우친 것으로 보아 장례를 간소하게 치르라 했고, 악기나 음악은 나라에 아무런 이익도 가져다주지 못하는 것이므로 음악으로 시간과 돈을 낭비하지 말라고 했다.

모든 것을 실용적 이익의 관점에서 본 묵자의 사상은 인간의 감정을 고려하지 못했기 때문에 역사적으로 큰 영향력을 발휘하지 못했다. 실용성을 지나치게 강조한 나머지 묵자는 장자가 말한 쓸모없는 것의 쓸모를 간과했고, 순자가 비판했듯이 실용성에 가려 문화의 중요성을 간과했던 것이다. 그럼에도 묵자의 가르침은 오늘날 산적한 문제를 해결하는 데 중요한 지침이 되고 있다. 지나친 사치와 낭비가 지구적 위기를 초래하고, 이기심과 욕심 때문에 폭력과 갈등이 난무하고, 심지어는 물질적 욕망에 사로잡혀 인간의 본성마저 잃어가는 오늘날의 세태에서 우리가 좀 더 평화롭고 행복하게 살기 위해서는, 화려하기만 하고 사용에 편리하지 않은 것은 쓸데없는 것이니 허례허식을 버리고, 세상에 남은 없으니 다른 사람을 자기처럼 사랑하라는 묵자의 가르침을 경청할 필요가 있다.

묵자, 『묵자』, 김학주 역저, 명문당, 2014.
우리나라에서 출판된 『묵자』의 번역본은 몇 종 되지 않는다. 게다가 완역본은 더욱 드문 편이다. 이 책은 역자가 대학에서 중국 고전을 연구하고 강의한 내용을 바탕으로 기존에 상·하 두 권으로 완역한 판본을 한 권으로 합본하여 다시 출판한 것이다. 이 책은 번역이 원문에 충실하고 명확하다는 평을 받을 뿐만 아니라, 각 편마다 그 편의 성격과 내용을 해설하고 있으며, 한 대목마다 그 내용을 종합적으로 설명하고 있어 독자들이 이해하기 쉽도록 했다.

법의 필요성과 근본정신

한비자, 『한비자』

난세였던 춘추전국시대에 등장한 제자백가라 불리는 다양한 학파들의 치국평천하를 둘러싼 치열한 사상논쟁이었던 백가쟁명에서 최종 승자는 법가였다. 춘추전국시대의 혼란을 극복하고 천하를 통일한 진시황이 채택한 사상이 바로 법가 사상이었다. 하지만 법가 사상은 통치이념으로 그리 오래 지속되지 못했다. 통일제국을 형성한 진나라가 얼마 지나지 않아 바로 분열되었기 때문이다. 그 뒤를 이어 유방이 나라를 다시 통일하여 한나라가 들어서게 된다. 한나라는 유가 사상을 통치이념으로 표방하였다. 특히 무제가 유학을 유일한 관학으로 인정하는 '파출백가 독존유술' 罷黜百家 獨尊儒術을 선포하면서 유가는 사상논쟁의 최후 승자가 되고, 이후 중국 역대 왕조의 유일한 통치이념이 되었다. 하지만 중국의 역대 왕조는 겉으로는 유가의 가르침을 표방하면서 속으로는 법가의 가르침을 받아들여 통치에 활용했다. 이러한 통치방식을 흔히 외유내법

外儒內法 혹은 양유음법陽儒陰法이라 한다. 사실 동양의 전통적 통치이념은 유가의 덕치德治와 법가의 법치法治를 양대 축으로 하고 있었다.

분열과 혼란의 춘추전국시대를 통일로 이끌었고, 동양적 통치이념의 한 축을 형성한 법가 사상을 체계적으로 정리한 사람은 전국시대 말기 한나라의 공자公子인 한비韓非였다. 『사기』의 「노장신한열전」에 의하면 한비는 형명과 법술의 학문을 좋아하였는데, 그 근원은 도교를 일컫는 황로黃老에 있다고 했다. 또한 그는 진시황 당시 재상을 지낸 이사李斯와 함께 유학자인 순자荀子의 제자였으며, 말더듬이여서 말을 잘하지 못하였지만 논리적인 문장을 갈고닦는 데 힘써 탁월한 문장력을 지녔다고 한다.

한비가 태어난 한나라는 전국시대를 주도한 7개의 국가인 전국 칠웅 중의 하나였지만, 그 중에서 가장 작고 약한 나라였다. 한비가 살던 전국시대의 상황은 전통적 질서의 근간인 신분제가 붕괴되면서 사회 전반에 걸쳐 힘이 있는 것이 최고라는 약육강식의 풍조가 만연해지고, 명분보다는 실리를 중시하여 제후국 내에서 서로 시역과 찬탈이 빈번히 일어나고 있었다. 게다가 한나라의 영토는 사방 천 리도 못 되는 데다가 서쪽으로는 진나라, 동쪽으로는 송나라와 제나라, 북쪽으로는 위나라, 남쪽으로는 초나라와 국경을 맞대고 있어 잠시도 평온할 날이 없었다. 그럼에도 한나라 왕은 법률과 제도를 정비하고 권력을 장악해 나라를 부강하게 만들고 어진 인재를 등용하는 데에 힘쓰기는커녕, 도리어 실속 없는 소인배들을 등용해 그들을 실질적인 공로자보다도 높은 자리에 앉히는 것이었다. 또한 나라가 태평할 때에는 이름을 날리는 유세가들만 총애하다가 나라가 위급해지면 허겁지겁 무사를 등용하는 것이었다. 이를 못마땅하게 여긴 한비는 자신의 조국인 한나라를 부강하게 하기 위해 어떤 상황이나 사물에 대해 인식하고 판단할 때 주관적 편견이 아니라 객관적인 작위표준을 따라야 한다고 생각하고, 군주가 나라를 편안하게 다스리기 위해서는 법을 따라야 한다는 것을 여러 차례 건의했다. 그러나 그의 의견은 전혀 받아들여지지 않았다. 이런 상황에 울분을 느낀 그는 『한비자』라는 책을 지어 나라를 법으로 다스리는 방법을 제시했다.

　한비의 사상을 알아준 것은 진나라의 진시황이었다. 우연히 『한비자』를 읽은 진시황은 감동하여 "아아! 과인이 이 사람을 만나 함께 이야기를 나눌 수 있다면 죽어도 여한이 없겠구나!" 하고 말했다. 어느 날 한비는 진나라의 사신으로 가게 되면서 그를 진정으로 알아주는 진시황을 만날 기회를 가지게 된다. 그러나 그는 등용되지 못하고 자신들의 지위를 지키려는 이사李斯와 요가姚賈의 모함으로 진나라의 옥중에서 독살되고 만다. 동문수학한 친구인 이사는 한비가 한나라의 공자이기 때문에 진나라를 위해서 일하지는 않을 것이며, 그를 등용하지 않고 억류했다가 돌려보낸다면 후환이 될 것이니 죽여야 한다고 주장했다. 진시황은 이사의 말이 옳다고 생각해 한비를 옥에 가두고 사약을 보내 자살하도록 했다. 뒤늦게 진시황은 자신이 저지른 일을 후회했지만, 이미 한비가 죽은 뒤였다. 한비는 비록 진나라에서 죽임을 당했지만, 그의 법가 사상은 진시황의 통치원칙이 돼 훗날 진나라의 천하 제패에 기여했다.

　『한비자』의 원래 제목은 『한서』「예문지」에 의하면 『한자』였다. 후대에 중국의 통치이념으로 자리한 유학의 문화적 영향력에 의해 당나라의 유학자 한유韓愈를 '한자'로 높여 부르게 되면서 이를 구별하기 위해 『한비자』로 부르게 되었다. 사마천은 『사기』에서 한비는 과거 정치의 득실과 변화를 살펴, 「고분」, 「오두」, 「내외저」, 「설림」, 「세난」 등 10여만 자의 저술을 남겼다고 했다. 오늘날 우리가 보는 『한비자』는 모두 55편으로 되어 있다. 이 『한비자』는 앞 시대의 법가이론을 중심으로 당시 사상가들의 다양한 이론을 수용하여, 전국시대의 사회·정치적 분위기를 다방면에 걸쳐 매우 생동감 있게 제공하면서 다양한 범주의 철학이론과 변법變法의 정치적 실천을 결합해 법치주의를 지향하는 일관된 내용을 담고 있다.

한비는 법法을 강조한 상앙商鞅의 사상과 술術을 강조한 신불해申不害의 사상, 그리고 세勢를 강조한 신도愼到의 사상을 두루 수용해 법가 사상을 완성했다. 그래서 한비는 군주가 반드시 법·술·세의 세 가지 통치 도구를 모두 갖추어야 제대로 통치할 수 있다고 했다.

상앙이 강조한 '법'은 백성들의 사익 추구를 막고 나라의 이익을 우선시하는 원칙을 의미한다. 한비는 군주가 공포한 법은 지위의 높낮이에 관계없이 모든 사람이 따라야 하는 행위 준칙이라 했다. 한비는 구체적이고 체계적인 법조문을 제정하지는 않았지만, 그의 생각은 공이 있는 사람에게는 상을 주어 격려하고, 죄를 지은 사람에게는 벌을 주어 뉘우치도록 하는 원칙에 입각해 있다. 한비는 전국시대의 국제관계는 철저하게 실력에 의지하는 약육강식의 원리가 지배하므로, 나라의 멸망을 피하기 위해서는 엄격한 법집행을 통해 부국강병을 이루는 것이 가장 중요하다고 보았다.

신불해가 강조한 '술'은 신하들이 내세우는 이론과 비판을 그들의 행동과 일치시키는 기술로서, 신하들을 잘 조종해 군주의 자리를 더욱 굳게 다지는 인사정책을 말한다. 한비는 술을 소임에 따라 벼슬을 주고, 명목에 따라 내용을 따지며 여러 신하들의 능력을 시험하는 방법이자 군주가 신하들을 다스리는 통치수단으로 보았다. 그런데 이 술은 법과 달리 성문화되는 것이 아니며 신하와 백성들의 행동준칙도 아닌 군주가 독점

하는 통치수단이다. 이와 관련해 『한비자』에서는 군주가 신하들에게 속마음을 내보여서는 안 된다는 무위술, 신하들의 이론적인 주장과 행동이 부합하는지 따져 봐야 하는 형명술, 남의 말만 듣지 말고 실상을 잘 살펴야 한다는 참오술, 신하들이나 남의 말을 듣는 방법을 논한 청언술, 사람을 등용하는 방법을 논한 용인술 등 다양한 술을 제시하고 있다.

신도가 강조한 '세'는 군주만이 가지는 배타적이고 유일한 권세를 말한다. 한비는 군주의 권세를 무엇보다 중요하게 여겼는데, 그 이유는 백성들의 행동을 살펴서 법을 준수한 자에게는 상을 주고 어긴 자에게는 벌을 내리려면 권세가 필요하기 때문이다. 그는 권세가 있으면 설령 재능이 부족하고 현명하지 못할지라도 현명한 사람들까지 굴복시킬 수 있다고 보았다. 물론 한비는 세상이 혼란스러울 때 어질고 현명한 사람이 나타나 혼란을 평정하는 것이 좋다고 했다. 하지만, 그렇지 못할 경우에는 군주가 권세를 쥐고 법을 시행해야 빠른 시간 내에 안정을 찾을 수 있다고 보았다.

『한비자』는 고대 중국의 혼란과 분열의 시대인 전국시대를 마감하고 최초로 통일의 시대를 이끈 사상인 법가의 핵심적 이론서 가운데 하나이다. 그러나 이 책은 명분보다는 실제 사회의 정치적 상황을 반영하는 이론, 즉 변법의 능동적 사유, 계약과 법치의 관념, 이기주의 윤리관과 공리 관념, 발전적인 사회역사관 등을 제시하고 있어 우리에게 익숙한 동양의 전통적 사고와는 사뭇 다른 면모를 가지고 있다. 그래서 한때 도외시되었지만, 최근 한비는 '동양의 마키아벨리'로 불리고 그의 저서 『한비자』는 새로운 리더십의 원천으로 각광받고 있다. 그만큼 새로운 리더십에 대한 갈망이 있다는 뜻이다. 한비자가 제시한 이론을 오늘날 그대로 적용할 수는 없지만 다양하게 재해석할 수는 있다.

특히 '법의 지배'와 '법으로의 지배'가 혼용되고 있고, 법이 없어서가 아니라 법이 제대로 적용되지 않고 잘 지켜지지 않기 때문에 더 많은 문제가 일어나고 있는 현재의 상황에서 법치의 필요성을 강조하고 법과 원칙을 강조한 한비자의 가르침은 우리들로 하여금 '법'의 필요성과 그 근본정신에 대해 다시 한번 생각하도록 한다. 『한비자』에 나오는 구절이다. "법은 신분이 귀한 자에게 아부하지 않고, 먹줄은 굽은 모양에 따라 구부려 사용하지 않는다. 법을 적용하는 데 있어 지혜로운 사람도 변명할 수 없으며, 용맹스런 사람이라도 감히 다투지 못한다. 그 지은 죄를 벌하는 데 있어서 대신이라 해도 피할 수 없으며, 착한 행동을 칭찬하고 상 주는 데 있어서 평범한 백성이라 하여 빠뜨릴 수 없다. 따라서 윗자리에 있는 자의 잘못을 바로잡고 아랫사람의 사악함을 꾸짖고 얽힌 것을 풀고 어그러진 것을 끊고 넘치는 것을 물리치고 바르지 못한 것을 가지런하게 하여 민초이 지킬 규범을 하나로 하는 데는 법보다 더 좋은 것이 없다."

한비자, 『한비자』 I·II, 이운구 옮김, 한길사, 2002.
이 책은 국내에서 처음으로 『한비자』를 완역한 책이다. 오랫동안 제자백가의 사상을 연구한 역자가 심혈을 기울여 정확한 문장으로 번역하고 주석도 풍부하게 달아 이해하기 쉽도록 하였다. 게다가 원문을 동시에 제공하고 있어 필요하다면 비교해 볼 수도 있다. 김원중이 번역한 『한비자』도 읽기 쉽도록 잘 번역되어 있지만, 전체를 완역하지 않은 아쉬움이 있다.

태평성대를 이룬 리더십과 소통의 정치

오긍, 『정관정요』

중국 역사의 수많은 왕조 중에 중국인들이 가장 자부심을 느끼는 왕조는 당唐이라고 한다. 한족의 왕조이고 송宋나라 못지않은 문물을 이룩하였고, 명明나라 이상의 국위를 떨쳐 당시 이슬람 제국과 함께 세계 2대 초강대국으로 군림했던 왕조이기 때문이다. 이런 당나라를 만든 주인공은 당나라 2대 황제인 태종 이세민이었다. 그가 다스리던 시대는 '정관지치'貞觀之治라고 하여, 전한前漢 3대 황제인 문제文帝에서 4대 황제인 경제景帝에 이르는 '문경지치'文景之治와 청나라 강희제康熙帝에서 옹정제雍正帝를 거쳐 건륭제乾隆帝에 이르는 '강건성세'康乾盛世와 더불어 중국 역사상 가장 정치가 잘된 3대의 태평성세로 꼽힌다. 또한 '정관지치'를 이끈 당 태종은 청나라의 강희제와 함께 중국 역사상 가장 뛰어난 군주로 칭송된다.

『정관정요』는 당나라의 사관인 오긍吳兢이 편찬한 것으로, 태평성세를 이끈 당 태종의 정치를 10권 40편으로 정리한 책이다. '정관'貞觀은 당 태종 시대의 연호이고, '정요'政要는 정치의 핵심이란 뜻이다.『정관정요』에는 태종 이세민이 위징, 방현령, 두여회, 왕규 등 45명의 중신들과 함께 나눈 치국평천하 전반에 관한 다양한 형식의 이야기들이 망라되어 있다. 한결같이 현명한 신하를 곁에 두고 그들의 간언을 받아들여 공평무사한 정신으로 성실하고 겸허하게 백성들을 사랑하면서 언행에 신중하며 아첨과 무고를 단절하고 사치와 방종에 빠지는 것을 경계하고, 농업을 장려하여 의식주 문제를 해결하고 정벌을 자제하되 변방을 안정시켜 모두가 잘사는 국가를 건설하자는 내용으로 채워져 있다.

이 책의 전체 구성과 내용을 보면, 1권은 군주가 갖추어야 할 도리와 정치의 근본에 관한 논의이고, 2권은 어진 관리의 임명과 간언의 중요성에 대한 것이고, 3권은 군주와 신하가 지켜야 할 계율, 관원의 선발, 봉건제에 관한 것이고, 4권은 태자와 여러 왕들을 경계하는 내용이며, 5권은 유가에서 강조하는 인, 충, 효, 신의 및 공평함에 대한 문답이다. 6권은 절약과 겸양 등 수신제가의 덕목을 논하는 것이고, 7권은 유학, 문학, 역사의 중요성과 그 이해에 관한 것이고, 8권은 민생과 밀접한 관련이 있는 농업과 형법, 부역, 세금 등의 문제를 다루고 있으며, 9권은 대외적 문제인 정벌과 변방 안정책을 논하고 있으며, 10권은 군주가 순행과 사냥을 할 때 명심해야 할 덕목에 대해 논하고 있다.

당 태종 이세민은 천성이 총명하고 사려가 깊으며, 무술과 병법에 뛰어난 동시에 결단력과 포용력을 갖추고 있었기에, 소년 시절부터 주위 사람들의 신망이 두터웠다. 한나라 이후 남북으로 분열된 중국을 통일한 수양제隋煬帝는 대규모의 토목공사를 단행해 화려한 궁전이나 누각 등을 마구 건축하여 백성의 부담을 가중시켰을 뿐만 아니라 정벌에만 전념하였다. 이로 인해 점차 민심이 흉흉해지고 각지에서는 반란이 일어나 다시 천하가 분열될 지경이었다. 이러한 혼란 속에서 이세민은 수나라를 타도하겠다는 야망을 품고 태원 방면 군사령관으로 있던 아버지를 설득해 병사를 일으켜 617년에 장안을 점령하고 군웅群雄을 평정하여 통일을 실현했다. 그리하여 618년 당나라가 탄생하고 이세민의 아버지 이연이 제위에 올랐다.

　황제가 된 당 고조 이연은 세민이 정권 창출에 큰 공을 세웠음에도 불구하고 맏아들 건성을 황태자로 삼아 형제간의 불화를 키웠다. 건성은 세민의 공적과 덕망이 나날이 융성해지는 것을 보고 강한 질투심을 느껴 동생 원길과 함께 그를 제거하려는 모의를 하였다. 이 사실을 알게 된 세민은 건성과 원길을 장안성의 현무문으로 유인해 죽여 버리고 아버지에게 양위를 받아 626년에 즉위하였다. 태종 이세민은 정권 창출 과정에서부터 도덕적 결함을 가지고 있었지만, 도덕을 전면에 내세우면서도 현실을 중시하는 탁월한 리더십을 발휘해 태평성세를 이룩하였다.

　천하가 평정된 후 태종은 수양제의 실패를 거울삼아 위징과 같은 현명한 신하들의 의견을 받아들여 사심을 억누르며 백성들을 불쌍히 여기는 지극히 공정한 정치를 하고자 애썼다. 그는 특히 지식과 인재를 중시하였으며 스스로 독서에 힘썼는데, 독서를 하면 사람의 시야가 확 트여 스스로를 이롭게 할 뿐만 아니라 국가 경영에도 큰 도움이 된다고 생각했다. 『정관정요』에 나타난 태종은 현명하고 능력 있는 사람을 선발해 어진 군주가 되고자 노력했고, 허심탄회하게 신하들의 간언을 받아들여 자신의 잘못된 행실을 바로잡으려 했으며, 부역과 세금을 가볍게 해 백성들을 아꼈고, 형법을 신중하고 가볍게 사용해 법제를 보존시켰다. 문화를 중시해 풍속을 좋게 바꾸고, 농업을 근본으로 삼아 백성들이 전쟁이나 부역으로 인해 농사철을 놓치지 않도록 했으며, 군주와 신하가 서로 거울이 되어 시종여일 선행을 하려 했고, 근면하고 검소한 모습을 잃지 않았다. 특히 그는 거울이 없으면 자신의 생김새를 볼 수 없듯이 신하들의 간언이 없으면 정치의 득실에 관해 정확히 알 방법이 없다고 하면서 신하들의 간언을 중시하였다. 그는 먹줄이 있으면 굽은 나무가 바르게 되고, 기술이 정교한 장인이 있으면 보옥을 얻을 수 있듯이 시세를 꿰뚫어 보는 혜안을 가진 신하의 충언은 군주를 바로 서게 할 뿐 아니라 천하를 태평성대로 만들 수 있다고 생각했다.

『정관정요』를 편찬한 오긍은 당의 세 번째 황제인 고종 총장 3년(670년)에 지금의 하남성 개봉에서 태어나 현종 천보 8년(749년)에 죽었다. 그는 중국 최초의 여황제인 측천무후則天武后 때 출사해 사관에 근무하면서 국사 편찬에 관여했는데, 현종 대까지 30여 년 동안 벼슬하면서 요직을 두루 지내고 『측천실록』과 『예종실록』, 『중종실록』의 편찬에도 참여했다. 오긍은 역사적 기록은 사실 그대로를 정확하게 기록하고 포폄襃貶하며 그것으로써 가치판단을 나타낸다는 중국인의 역사서술 원칙인 춘추필법春秋筆法을 고수하면서 역사의 진실을 올곧게 기록하였기에 당시의 사람들은 그를 공자가 양사良士라고 칭송한 춘추시대 진晉나라의 사관 '동호'董狐에 비유하기도 했다.

오긍이 『정관정요』를 편찬한 이유는 중국 유일의 여자 황제인 측천무후 시대의 정치 현실을 직접 보고 역사의 운명을 주재하는 최고 통치자 집단의 잘못된 행동으로 말미암아 일반 백성들은 물론 국가의 사직에 막대한 재앙이 초래된다는 것을 통감했기 때문이다. 그는 비록 태종 이후의 시대에 태어났지만, 태평성대를 이룩한 태종의 정치에 대해 깊은 지식을 가지고 있는 사관으로서 "구리로 거울을 만들면 의관을 단정히 할 수 있고, 역사를 거울로 삼으면 천하의 흥망성쇠와 왕조 교체의 원인을 알 수 있으며, 사람을 거울로 삼으면 자기의 득실을 분명하게 할 수 있다"고 한 태종의 말을 가슴에 새기며 측천무후 시대에 쇠퇴한 정치를 재건하고 당 왕조를 다시금 부흥시키기 위한 정치철학을 제시하고자 『정관정요』를 편찬하였다. 역사가에게는 어떤 한 사람의 일생에 대해 선행과 악행, 명예와 치욕 등에 관한 평가와 역사적 위치 등을 정할 수 있는 재량권이 부여되었다. 오긍은 이러한 사관으로서의 권한을 십분 발휘하여 『정관정요』에서 태종의 장점뿐만이 아니라 단점까지도 적나라하게 기록하면서 '정관지치'라는 태평성대를 이룬 태종의 정치를 있는 그대로 보여주고자 했다.

『정관정요』는 당나라 이후 여러 왕조에서 꾸준히 간행되어 애독되었을 뿐만 아니라, 오늘날까지 제왕의 통치철학으로서 확고한 위치를 점하고 있다. 특히 청나라 건륭제는 이 책을 애독한 나머지 「독정관정요」라는 시와 「정관정요서」라는 글을 짓고, 『당태종론』이라는 책을 쓰기도 했다. 일본의 에도막부시대를 연 도쿠가와 이에야스는 자신이 정권을 잡은 시대적 상황이 태종이 정권을 잡았을 때처럼 분열에서 통일로 이루어진 시기였으므로 『정관정요』를 애독해 일본의 통치 기틀을 마련하는 데 크게 참고했다고 한다. 고려시대에는 『정관정요』를 최고의 제왕학 교과서로 간주해, 군신이 함께 학습하는 조강과 석강 등의 경연에서 사서삼경 대신 기본 텍스트로 채택했고, 조선조의 역대 군왕들도 『정관정요』를 숙독했다고 한다.

하버드 경영대학원에서 『정관정요』를 경영학의 원리를 배울 수 있는 가장 훌륭한 동양 고전으로 선정했다고 한다. 박근혜 대통령도 10·26 이후 청와대에서 나와 칩거하던 시절 『정관정요』를 읽었다고 한다. 이런 『정관정요』는 정치인이나 경영자만을 위한 리더십의 교과서가 아니다.

리더십이 정치나 경영의 영역에만 존재하는 것이 아니듯, 『정관정요』는 통치의 기술만을 담고 있는 책이 아니라 삶의 문제를 다루고 있는 책이다. 그러므로 이 책은 오늘날처럼 복잡한 사회구조와 다양한 인간관계 속에서 능동적이며 자기주도적인 인간관계를 형성하여 자신을 잃지 않고 살고자 하는 모든 이들에게 실질적인 지혜를 제공하는 책이라 할 수 있다.

오긍, 『정관정요』, 신동준 옮김, 을유문화사, 2013.
이 책은 고전에 대한 해박한 지식과 탁월한 안목을 가진 역자가 『정관정요』의 여러 판본 중에서 과본(戈本)을 토대로 세밀한 교주 작업을 벌인 『정관정요집교』를 저본으로 하여 완역한 것이다. 역자는 각 장의 내용을 별도로 나누고 소제목을 달아 독자들이 읽기 쉽게 하였으며, 상세한 주석을 달아 이해하기 쉽도록 하였다. 게다가 당제국의 성립 배경과 역사, 문화를 소개하고 당태종에 대해 분석하는 부분을 별도로 두어 독자들의 이해의 깊이를 더하고 있다. 김원중이 번역한 『정관정요』(글항아리, 2010)도 쉬운 문장으로 풀이해 일반적으로 읽기에 좋다.

역사를 거울로 삼은 군왕과 관료의 정치 지침서

사마광, 『자치통감』

동서고금을 막론하고 역사는 단순히 지나간 과거가 아니라 살아 있는 오늘이고 미래를 준비하는 지혜의 보고로 인식되었다. 역사의 사건 하나하나가 끊임없이 우리에게 선택과 판단의 저울을 제공하기 때문이다. 옛날 사람들이 경험한 성공담이나 실패담은 유사한 사건을 마주하는 사람들에게 어떻게 행동하고 처리해야 할지를 판단하는 근거가 된다. 그래서 역사는 누구에게나 흥미로운 관심의 대상이 아닐 수 없다. 특히 유교문화권에서는 역대 왕들이 과거의 사례를 참고하여 통치를 안정시키고자 하였기에 역사가 중시되었다. 그 결과 수많은 역사서들이 편찬되었는데, 역대 중국의 대표적인 역사서는 공자의 『춘추』春秋, 사마천의 『사기』史記 그리고 사마광의 『자치통감』資治通鑑이다.

사마천의 『사기』는 기전체紀傳體로 쓴 최초의 통사이고, 사마광의 『자치통감』은 편년체編年體로 쓴 최초의 통사이다. 기전체는 제왕의 연대와 계통을 세우고 인물의 전기를 중심으로 역사를 기술하는 방식이며, 편년체는 날짜순으로 사건을 기록하는 방식이다. 날짜순으로 기록하는 편년체는 시간의 흐름에 따른 사건의 발생과 전개는 쉽게 파악할 수 있지만, 각 사건의 전후 맥락을 파악하기 어려운 약점이 있다. 그래서 중요한 사건은 전후 맥락을 소급해 적어 총체적으로 알 수 있도록 하고 있다. 여기서 하나의 사건에 대한 기록이 분산되는 것을 방지하기 위해 사건의 전말을 중심으로 역사를 서술하는 방식인 기사본말체紀事本末體가 나왔다. 이 세 가지가 중국의 역사를 서술하는 기본적 방식이지만, 중국 역대 왕조의 정사正史를 서술하는 기본 체재體裁는 『사기』에서 시작된 기전체이다.

『자치통감』을 편찬한 사마광司馬光은 우리에게 '사마온공'으로 더 잘 알려진 송나라 때의 사람이다. 그는 1091년 지금의 산시성山西省 하현夏縣에서 태어나 인종, 영종, 신종, 철종 연간에 정치가이자 역사가로 활동했다. 그는 어려서부터 신동으로 알려졌다. "항아리를 깨뜨려 친구를 구한다"는 의미를 지닌 고사성어인 '파옹구우'破甕救友의 주인공이 바로 그다. 어린 시절 사마광이 친구들과 놀고 있었는데, 그 중 한 친구가 그만 물이 가득 담긴 커다란 항아리에 빠지고 말았다. 같이 놀던 친구들은 모두 놀라 달아났는데, 사마광만은 침착하게 큰 돌을 주워 항아리를 깨뜨리고 친구를 구출했다. 이 이야기는 〈소아격옹도〉라는 그림으로 그려져 후세 아동교육에 널리 활용되었고, 1950년대 우리나라 교과서에도 실렸다고 한다.

사마광은 스무 살인 인종 보원寶元 초에 과거 시험에 진사 갑과로 합격하여 중앙 정계로 진출했다. 당시는 송나라가 건국된 지 100여 년이 지난 시점으로 부국강병이 절실한 시점이었다. 이에 왕안석이 기존 제도를 혁파하고 국가재정과 행정상의 효율을 극대화할 수 있는 '신법'의 시행을 강력하게 주장했다. 반면 사마광은 제도보다는 사람의 역할이 더 중요하다면서 신법의 시행에 반대했다. 이후 사마광은 왕안석과 정치적으로 대립하면서 부침을 겪었다. 신종 때에는 왕안석이 재상이 되어 신법 정책을 강력하게 추진하였기에 정치의 일선에서 물러나 있었지만, 그 뒤를 이어 철종이 즉위하면서 문하시랑이라는 벼슬로 중앙 정계의 실세로 다시 등장하여 왕안석의 신법 정책을 폐지하였다. 그는 68세의 나이로 세상을 떠났는데(1086년), 죽어서 '태사온국공'이라는 최고 영예의 시호를 추증받았으며, 그가 죽자 당시 상인들은 가게 문을 닫고 조의를 표했고 일반 백성들은 옷을 팔아 노제를 지냈다고 한다. 그는 그만큼 백성들의 흠모를 받는 사람이었다. 남송시대의 유교劉嬌는 사마광을 "공평하고 신뢰가 있으며, 정직하고 훌륭한 지혜가 있고, 자연스럽고 조화로우며 수양이 뛰어나고 현실을 직시하였다. 정사의 처리에서 백 명의 왕을 섬겨도 부끄럽지 않은 인물이다"라고 평가하였다. 그래서인지 사마광은 후세 인격 수양서에서 '사마온공'이라는 이름으로 자주 등장한다.

　사마광이 『자치통감』을 편찬한 이유는 사마천의 『사기』와 반고의 『한서』 이후 역사책들이 번거로울 정도로 많아 벼슬 없이 독서만 하는 사람들조차 두루 읽기 어려운 지경이어서 그것들을 요약 정리해 온갖 정사를 처리하는 군주가 쉽게 읽고 정치에 참조할 수 있도록 하기 위해서였다. 그래서 그는 "쓸데없이 긴 것을 잘라내고 기밀의 요점을 들어내고, 오로지 국가의 흥망성쇠에 관한 것과 살아가는 백성들의 애환에 관한 것, 훌륭한 일이어서 본받을 만한 것과 악한 일이어서 경계해야 할 만한 것만을 골라내어 편년체로 된 책"(『자치통감』을 올리는 표문)을 만들었다. 사마광은 정사에 바쁜 군주가 지나간 역사의 치란흥망治亂興亡을 관찰하고 역사의 산 교훈을 거울삼아 오늘의 시비를 저울질하고 권선징악을 시행하여 치세를 이룩하기 위해서는 필요한 부분만 쉽게 열람할 수 있는 역사서가 있어야 한다고 생각하여, 이전까지의 역사책을 발췌하여 연대기 순으로 재편집한 역사책인『자치통감』을 만들어 군왕과 신료의 정치지침서로 삼고자 했다.

『자치통감』의 원래 이름은『통지』通志였다. 사마광은 그의 나이 48세 때(1066년) 처음으로『통지』를 집필하고자 했다. 당시의 군주인 영종은 편찬에 종사할 인원을 선발하고 편집국을 설치했으며, 황실 전용 도서관의 자료를 이용할 수 있도록 허가하고, 필요한 비용과 물품을 공급해 주는 등 집필에 필요한 배려를 아끼지 않았다. 그 이듬해 전국시대부터 진나라 2세에 이르기까지의 역사를 정리하여『통지』여덟 권을 완성하여 영종의 뒤를 이은 새 군주인 신종에게 바쳤다. 책을 본 신종은 서문을 지어주고, 책의 이름도 "지난 일을 거울삼아 치도治道에 도움이 되도록 한다"는 의미에서 '자치통감'으로 고쳐 주었다. 이후『자치통감』의 저술작업은 17년간이나 계속되어 사마광의 나이 66세 때인 신종 원풍元豊 7년(1084년)에 완성되었다.

『자치통감』은 전국시대가 시작되는 주나라 후반 위열왕 23년(기원전 403년)부터 송나라가 건국되기 직전인 오대십국의 후주 현덕 6년(959년)까지 1362년간 16개 왕조의 역사를 294권 280여만 자로 기록하고 있다. 이전까지 나온 17종의 정사 1,651권을 비롯한 다양한 역사 서적을 참조하였는데, 출판하고 남은 원고만 낙양의 집 두 채를 가득 채울 정도였다고 한다. 기존의 역사서를 5분의 1 수준으로 축약한 이 책은 방대한 규모와 정연한 역사 서술로 후대 편년체 역사서의 모범이 되었다.

사마광이『자치통감』을 편찬할 때『사기』처럼 삼황오제를 시점으로 삼지 않고 주나라 위열왕 23년을 시점으로 삼은 것은 공자의 춘추대의春秋大義 정신을 계승하려는 의도였다. 이 시기는 진晉나라의 경卿이었던 한건, 위사, 조적이 진나라 제후를 시해하고 땅을 서로 나누어 차지했을 때인데, 주나라 천자가 이들을 응징하지 않고 제후로 봉해 각각 한韓, 위魏, 조趙 세 나라로 분열시킨 시기로 역사상 큰 전환기를 맞이한 때이다. 사마광은 이 조치가 난적을 합리화시키고 기강을 붕괴시켰다고 보고, 이에 대한 올바른 역사적 평가를 내리고자 이 사건을 서술 기점으로 삼았다. 또한 그는 공자의 『춘추』를 계승한다는 의미에서 편년체를 역사 서술의 방식으로 채용하였고, 시기가 중복되지 않도록 공자가 다룬 이후의 시기를 기점으로 삼았다.

사마광이 『자치통감』을 편찬하였다고 했지만, 그 방대한 분량의 역사서를 혼자 편찬한 것은 아니었다. 편찬 작업에는 범조우范祖禹, 유반劉攽, 유서劉恕 그리고 그의 아들 사마강司馬康과 같은 당대의 석학들이 동원되었다. 편수 작업은 3단계를 거쳤는데, 먼저 총목록을 작성하고, 다음으로 길고 복잡한 내용을 만들고, 마지막으로 그 내용을 깎아내고 다듬는 과정을 거쳤다. 유반이 전국시대부터 후한까지를, 유서가 삼국시대부터 수나라까지, 범조우가 당나라부터 5대까지를 각각 분담하여 기술하였고, 사마광이 일일이 검토하여 필요하지 않은 글들을 지워가며 최종 편집을 하였다.

중국 역대 왕조에서 벌어진 일을 편년체로 기술하고 있는 『자치통감』은 또 한 권의 단순한 고대의 역사 기록이 아니다. 그 속에는 수많은 사건과 이에 대응하는 인간의 희로애락, 성공과 실패, 음모와 정략, 정의와 불의, 충신과 간신의 모습이 잘 드러나 있다. 인간이 보여줄 수 있는 갖가지 형태의 행동과 생각을 거의 포함하고 있기에 시대를 초월한 보편성을 가진 역사서이자 인간학의 보고이다. 그런 의미에서 이 책은 어느 시대의 누구에게나 자신의 삶의 문제를 해결할 수 있는 지혜를 제공하는 인생의 보감이라 할 수 있다. 또한 시간의 흐름에 따라 일어난 사건을 종합적으로 기록하고 있어 마치 대하소설을 읽는 것 같은 흥미도 제공하는 재미있는 책이기도 하다.

사마광,「자치통감, 역사의 거울에서 통치의 근본을 구하다」, 박종혁 편역, 서해문집, 2008.
「자치통감」을 읽고자 한다면 우선은 서해문집에서 발간한 이 책을 읽어보기를 권한다. 이 책은 「자치통감」의 핵심을 발췌하여 번역하고 있기 때문에 책 전체의 흐름을 이해하고 핵심을 짚는 데 도움을 준다. 만약 더 깊이 있게 읽고 싶다면, 삼화출판사에서 발간한 「자치통감」을 읽어보기를 바란다. 고전을 읽는 가장 좋은 것은 텍스트 전체를 통독하는 것이다. 이 책은 평생 「자치통감」을 연구한 원로 학자인 중앙대 사학과 권중달 명예교수가 1997년부터 8년여에 걸쳐 완역하였고 2006년부터 4년에 걸쳐 32권으로 완간한 역작이다.

서양철학

이 재 성

플라톤, 아리스토텔레스, 데카르트, 스피노자, 마키아벨리, 홉스, 루소, 칸트, 헤겔, 마르크스 등의 이름이 지닌 공통점은 무엇일까? 철학자? 그렇다. 하지만 문제는 왜 그들을 철학자라 부르는 것일까? "철학자니까 철학자이지, 왜긴 왜야?" 하고 단정할 수도 있다. 철학자를 철학자라 말하는 것을 누구도 부정하지 않는다. 그러면 무엇이 그들을 철학자라 부르게 한 것일까? 철학적인 저술을 남겼기 때문에 그렇다고? 그럴 수도 있겠다. 한 번 더 끈질기게 물어보자. 무엇이 그들의 저술을 철학적 저술, 또는 철학서라고 부르게 하는 것일까? 이쯤 되면 우리는 진퇴양난에 빠지게 된다. 무엇이 그들을 철학자라 부르게 하며, 그 저술을 철학서라 말하게 하는 것일까? 아니 다른 무엇인가가 있기라도 한 것일까? 아니면 사람들이 단지 그렇게 분류하는 것일까?

우리가 흔히 말하는 '철학자'는 철학하는 사람이며, '철학서'는 그의 철학함의 산물이다. 철학자는 철학함의 주체이고, 철학서는 철학함의 표현, 그 주체의 얼굴이다. 여기서 우리는 철학자와 그의 철학서를 연결하는 것이 '철학한다' 혹은 '철학함'이라는 사실을 확인할 수 있다. 그렇다면 '철학한다' 혹은 '철학함'이라는 것, 그것은 대체 무엇일까?

『국가』는 플라톤의 얼굴이다. 『순수이성비판』은 칸트의 얼굴이다. 철학책, 그것은 철학자의 얼굴만큼이나 많다. 우리는 철학자의 얼굴을 통해 그의 철학을 읽는다. 우리는 『국가』를 통해 플라톤의 철학을 읽고, 『순수이성비판』을 통해 칸트의 철학을 읽는다. 철학책에는 그들 철학자의 철학함의 내용이 함축되어 있다. 그 철학함의 내용이 바로 그의 '자유롭고 주체적인 사고의 결실'이다. '철학한다'는 것은 바로 그 철학자의 '주체성'을 바탕으로 한 것이다.

철학자의 주체성은 그의 철학이다. 그의 철학에는 그만의 자유로운 사고가 함축되어 있다. 우리는 그만의 자유로운 사고에서 그만의 주체성을 확인하게 된다. 그러한 주체성은 거저 주어지는 것도 아니며, 쉽게 확보할 수 있는 것도 아니다.

그것은 '세계(존재)와 인간(사유)에 대한 보편적인 문제의식 또는 역사적인 상황에서의 절박한 철학적 물음에 대한 그 학문적 체계의 성과'를 통해 드러난다. 이것이 바로 우리가 독자로서 철학의 고전을 통해 그들과 대화하는 이유다. 철학자들(저자)과 우리(독자) 간의 대화를 통해 우리는 그들의 자유로운 주체적 사고를 흡입하고, 그것을 바탕으로 우리의 자유로운 주체적 사고를 확장한다. 세계와 인간에 대한 보편적 문제의식을 갖는 동시에 역사적인 구체적 상황에서 절박한 철학적 물음을 갖도록 하는 토대를 쌓아 나간다. 이것이 바로 필자가 열 권의 철학 고전을 선정한 이유이며 글을 쓰게 된 동기이다.

참된 공동체를 세우는 것

플라톤, 『국가』

사람들은 자신의 삶 속에서 흔히 철학이 무엇이라고 말하거나 단언하기도 한다. 이것을 우리는 흔히 '개똥철학'이라고 부르는데, 세상을 살아가는 '처세술'로 이해되는 경우가 많다. 철학이 오해를 받는 이유다. 그래서 철학자들은 철학을 명확하게 하려고 노력해 왔다. 하지만 그들의 생각도 정확히 "철학이란 무엇"이라고 꼬집어 얘기할 수 없을 만큼 다양하다.

사전적 정의에 따르면, 철학^{Philosophia}은 그리스어의 'Phileo'(사랑하다)와 'Sophia'(지혜)의 합성어로 '지혜의 사랑'을 뜻한다. 철학은 주제에 따라 크게 세 가지 물음에 대한 답을 찾는 것이다. 첫째, "존재하는 것은 무엇인가?" 둘째, "우리는 사물을 어떻게 인식하는가?" 셋째, "우리는 어떻게 행위할 것인가?" 철학에서는 첫 번째 물음을 '형이상학', 두 번째 물음을 '인식론'(혹은 지식론), 그리고 세 번째 물음을 '윤리학'이라고 부른다. 말하자면 철학은 인간의 본성·이성·감각·언어·도덕·인식·종교·예술·자연 등과 같은 존재의 의미를 묻는 것에서 시작한다.

서양에서 철학의 출발은 고대 그리스 철학에서 시작한다. 시기적으로는 우리가 잘 알고 있는 소크라테스의 등장 이전과 이후를 가리킨다. 소크라테스 이전이 그리스 자연철학의 시작이었다면, 이후는 국가, 사회, 인간관계 연구에 대해 관심이 높아진 시기였다. 이 시기에 등장한 사람이 플라톤(기원전 427~347년)이다. 그의 철학은 서양정신의 완성이다. 20세기 유명한 영국의 철학자이자 수학자인 화이트헤드가 "서양철학은 단지 플라톤 철학의 주석일 뿐"이라고 했던 것도 그런 이유 때문이다.

플라톤은 그리스 아테네의 귀족 집안에서 출생하여 철학과 문학에 관심을 가지며 자랐다. 20세가 되어 스승인 소크라테스를 만나 본격적으로 철학을 배웠다. 당시 아테네는 불안정한 정치적 분쟁과 전쟁의 시대였다. 펠로폰네소스 전쟁(기원전 431~404년)으로 아테네가 자랑하는 민주정치의 모범인 도시국가^{Polis}는 몰락의 상태에 처한 매우 혼란한 시기였다. 이러한 시기에 스승 소크라테스마저 처형당하면서 플라톤은 큰 정신적 충격을 받게 된다. 이 일을 계기로 그의 철학에 새로운 변화가 일어난다. 그것은 바로 시대의 고통 속에서 나온 실존적인 고민을 담은 도덕적인 이상주의와 이상국가에 대한 구상이었다. 이 구상은 그의 생애의 전반적인 사상을 지배했으며, 그것이 가장 잘 묘사된 대화편이 『국가』^{Politeia}이다.

『국가』는 스승 소크라테스의 주요 관심사였던 윤리학의 차원을 넘어 형이상학과 인식론으로 철학적 관점을 이동하면서 스승이 제기했던 문제들에 일부 답까지 제시하는 플라톤 철학의 완성이다. 이런 철학적 토대 위에서 기획된 플라톤의 『국가』는 올바른 정부와 정치는 엄밀한 이성적 사유의 대상이 될 수 있다는 혁명적인 전제에 따라 저술된 작품이다. 이 작품에서는 올바름의 개념, 올바른 국가를 구성하기 위한 시민의 자질과 통치자의 자질, 그리고 이런 시민과 통치자를 기르기 위한 교육과정이 핵심 내용으로 다루어진다.

『국가』의 전체 구조는 총 10권으로 구성되어 있는데, 플라톤이 구상했던 이상국가의 모습은 어떤지 살펴보자. 우선 그는 국가의 기원을 인간의 필요성에서 찾는다. 국가는 인간이 자기 스스로 자족하지 못하기 때문에 필요해서 생겨났다는 것이다. 플라톤에 따르면 인간은 서로 독립된 존재가 아니고 삶의 필수품들을 생산하기 위하여 서로를 필요로 하고 생존을 위해 협동해야 하는 존재이다. 그럼에도 각자는 남보다 더 잘할 수 있는 타고난 능력이 있으며, 자신이 가장 잘할 수 있는 능력을 발휘할 때 최고의 능률을 올릴 수 있는 존재이다. 타인의 타고난 역할을 차지하는 일은 부당한 행동이며 일종의 도둑질이다. 따라서 플라톤이 말하는 올바른 국가 혹은 이상국가는 오직 분업과 교환의 원칙에 근거해서 동반자와 협력자들이 일정한 주거지에 모여 경제적 사회를 형성했을 때 구성된 그 시민들의 공동체를 뜻한다.

이상국가의 목적은 특정 계급만 행복하게 하는 것이 아니라 국가의 구성원 모두에게 최대의 행복을 주는 것이다. 말하자면 국가는 인간의 행복을 위해 존재하며 '올바름'의 원칙에 따라 인간이 '좋은 삶'을 누리도록 한다. 좋은 삶은 각자의 영역에 충실한 시민들에 의해서 이루어진다. 시민은 통치자·수호자·생산자의 세 계급으로 나뉜다. 통치자에게는 깊은 철학적 사색을 통해 얻어진 지식, 즉 '지혜'가 필요하고, 수호자에게는 국가를 수호하는 '용기'가 필요하다. 이때의 용기는 법률에 의한 교육을 통해 무서운 것들이란 무엇이며, 어떠한 것인가에 관해서 갖게 된 의견doxa이다. 마지막으로 생산자 계급은 '절제' 있는 행위를 필요로 한다. 절제는 일종의 질서이며 어떤 잘못된 쾌락이나 욕망의 극복을 의미한다. 지혜, 용기, 절제의 덕을 가지고 있는 세 계급이 각각의 몫을 성실히 수행할 때 올바른 국가, 즉 이상국가가 된다.

그렇다면 이상국가는 누가 통치하는가? 지혜로운 자가 이성의 지배를 따르듯이 올바른 국가의 통치자는 바로 '철인'哲人이어야 한다. 플라톤은 철인을 '일체의 지식을 흔쾌히 맛보려 하며 기꺼이 배우려는 자, 따라서 배움을 끝없이 추구할 정도로 학문과 지혜를 사랑하는 자'라고 정의했다. 인간의 정신능력도 학문·이해·의견·상상의 네 가지로 구분된다. 참된 지혜와 학문 영역은 이성을 최고로 삼고 다른 정신작용들을 이성의 아래에 두면서 조화를 추구한다. 철인은 아름다운 사물이나 아름다운 현상보다 아름다움 그 자체를 보는 사람이다. 대부분의 사람들은 아름다운 소리나 빛깔 및 모양을 볼 뿐 아름다움 그 자체, 즉 본질을 볼 줄 모른다. 오직 이성적인 인간인 철학자만이 아름다움 그 자체, 즉 아름다움의 이데아를 인식할 수 있다.

그러나 무엇보다도 철인이 통치자가 되어야 하는 이유는 좋음의 이데아에 대한 그의 지식과 이에 의거한 정치적 기술도 중요하지만 그의 '도덕적 자질' 때문이다. 철인 통치자는 권력의 유혹에 둔감하고 이기심이 없는 자질을 지니고 있기 때문에 통치권을 담당하기에 가장 적합한 자이다. 그는 육체적인 즐거움과 긍정적인 가치에 무관심하고 사적 이해관계를 극복한 자이며 권력을 사랑하지 않으며 유혹에 빠지지 않는 자이다. 또한 통치자에게는 사유재산도 허용하지 않고 사적인 가정생활도 부정한다. 세속적이고 현세적인 것만을 사랑하는 사람들은 배금주의자가 되지만, 철인의 차원에서 즐거움이란 오직 최고의 국가를 건설하기 위한 지혜에만 전념하고 국가 전체가 가능한 한 행복하게 되기를 추구하는 데 있다.

정리하면, 플라톤은 『국가』에서 올바름과 올바르지 않음의 토대가 되는 것은 제도라기보다는 인간들의 상호봉사와 생산의 필요를 가진 집단이기 때문에 국가가 생성되는 기원을 '필요'에서 찾고 있다. 그는 인간과 같은 유기체라는 전제에서 국가 전체의 올바름을 설명하기 위해 이상 국가를 설계했다. 소수의 철인이 통치하고 다수의 수호자 계급과 더 많은 생산자 계급의 사람들이 통치자의 지도에 따라 각자의 역할에 만족하고 또 그 일에 최선을 다하는 국가이다. 이 세 계급이 자기 본성에 잘 어울리는 한 가지 일을 숙명적으로 받아들여 여기에 충실할 때 올바른 나라가 된다. 물론 역사적 한계이긴 하지만 바로 이 점에서 플라톤은 비민주주의자라는 비판을 받기도 한다.

하지만 플라톤의 진정한 의도는 목수가 통치자가 될 경우 중우정치로 변질될 것을 염려하는 데 있었다. 플라톤의 『국가』에서 노예와 여자를 제외한 시민은 수호자, 군인, 생산자의 세 계급으로 나뉜다. 수호자는 지배 계급이고, 군인은 치안을 유지하고 나라를 지키며, 생산자는 물건을 만들고 용역을 제공하는 계급이다. 수호자는 지혜를, 군인은 명예를, 생산자는 욕망을 추구한다. 따라서 생산자 계급인 목수가 통치자가 되면 국가를 지혜롭게 올바로 통치하지 못하고 다수의 어리석은 생산자들이 지배하는 중우정치에 빠지게 된다는 것이다.

인간의 영혼이 국가의 구조에 대응해서, 지혜의 근원이 되는 이성과, 용기의 근원이 되는 기개, 그리고 절제의 덕을 갖게 되는 욕망으로 구성되어 있듯이, 이 세 부분이 조화를 이룬 자를 '올바른 자'라고 한다. 따라서 철인 통치자의 정치권력은 권력투쟁이나 경쟁의 결과로 얻어지는 것이 아니라 '전문화의 원리'에 따라 의무적으로 주어지는 것이다. 플라톤이 올바른 국가의 통치는 반드시 철인에 의해서 이루어져야 한다는 이유가 여기에 있다. 철인만이 근본이 되는 '좋음'을 참되게 인식할 수 있는 능력을 지니고 있으며, 도덕적으로 지식에 일치하는 행동을 할 수 있기 때문이다.

요즘 우리 사회의 부패하고 부도덕한 정치인들의 맨얼굴을 자주 접하면서 혹시라도 '참다운 공동체' 건설을 고민한다면 『국가』는 꼭 읽어야 할 최고의 고전임에 틀림없다.

플라톤, 『국가·정체』, 박종현 옮김, 서광사, 2005.
『국가·정체』는 플라톤의 대화편 중에서 대표작으로 꼽힌다. 이 책은 플라톤 철학에 있어 최고의 전문가인 박종현 교수가 국내 최초로 헬라스어 원전을 바탕으로 번역하였을 뿐만 아니라 상세한 주석까지 달고 있다. 여러 번역본이 국내에 소개되고 있으나 이 책만큼 전공자뿐만 아니라 일반 독자들도 쉽게 읽을 수 있도록 꼼꼼하게 챙기고 있는 경우는 드물다.

인간에게 최고 좋음은 무엇인가

아리스토텔레스, 『니코마코스 윤리학』

스승 플라톤과 마찬가지로 아리스토텔레스^{Aristoteles}(기원전 384~322년)도 유래를 찾기 힘들 정도로 탁월한 지성을 갖춘 철학자였다. 그는 학문의 분야 전체를 구상했고 학문 자체의 개념을 최초로 만든 사람이다. 형이상학, 정치학, 수학, 물리학, 생물학, 심리학, 시학, 수사학, 윤리학, 미학, 인식론, 논리학, 기상학, 지리학, 방법론, 우주론, 신학을 학문으로 체계화했다. 한 사람의 정신으로 이토록 많은 일을 할 수 있다는 사실이 믿기 어려울 정도여서, 키케로를 비롯한 고대의 철학자들은 아리스토텔레스의 글을 "황금 같은 능변으로 흐르는 강"이라고 극찬하면서 그를 플라톤과 같은 범주에 넣기도 했다.

아리스토텔레스의 글은 크게 내부적인 글과 공개적인 글로 나뉜다. 전자가 리케이온(아리스토텔레스가 세운 학원으로 일명 소요학파라 불림) 내에서 학생이나 동료들을 위해 쓴 전문적인 글이라면, 후자는 대중을 위해 집필된 수려하고 잘 다듬어진 작품들이다. 안타깝게도 공개적인 글은 현재 전해지지 않고 있다. 지금 전해지는 것은 강의노트로 추측되는 미완의 글들이다. 그래서 비록 쇼펜하우어가 그의 저술을 "지독한 무미건조함"이라고 힐난했을 정도로 이해하기 힘들지만, 지금까지도 역사상 위대한 철학 저서로 손꼽힌다. 『니코마코스 윤리학』 *Ethika Nikomacheia*은 그 중에서도 가장 흥미롭고 읽기 쉬우며 영향력이 큰 저서이다. 제목은 이 책을 편집한 그의 아들 니코마코스의 이름에서 따온 것이며 전체 제10권으로 구성되어 있다.

아리스토텔레스 사상의 특징은 목적론, 즉 목적과 목표, 결과의 관념으로 가득하다는 것이다. 사물의 존재 목적은 무엇일까? 사물이 생겨난 원인은 무엇일까? 아리스토텔레스는 사물을 이해하기 위해서 네 가지 물음을 묻는다. 예를 들어 '조각상'의 경우, 1) 그것은 무엇으로 만들어졌는가? 2) 그것은 어떤 종류인가? 3) 무엇이 그것을 만들어냈는가? 4) 그것이 만들어진 목적은 무엇인가?

물음 1)은 조각상의 물질적인 원인을 묻는 것으로 '질료인'이라 한다. 물음 2)는 조각상의 형식적인 원인을 묻는 것으로 '형상인'이라 한다. 물음 3)은 조각상이라는 결과를 낳은 원인을 묻는 것으로 '작용인'이라 한다. 물음 4)는 조각상의 최종적인 원인을 묻는 것으로 '목적인'이라 한다. 이처럼 조각상이나 구르는 돌멩이뿐 아니라 식물, 동물 그리고 인간도 목표지향적인 존재라고 그는 생각했다. 사물들처럼 인간도 존재하는 이유가 있고 그 목적이나 목표가 있는데, 바로 그것을 다룬 저서가 『니코마코스 윤리학』이다.

아리스토텔레스는 모든 예술이나 탐구, 행동, 직업에서 인간은 어떤 이익을 목표로 한다고 주장한다. 인간은 돈을 벌기 위해 하는 일도 있고 건강을 위해 하는 일, 그리고 사회적 지위 때문에 하는 일도 있다. 그러나 이런 하나하나의 작은 목표는 그 자체로 바람직한 무엇인가를 목표로 하지 않는 한 사실상 아무것도 추구하지 않는 것이 된다. 멈추는 지점이 없이 목표만 무한히 계속된다면 아무런 의미가 없다고 보았다. 그래서 아리스토텔레스에게 궁극적 목표는 인간에게 '최고 좋음'이다. 이것을 '에우다이모니아' eudaimonia 라고 부르는데, 문자적으로는 '유쾌한 천사'를 의미하지만 통상적으로 '행복'이라고 번역된다.

아리스토텔레스는 행복을 '완전한 탁월함에 부합하는 영혼의 활동'이라고 정의하는데, 이 정의에 대한 설명을 오롯이 담은 책이 곧 『니코마코스 윤리학』이다. 이 책의 머리말에 등장하는 '영혼'과 '탁월함'은 그리스어 '프시케' psyche 와 '아레테' arete 의 번역어인데, 두 개념은 이 책을 가장 잘 이해할 수 있는 열쇳말이다. 아리스토텔레스가 말하는 '영혼이 있다'는 의미는 육체를 움직이며 생기를 주는, 형체가 없고 죽지 않는 영혼이 있다는 것이 아니다. 그것은 오직 살아 있다는 사실, 즉 일정한 특징이 있는 활동을 수행할 수 있다는 뜻이다. 그래서 식물의 영혼은 생장하는 힘이고, 동물의 영혼은 지각력이며, 인간의 영혼은 이성적인 것이 된다. 따라서 인간의 특징은 추론능력 및 사고능력과 관련이 있다. 또한 '아레테'는 탁월함, 즉 고유한 능력을 '잘 수행할 수 있다'는 뜻이다. 그러므로 아리스토텔레스가 영혼의 활동이 완벽하게 탁월함에 부합하는 것을 '에우다이모니아'라고 했을 때 이것은 우리가 통상적으로 번역하는 '행복'보다 훨씬 더 넓은 의미를 갖고 있는 것이다.

『니코마코스 윤리학』에서 아리스토텔레스의 목표는 "인간의 삶이 잘 사는 것, 즉 최고 좋음이란 어떤 것인지"를 설명하는 일이다. 이것은 도덕적으로 선하게 사는 것 그 이상을 의미한다. 그가 말하는 탁월함에는 두 가지가 있다. 도덕적 탁월함과 지적 탁월함이다. 풍족한 삶을 위해서는 두 가지 다 필요하다.

먼저 도덕적 탁월함을 살펴보자. 행복한 사람은 이성에 따라 행동하는 사람이고 그런 행동이 무엇인가를 살펴보면 도덕성, 또는 도덕적 탁월함이 무엇인지 알 수 있다. 그렇다면 올바른 행동을 하고자 한다면 어떻게 해야 할까? 아리스토텔레스는 도덕적으로 올바른 행위는 양극단의 중도에 있다는 '중용론'을 지지한다. "탁월함은 (…) 선택과 관련된 특징의 상태이며, 중간에 놓여 있다. (…) 지나치거나 모자라는 두 악덕 사이에 있는 중용^{mesotes}을 말한다."

예를 들어보자. 탁월함이 있는 사람은 죽음을 어떻게 대면해야 마땅할까? 죽음을 향한 태도에는 두 가지 극단이 있다. 지나친 쪽의 극단은 '경솔'이며 부족한 쪽의 극단은 '비겁'이다. 그러나 그 중도는 '용기'라는 탁월함이다. 혹은 탁월함이 있는 사람은 자신에 대해 어떻게 말해야 마땅할까? 여기서도 두 가지 양 극단, 즉 '자만심'과 '지나친 겸손'이 있다. 그러나 그 중도는 '적절한 자존심'이라는 탁월함의 태도이다.

그러나 우리는 이러한 아리스토텔레스의 중용을 이해할 때 알아야 할 두 가지가 있다. 첫째, 그의 중용은 산술적인 평균값이 아니다. 소주 열 병이 나오면 그 중간 값인 다섯 병을 마셔야 한다는 뜻이 아니다. 중용은 사람에 따라 다르고 그때그때의 상황에 따라 다르다. 말하자면 중용은 우리에게 상대적이다. 둘째, 어떤 행동에는 중용이 없다. 예컨대 살인이나 강간에는 중용이 없다.

이제 지적 탁월함을 살펴보자. 아리스토텔레스는 정신의 이성 부분을 '계산적인 부분'과 '관조적인 부분'으로 구별한다. 전자는 행동, 특히 상식에 근거를 둔 행동에 관한 것이라면, 후자는 순수한 명상이나 이미 알려진 진리를 성찰하는 것에 관한 것이다. 지적 탁월함을 갖춘 사람은 명료한 사고에 따라 행동하며 이론을 성찰하는 데 몰두한다. 중용을 선택하는 데는 어느 정도의 계산이 필요하므로 최소한 계산적인 부분에서는 도덕적 탁월함과 지적 탁월함 사이에 중복되는 부분이 있지만, 관조 부분에서는 행복한 삶과 어느 정도 충돌하는 여지가 있다. 왜냐하면 관조는 통상적 행복 그 이상을 의미하기 때문이다.

아리스토텔레스의 행복은 인간의 특정한 탁월함인 합리성에 부합하는 활동을 말한다. 탁월함은 인간에게 내재한 최상의 것과 관계한다. 즉 최고의 탁월함은 최고의 행복, 완전한 행복을 가져다준다. 그에게 이 최고의 탁월함은 바로 관조, 즉 관조하는 삶, '테오리아'^{theoria}이다. 물론 이러한 아리스토텔레스의 견해에 대해서는 여러 가지 반론이 있긴 하지만, "정신적 삶이 가장 고귀한 삶"이라는 견해에 대해 우리를 고상하게 만드는 무엇인가 존재한다고 생각하는 사람들이 많다. 다만 '가장 고귀한' 삶이란 과연 어떤 삶인가를 찾아내야 하는 어려움이 우리 앞에 가로놓여 있을 뿐이다.

아리스토텔레스 역시 자신의 생각이 정답이라고 믿었다고는 보기 어렵다. 비록 관조하는 삶을 주장했지만 연구하지 않고 계속 쉬면서 단순히 관조하고 명상만 하는 아리스토텔레스를 상상하기란 거의 불가능하다. 당시 윤리에 대한 가장 위대하고 가장 완전한 해설 책이었던 『니코마코스 윤리학』의 맨 끝은 이렇게 쓰여 있기 때문이다. "자, 와서 연구를 시작하자."

지금 여기, 각자의 삶에서 의미 있는 결정을 내리고 중대한 행위들을 실행하길 원하는 사람이라면 적어도 '최고 좋음'의 본성을 고찰하는 데 관심을 가질 것이다. 그렇다면 『니코마코스 윤리학』을 읽자.

아리스토텔레스, 『니코마코스 윤리학』, 강상진 외 옮김, 길, 2011.
『니코마코스 윤리학』은 아리스토텔레스의 대표작이자 서양 윤리학을 대표하는 가장 중요한 고전으로 손꼽히는 작품이다. 이 책에서는 인간의 삶이 궁극적으로 추구하는 것은 무엇인지, 그러한 궁극적 목표를 위해 인간은 무엇을 추구해야 하며, 어떻게 살아가야 하는지를 묻는 서양 윤리학의 근간이 다루어지고 있다. 이 번역본을 선택한 이유는 고대철학 전공자들이 세심한 노력으로 다른 어떤 번역본보다도 아리스토텔레스의 사상을 잘 이해할 수 있도록 번역했기 때문이다.

참된 앎에 이르는 길

데카르트, 『성찰』

오늘날 우리는 지구가 태양을 중심으로 돈다는 사실을 누구나 다 알고 있다. 그러나 중세시대까지만 하더라도 서양인들은 창조된 질서의 중심에 바로 지구가 있으며 태양과 행성 등의 천체는 지구의 주위를 완벽한 원형의 궤도로 돈다고 생각했다. 그런데 갈릴레오 갈릴레이의 주장과 더불어 천체들이 완전한 구가 아니라는 사실, 그리고 그 궤도는 완전한 원형이 아니며, 지구는 태양 주위를 도는 다른 행성과 다름없는 하나의 행성일 뿐이고 태양이 바로 중심이라는 사실을 알게 되었다. 우주 안에서 우리가 차지하는 위치에 대해 알고 있던 모든 것이 완전히 거짓이었다는 사실을 알게 되었을 당시 사람들의 기분은 과연 어떠했을까? 어쨌든 그러한 상황이 가능하다고 생각하는 사람들은 데카르트를 조금은 이해한 사람이라고 할 수 있다.

1596년 프랑스 뚜렝^{Touraine} 지방의 투르 인근에 있는 소도시 라에$^{La\ Haye}$

에서 태어난 르네 데카르트는 근대사상의 기본 틀을 처음으로 확립함으로써 근대철학의 창시자로 불린다. 『성찰』의 원 제목은 '제일철학에 관한 성찰'이다. 이 책은 근대에서 가장 중요한 책 중의 하나이다. 많은 학자들은 근대철학이 바로 이 책과 더불어 시작되었다고 생각한다. 인류는 『성찰』을 통해 좀 더 성장하고 고대와 중세 사상가들의 방법론과 선입관에서 독립할 수 있었다. 데카르트는 인간의 지식 체계가 천문학이라는 새로운 학문을 통해 완전히 뒤흔들리는 것을 경험하면서 이런 일이 다시는 일어나지 않도록 하기 위해 『성찰』을 썼다.

수학자였던 데카르트는 수학을 의심의 여지가 없는 기본 신념으로 간주하여, 철학을 포함한 모든 진리를 수학적인 원리로 해석하기 위해 노력했다. 그는 더 이상 의심할 수 없는 절대적으로 확실한 존재를 찾아내기 위하여 모든 존재에 대한 인식을 의심하기로 했다. 이것이 소위 '방법적 회의'다. 방법적 회의는 진리 탐구를 위한 방법, 즉 이성의 올바른 사용을 위한 규칙을 적용하여, 가장 확실한 최초의 인식을 발견하기 위한 회의를 말한다. 데카르트는 『방법서설』에서 다음과 같이 올바른 추론의 네 단계를 제시한다. 첫째, 의심할 이유가 없을 정도로 아주 명석판명하게 정신에 제시되지 않는 것은 참으로 인정하지 않는다. 둘째, 문제를 가능한 한 여러 개의 작은 문제로 나눈다. 셋째, 가장 단순하고 쉽게 이해되는 것에서 시작해 그 위에 조금씩 더 크고 복잡한 문제를 쌓는다. 넷째, 사고의 연속물 전체를 검토하고 또 검토해서 빠진 것이 없는지 확인한다.

『성찰』은 데카르트가 이런 규칙을 따르고 그 규칙을 사용함으로써 "확고하고 지속적인 무엇인가를 학문 안에 정립하려는" 시도다. 이 책에서는 총 여섯 개의 '성찰'이 등장하는데, 주요 주제는 '나', '신', 그리고 물체 세계의 존재에 관한 인식의 '확실성' 문제다. 그는 이 문제들을 자신의 방법적 규칙에 의거하여 인식되는 순서에 따라 고찰한다. 그러나 데카르트가 『성찰』에서 논의하고 있는 문제들은 단지 세 가지 대상의 존재를 인식하는 것에 관한 문제만은 아니다. 그는 다른 한편으로 '실체'가 무엇인지를 문제 삼으면서, 실체에는 정신과 물체 두 가지의 서로 독립적인 실체가 존재한다고 주장한다. 그러나 이 문제는 『성찰』에서는 존재 인식의 확실성 문제에 묻혀 체계 없이 다루어지다가 나중에 『철학의 원리』에서 보다 체계적으로 고찰된다.

데카르트는 「제1 성찰」에서 '외부 사물의 존재에 대한 인식', '내 육체의 존재에 대한 인식', '정신 안의 수학적 인식' 등은 절대적으로 확실한 인식이 아니라고 생각했다. 우리는 일반적으로 감각 경험을 토대로 외부 세계가 존재한다고 믿고 있다. 하지만 그는 감각 경험이 종종 우리를 속이기 때문에 외부 세계의 존재에 대한 믿음은 불확실하다고 생각했다. 내 육체의 존재는 외부 사물들의 존재에 대한 믿음보다 좀 더 확실해 보이기는 하지만, 꿈과 현실의 구별이 그리 확실한 것은 아니며, 내가 꿈을 꾸고 있다면 육체를 갖지 않으면서도 육체를 갖고 있는 것처럼 생각할 수 있기 때문에 나의 육체의 존재에 대한 인식도 확실한 것이 아니라고 주장한다. 또한 지금까지 대부분의 철학자들에 의하여 확실한 인식으로 간주되어 온 수학적 인식마저도 그는 절대적으로 확실한 인식은 아니라고 보았다. 그는 우리를 창조한 존재가 선한 신이 아니라 유능하고 교활한 악령이어서, 우리가 수학 문제를 계산하면서 오류를 범하고도 그것이 진리인 것처럼 착각하도록 창조하였다면, 수학적 인식조차도 확실한 인식일 수 없다고 주장한다.

이제 남은 의심의 대상은 '정신으로서의 나의 존재에 대한 인식'이다.

만일 이 인식조차 의심스러운 것으로 판명된다면 절대적으로 확실한 참된 인식은 아무것도 존재하지 않는다. 그렇게 되면 절대적으로 확실한 인식 체계로서의 철학을 구축하려는 데카르트의 구상은 실패하고 말 것이다. 데카르트는 '나는 존재한다'는 사실을 '나는 사유한다'는 사실로부터 도출한다. 나는 지금까지 모든 것을 의심해 왔다. 내가 의심한다는 것, 즉 내가 사유한다는 것은 분명한 사실이다. 그런데 내가 존재하지 않는다면 사유할 수도 없을 것이다. 따라서 내가 존재한다는 것도 확실한 사실이다. 수학적 인식조차도 선한 신이 아니라 교활한 악령이 존재한다면, 거짓일 수 있지만, 데카르트는 내가 존재한다는 사실만은 악령이 나를 속인다고 하더라고 거짓일 수 없다고 본다. 왜냐하면 악령이 나를 속인다면, 속고 있는 나는 분명히 존재해야 하기 때문이다. 따라서 나의 존재에 대한 인식은, 의심할 수 없는 사실인 나는 사유한다는 사실로부터 도출되고, 이것은 악령의 가정하에서조차도 의심할 수 없는 절대적으로 확실한 참된 인식인 것이다.

이로써, "나는 사유한다. 그러므로 존재한다" Cogito ergo sum 는 명제로부터 데카르트는 절대적으로 확실한 인식 체계로서의 형이상학을 구축할 토대를 마련하게 된다. 그는 나의 존재를 토대로 진리의 기준을 적용하여 인식의 체계를 확대하고자 한다.

그런데 악령이 존재한다면 지금까지 가장 명증적인 인식이라고 간주해 왔던 수학적 인식조차 거짓일 수 있다고 생각하였기 때문에, "내가 명석 판명하게 통찰하는 것은 참이다"라는 진리의 기준을 적용하여 다른 사물의 존재를 인식하는 것은 불가능할 것이다. 따라서 우선 악령이 존재하는 것이 아니라 절대적으로 완전하고 선한 신이 존재한다는 사실을 증명해야 할 필요가 있었다.

그는 나의 존재와 내 안에 있는 신 관념에 충족 이유율을 적용하여 신의 존재를 증명한다. 그리고 절대적으로 완전한 신은 선한 존재이므로 나를 속이지 않고, 따라서 내가 신이 나에게 부여한 인식 능력을 주의하여 사용하면 오류에 빠지지 않는다고 주장한다. 이렇게 하여 그는 물체의 존재를 증명할 토대를 마련한다.

물체 존재의 증명은 내 안에 있는 물체의 관념에 충족 이유율을 적용하여 증명한다. 하지만 여기서는 신 존재 증명과 달리 물체보다 더 완전한 것으로부터 물체의 관념이 기인할 수 있는 가능성을 배제할 수 없기 때문에, 신이 기만하지 않는다는 보증이 필요하다. 만일 신이 존재하고 그가 나를 기만하지 않는다면 나의 안에 수동적으로 주어지는 물체의 관념은 나의 외부에 있는 그와 상응하는 물체로부터 온 것임이 틀림없다. 즉 내 안에 있는 물체 관념에 상응하는 물체는 나의 정신 외부에 실재한다.

이렇게 하여 데카르트는 『성찰』에서 자아와 신, 그리고 세계에 관한 문제를 철학적으로 주제화할 수 있게 되었다. 그리고 이 문제들은 데카르트 이후 근대 형이상학의 3대 주제를 이루게 된다. 데카르트는 정신과 물체가 서로에 의존하지 않고 독립적으로 인식된다는 사실에 근거하여, 양자 각기 독립적인 실체라고 주장한다. 그의 실체론은 서로 다른 두 가지의 실체가 존재한다고 보는 이원론이다. 정신 실체는 사유와 의지를 가지고 있으며 자유를 전제로 하는 도덕법칙의 지배를 받는다면, 물체 실체는 운동을 하며 필연성을 전제로 하는 자연법칙의 지배를 받는다.

이러한 데카르트의 이원론적 실체론은 서로 조화하기 어려운 자연필연성과 자유, 자연과학과 도덕을 조화시키고 동시에 정당화하려는 의도를 가지고 있다. 하지만 정신과 육체라는 두 독립적인 실체의 결합으로 이루어진 인간의 몸과 마음의 상호 관계를 해명해야 하는 어려운 문제를 안고 있다. 그는 이 문제를 해명하기 위하여 인간에게서는 예외적으로 정신과 육체가 상호작용할 수 있다고 하는 몸과 마음의 상호작용설을 주장하였지만, 이것은 실체가 독립적이라고 하는 주장과 모순되기 때문에 많은 비판에 직면하였고, 오늘날까지도 명쾌하게 해결되지 못한 채 철학의 아포리아^{aporia}로 남아 있다. 그럼에도, 확실하고 참된 앎에 이르는 길을 찾는 사람이라면 챙겨 읽어야 할 고전이다.

르네 데카르트, 「성찰」, 이현복 옮김, 문예출판사, 1997.
「성찰」은 데카르트의 형이상학을 이해할 수 있는 핵심 고전이다. 이 번역본의 미덕은 「성찰」 외에도 데카르트의 형이상학을 이해하는 데 좋은 길잡이가 될 두 텍스트, 즉 「자연의 빛에 의한 진리탐구」, 「프로그램에 대한 주석」을 함께 담고 있다는 것이다. 「성찰」은 국내에 이미 여러 번역서가 나와 있으나, 두 텍스트는 이 번역본에서 국내에 처음으로 소개되었다. 또한 데카르트 철학 전문가인 한양대 이현복 교수의 자세한 주석은 독자가 데카르트를 이해하는 데 친절한 길잡이가 되어줄 것이다.

자유인이 되는 이성적인 방법에 대한 탐구

스피노자, 『윤리학』

서양 철학사에서 스피노자는 데카르트, 라이프니츠와 함께 대륙합리론을 대표하는 근대철학자로 잘 알려져 있다. "내일 지구가 멸망한다 해도 나는 오늘 한 그루 사과나무를 심으리라"는 말로 우리에게 잘 알려진 철학자(그러나 이 말은 종교개혁가 루터의 말이었다)였고, 원한도 가책도 없는 삶, 서로에게 죽음이 되지 않는 삶, 오직 긍정으로만 가득한 삶을 꿈꾸고 그런 삶만을 실천하고자 했던 스피노자[Baruch de Spinoza(1632~1677)]는 삶에 대한 지독한 사랑으로 인해 역설적으로 지독하게 저주를 당하는 삶을 살았던 철학자였다.

스피노자는 대중들의 자유로운 삶을 위해 45년이라는 짧은 생애 중 무려 14년의 집필 기간을 통해 『에티카』를 세상에 내놓았지만, 슬픔과 증오와 죽음에 중독된 대중들과 사제들에 의해 고독과 유폐의 삶을 살아야만 했다. 그런데도 스피노자는 증오와 원한이라는 정념을 들어 인간을 부정하고 삶을 부정하는 대신 그런 정념의 자연학적 필연성을 찾아냈고, 그 필연성을 바탕으로 인간들의 삶이 긍정과 자유에 기초할 수 있음을 밝혀냈다. 그는 진정 정념과 죽음을 넘어선 삶, 온통 긍정으로 가득한 삶을 철학적 개념의 발명을 통해 우리에게 제시했던 철학자였다.

검소하고도 고요한 삶, 하지만 엄청난 사유의 폭풍을 몰고 온 스피노자의 삶과 철학이 어떻게 전개되었는지는 그의 『지성개선론』에서 분명하게 드러난다. "체험이 나로 하여금 사회생활 가운데 생기는 대부분의 일들이 헛되고 소용없음을 깨닫게 한 뒤에, 내가 두려워했던 모든 일들이 다만 내 마음속에 탁을 일으킨다는 것 외에는 그 자체로서는 좋은 것도 아니요 나쁜 것도 아니라는 사실을 깨닫게 한 뒤에, 나는 마침내 이런 문제를 탐구하기로 결심했다. 즉 정말 값진 것, 그리고 그 가치를 내게 나누어 줄 수 있는 것, 오직 그것만이 내 마음을 움직일 수 있는 그런 것. 그것을 발견하고 획득함으로써 내가 계속적이고 완전한 행복을 영원히 누리게 될 그건 무엇."

『에티카』는 바로 이 '무엇'을 펼치고 있는 책으로서, 그의 저서들 가운데 '합리주의 철학'이 가장 체계적으로 잘 나타나 있는 책이다. 이 책은 원제목인 '기하학적 질서에 따라 증명된 윤리학' $^{Ethica\ in\ Ordine\ Geometrico}$ $_{Demonstrata}$ 에서도 알 수 있는 것처럼 윤리학을 그 목적으로 하고 있다. 『에티카』는 신에서 시작하지만 궁극적으로는 인간을 위한 윤리학이다. 말하자면 『에티카』는 감정과 운명에 예속된 인간이 자유인이 되는 이성적인 방법을 탐구하는 것이다. 따라서 스피노자는 이 책에서 형이상학으로 시작해서 존재론을 논하며 인식론을 거쳐 윤리학에 이르는 과정, 즉 윤리학뿐만 아니라, 신(실체)·자연·정신·감정 등을 치밀하게 논구하면서 형이상학, 인식론, 심리철학 등을 재정립한다.

『에티카』는 전체 5부로 구성되어 있다. 제1부 '신에 대하여', 제2부 '정신의 본성과 기원에 대하여', 제3부 '감정의 기원과 본성에 대하여', 제4부 '인간의 예속 또는 감정의 힘에 대하여', 제5부 '지성의 힘 또는 인간의 자유에 대하여'.

『에티카』의 목차를 보면 짐작할 수 있듯이 제1부는 '형이상학 또는 존재론'이라고 불리는 주제를 다루고 있다. 이 부분의 주제는 '신'이다. 스피노자의 철학에서 인간의 자유를 철학적으로 구성하기 위해서 가장 먼저 살펴야 하는 것은 신이다. 그의 신은 세계를 만든 창조주도 아니고, 인간의 능력을 초월한 존재들도 아니다. 스피노자에게 신은 유일무이한 이 세계, 이 우주이다. 그에게 "신은 곧 자연이다"$^{\text{Deus sive natura}}$. 창조한 세상에 대해 자의적으로 종말을 선포할 수 있는 신을 거부하는 스피노자는 신이 창조한 만물이 곧 신의 이해라고 생각한다. 소위 '인식론적 평행론'이다. 신의 이해는 곧 신의 생산이고, 양자는 정확히 평행하게 진행된다.

이를 바탕으로 제2부에서는 신에서 인간의 삶으로 하강하는데, '인식'의 문제를 다루면서 기존의 왜곡된 통념과 치열한 전투를 벌인다. 스피노자는 인식 또는 지식을 세 수준으로 구분한다. 첫 번째 수준의 인식은 경험적 인식이다. 두 번째 수준의 인식은 합리적 인식, 과학적 인식이다. 마지막 세 번째 수준의 인식은 철학적 인식으로서, 세계의 어떤 부분에 대한 인식이 아니라 세계 전체에 대한 인식, 종합적인 인식이다. 이것은 다름 아닌 신, 즉 자연에 대한 인식이다. 자연의 양태에 불과한 인간이 신, 즉 자연을 인식해 나갈 수 있다는 것에 경이로움이 있다. 이것이 바로 신의 인식론적 평행론에 따라 인간의 신체와 정신도 평행해야 한다는 것, 즉 '심신평행론'이다.

신체는 정신에 비해 결코 열등한 것이 아니다. 우리는 지금까지 신체에 대해 너무 무지했다. 심지어 스피노자는 데카르트의 코기토(사유하는 나)를 비판하면서 새로운 명제를 제시한다. 정신이 어떻게 신체 없이 관념을 생성할 수 있으며, 신체 없는 순수한 코기토가 어떻게 가능하겠는가. 인간의 정신은 외부 대상에 대한 표상을 신체에 새겨지는 것을 통해서만, 즉 신체를 경유해서만 형성할 수 있다. 그런데도 데카르트는 신체 없이 정신이 무엇을 생각할 수 있다고 보았던 것이다. 이 지점에서 데카르트주의는 근본적으로 붕괴되고 만다.

제3부와 제4부로 이행하면서 전투는 더욱 격렬해지고, 기존의 통념들의 저항도 더욱 거세진다. 하지만 제1부에서 형성한 신에 대한 정확한 통찰은 모든 위기를 극복할 수 있는 이정표 역할을 한다. 제3부 전체는 감정론이며, 이 논의는 제4부와 제5부에까지 영향을 미친다. "인간은 감정의 동물"이라는 속담은 스피노자에게 진리다. 스피노자의 감정은 감응이라고도 할 수 있는데, 인간이 타자들과 부딪쳐 가면서 살아가는 와중에 계속 변해가는 것, 감응해가는 것을 뜻하기 때문이다. 여기에는 극히 수동적인 감응에서부터 극히 능동적인 감정까지 다양한 층위들이 펼쳐져 있다.

스피노자의 실천철학 또는 윤리학은 인간이 어떻게 신을 사랑하고, 그래서 결국 삶을 사랑할 수 있는가에 대한 체계적인 사유를 전개한다. 제4부에서의 주제가 노예로서의 삶이라면, 제5부에 들어서는 순간 우리는 드디어 인간들의 불화와 예속에서 벗어난 자유인의 삶이 무엇인지를 확인하게 된다. 여기서 우리는 기존의 철학자들의 자유와는 차원이 다른 새로운 자유의 개념으로 무장한 자유인을, 홀로 사는 자유인이 아니라 함께 구성하면서 개척하는 자유인을, 소위 공통개념의 자유인을 목격하게 된다.

　지금까지 인간의 삶을 어둡게 채색했던 모든 왜곡된 통념들을 전복하는 스피노자는 우리에게 세상과 삶을 아름답게 볼 수 있는 기하학적 안경을 제공한다. 우리는 『에티카』를 통해 스피노자가 직접 세공해서 교정한 안경을 끼고 새로운 개념적 발명의 향연에 참여하게 되는 것이다. 내재인으로서의 신과 목적론에 대한 비판(제1부), 적합한 관념과 공통개념(제2부), 능동과 수동의 새로운 정의, 그리고 감정의 기본요소로서의 기쁨과 슬픔(제3부), 감정으로서의 선악과 공동체의 필요성(제4부), 이성의 능력과 신에 대한 지적인 사랑(제5부) 등 형이상학적 환상과 망상을 전복하는 스피노자의 개념들은 수없이 많다. 철학이 개념들의 발명이라고 한다면 『에티카』야말로 거기에 가장 잘 부합하는 텍스트일 것이다. 하지만 『에티카』의 개념들은 단순히 정리와 증명으로 구성된 사변적인 체계에 그치는 것이 아니라, 인간들의 증오와 갈등을 극복하는 구체적인 실천체계라는 점에서 훨씬 더 놀랍다고 할 수 있다.

　근현대를 통틀어 『에티카』의 영향력은 지대하다. 18세기 계몽주의 시대에 이 책은 유물론적 합리주의의 성전이었다. 서구 문명의 양 날개인 헬레니즘(그리스 형이상학)과 헤브라이즘(기독교)을 맹공하면서 펼쳐진 계몽사상에게 『에티카』는 유물론과 합리론의 최고의 결합체였다. 그러나 19세기 초가 되면서 『에티카』는 역으로 독일관념론의 '자연철학'의 성전이 되기도 했다. 『에티카』는 이렇게 대조적인 두 사조에 영향을 끼칠 만큼 다면적이고 풍부한 내용을 담은 저작이다.

　현대에 들어와 부활한 스피노자는 정치적 스피노자이다. 스피노자 사상에 새로운 생명을 불어넣은 질 들뢰즈의 『스피노자와 표현의 문제』와 스피노자 연구서로는 아마도 첫손가락에 꼽을 수 있는 마트론의 『스피노자에서의 개체와 공동체』가 1968년과 1969년에 연이어 출판되면서 스피노자 연구의 새로운 전기를 마련하였고, 그 열기는 지금도 계속 이어지고 있다. 스피노자는 모든 인간적 망상과 환상을 깨뜨리는, 진정 '망치의 철학자'로 우리에게 살아 있는 것이다.

베네딕트 데 스피노자, 「에티카」, 강영계 옮김, 서광사, 2007.
대륙합리론을 대변하는 근대철학자 스피노자의 저서들 가운데 그의 합리주의 철학이 가장 체계적으로 드러나는 책이다. 1990년에 국내에 첫 출간된 후 오자들을 정정하고 용어를 정리하여 재출간하였다. 최근 몇몇 번역본이 출간되었지만, 강영계 교수가 라틴어 원전을 주 텍스트로 삼아 5년이 넘는 시간 동안 꼼꼼히 번역하고 해설의 부족함을 보완하였기 때문에 스피노자를 이해하려는 철학도들이나 일반 독자들에게 이 책이 다른 어떤 번역본보다도 훌륭한 반려자가 될 것이라 생각한다.

평화를 위한 이성의 변론

홉스, 『리바이어던』

민주주의 국가 정체가 보편화된 오늘날 우리는 누구나 정부를 '선택'한다는 관념에 익숙하다. 때가 되면 선거를 통한 정권교체에서 '정부선택권'을 국민이 마땅히 가져야 할 정치적 권리라고 인식한다. 하지만 오늘날 당연한 것으로 여기는 이러한 정부선택권은 수천 년에 걸친 인류의 정치사에서 그리 오래된 일이 아니다. 18세기 말엽까지도 대부분의 유럽 국가에서 최고통치자는 군주였으며, 그 통치권은 왕권신수설에 의해 정당화되었다. 정당과 선거가 제도화된 것도 19세기의 일이며, 정치학자들이 '주권' 개념 대신에 '합법성' 개념을 사용하게 된 것도 최근의 일이다.

서양에서 정부선택권의 관념은 국가를 '사회계약'social contract의 산물로 파악하는 '계약국가' 이론에서 비롯된다. 우리는 토마스 홉스(1588~1679)의 정치철학에서 '계약국가'에 대한 최초의 체계적인 논의를 발견할 수 있다. 그는 근대 사상가들 중에서 최초로 근대국가의 본질을 '개인주의'와 '계약론'의 관점에서 해명하려 했다. 이러한 그의 관점은 자유민주주의의 철학적 토대를 이루고 있다.

홉스는 1588년 영국 시골 마을에서 미숙아로 태어났는데, 지금도 그의 출생과 관련된 유명한 에피소드가 전해지고 있다. 홉스의 어머니가 영국 침공을 위해 스페인의 무적함대가 접근하고 있다는 소식에 놀라는 바람에 예정일보다 일찍 태어났다는 것이다. 홉스 스스로 자신은 "공포와 나는 쌍둥이로 태어났다"라고 할 만큼 그에게 공포는 매우 중요한 의미를 갖는다. 이 공포는 후에 그의 위대한 저서 『리바이어던』에서 핵심적인 역할을 하게 된다.

무식하고 교양 없는 속물 목사로 가정을 돌보지 않았던 아버지 대신 삼촌의 도움으로 홉스는 1608년 옥스퍼드대학을 졸업했다. 홉스가 살았던 17세기는 데카르트, 케플러, 갈릴레오, 뉴턴, 그로티우스 등 철학자, 과학자, 사상가들의 '지식 교류'의 황금시대이기도 하지만, 정치적으로나 종교적으로 가장 혼란했던 시기이기도 했다. 홉스는 그 시대 최고의 지식인들과 대화를 나누며 지적 교류를 하였다. 베이컨에게 배우고, 데카르트와 만났으며, 갈릴레오를 방문하는 등 견문을 넓혔다.

홉스는 세 번의 '그랜드 투어'로 유럽 곳곳을 여행하였다. 첫 번째 여행에서는 유럽 각처에서 일어나고 있던 전쟁과 내란을 목격하였으며, 두 번째 여행(1629~1631)에서는 유클리드 기하학을 알게 되었는데, 이것은 그의 '과학적 방법론'에 결정적인 영향을 미치게 된다. 세 번째 여행(1634~1637)에서 갈릴레오와 메르센 등 당대 최고의 과학자들과 교우하게 되었고, 데카르트의 수학과 철학을 알게 되었다. 홉스는 세 번째 유럽 여행에서 돌아온 직후 자연과 인간과 사회에 관한 '과학적 지식'을 유클리드 기하학의 논증방법에 따라 구성한다는 목표를 세웠다. 이후 이 프로젝트는 약 20년에 걸쳐 『물체론』(1655), 『인간론』(1658), 『시민론』(1642)의 3부작으로 완성된다.

홉스의 여러 저작 중에서 『리바이어던』(1651)이 특히 유명한 이유는 그가 '과학적 지식'의 건설을 위해 계획한 물체론·인간론·시민론의 기본사상을 이 책에서 체계적으로 집대성하고 있기 때문이다. 『리바이어던』은 모두 4부로 구성되어 있다. 제1부는 국가의 '재료'인 인간에 대한 논의를 '유물론적' 관점에서 전개한다. 제2부는 인간을 재료로 '설립'된 국가의 목적과 형태 및 기능에 대해 논의한다. 제3부에서는 교황이 국가 통치권을 가질 권한이 없다는 것을 『성경』에 근거하여 조목조목 비판하고, 제4부에서는 그릇된 신학이론으로 초래된 여러 불합리한 현실들을 비판하고 있다.

왜 국가권력과 같은 정치질서가 생기는 것일까? 이러한 물음을 설명하는 이론에는 '자연적 엘리트 이론'이 있다. 말하자면 일부 사람들은 혈연이나 능력, 혹은 신의 선택과 같은 선천적인, 혹은 자연적인 어떤 이유로 다른 사람들보다 우월하기 때문에 정치적 지배권을 갖게 되고, 이로부터 정치질서가 생겨난다는 것이다. 하지만 홉스는 바로 이런 엘리트 이론을 전면 거부하고 국가는 '평등한 인간들'에 의해 철저히 '인공적으로' 만들어졌다고 주장한다. 『리바이어던』은 바로 그 주장을 입증하는 책이다. 홉스가 이러한 주장을 입증하는 목적은 사람들로 하여금 '인민'(군주정하의 신민이나, 공화정 또는 민주정하의 국민 또는 시민을 모두 포괄하는 용어)으로서의 의무를 수행하게 함으로써 사회의 평화를 유지하기 위한 것이다.

『리바이어던』의 표지 그림은 오늘날에도 철학사상을 구현한 기념비적인 회화적 표현들 가운데 하나로 평가된다. 그림에는 한 명의 거인이 있다. 그의 몸은 수천의 작은 사람들로 이루어져 있고, 그의 위로는 탑들이 있으며, 아래에는 잘 정돈된 도시가 있다. 왕관을 쓰고 한 손에는 칼, 다른 한 손에는 권장을 거머쥔 이 거인에 비하면 교회의 뾰족탑은 왜소하기 짝이 없다. 이것이 홉스가 묘사한 위대한 리바이어던 즉 '현세의 신'이다. 『구약성경』의 「욥기」와 「시편」, 「이사야서」에서 죽지 않고 영원히 산다는 거대한 괴동물로 등장하는 이 리바이어던은 인민을 대표하고 어떤 의미에서는 이들의 화신인 강력한 주권자에 대한 홉스적 이미지, 즉 인위적으로 창조된 거인 형태의 다수연합체를 뜻한다.

그렇다면 홉스는 왜 이런 거대한 괴물을 자신의 책 표지에 넣었을까? 그 이유를 알려면 홉스가 자연상태를 어떻게 이해하고 있는지를 살펴보아야 한다. 그는 자연상태$^{the\ state\ of\ nature}$를 세 가지 측면에서 추론한다.

첫째는 홉스의 인간 본성 규정이다. 그는 『리바이어던』에서 인간을 '이성'과 '정념'을 지닌 존재로 규정한다. 이성은 계산하는 능력이고, 정념은 계산하는 능력 이외에 인간이 취할 수 있는 마음의 여러 상태를 뜻한다. 정념은 선호하는 것 또는 혐오하는 것을 결정해주며, 이 두 가지가 각각 도덕적인 선과 악의 내용을 규정하고 있다.

둘째는 자연권$^{right\ of\ nature}$이다. 자연권은 모든 인간에게 주어진 권리이다. 자연권에 대한 홉스의 정의는 '자신의 생명을 보존하기 위해 자기 뜻대로 힘을 사용할 수 있는 자유, 즉 그 자신의 판단과 이성에 따라 가장 적합한 조치라고 생각되는 어떤 일을 할 수 있는 자유'이다. 이러한 정의에 따르면 인간에게 허용되는 행동의 범위에는 제한이 없다. 강제력을 발휘하는 법뿐만 아니라, 특정한 정치공동체에서 규범적으로 강조되는 도덕률도 없는 상태이다.

셋째는 인간은 결코 혼자 살고 있지 않다는 것이다. 타인은 나와 똑같이 이성과 정념을 지닌 존재들이며, 능력에도 큰 차이가 없다(=평등). 그런데 타인도 인간이기 때문에 선호하는 것, 즉 소유하려는 것이 자신과 겹칠 수밖에 없고, 그것을 소유하기 위해 분쟁을 벌여야 한다. 또한 하고 싶은 모든 것을 할 수 있기 때문에, 그것이 어떤 형태로 자신에게 피해를 입힐지 알 수 없으므로 항상 경계하거나 상대의 존재를 먼저 제거해버려야 한다. 이런 분쟁을 벌여야 하는 대상은 인간 전체이며, 모든 인간이 이런 행동방식을 취해야 한다. 이것이 바로 홉스의 논의에서 논리적 기초가 되는 '만인에 대한 만인의 투쟁', 즉 자연상태이다.

하지만 자연상태의 상황은 인간을 이완된 상태로 이끌어줄 수 없기에 인간의 본성과 어긋난다. 인간에게는 편안하게 지내고자 하는 욕구도 있다. 이것은 정념이 아닌 이성의 명령에 따라 나오는 명령이다. 이것이 자연법 laws of nature 이다. 이런 이완된 상태로 들어가기 위해 개인은 타인이 자신의 자연권을 똑같이 양도한다는 전제 아래 자신의 자연권을 특정한 대표자, 즉 리바이어던에게 양도하는데, 이것이 '사회계약' the social contract 이다. 이 계약을 통해 사람들은 사회상태, 시민사회 civil society 로 진입하게 된다.

홉스의 '사회상태'는 '자연상태'와 반대되는 개념이다. 자연상태는 전쟁, 혼란과 동의어라고 할 수 있다면, 사회상태는 이런 요소들이 제거된 상태이다. 이론적으로는, 하고 싶은 것을 실행에 옮길 권리가 모두 양도되었으므로 사람들은 타인에게 마음대로 행동을 취할 수 없다. 또한 실천적으로는, 그렇게 하려고 시도하더라도 그 사회에서 리바이어던은 유일하게 자연권을 행사할 수 있기 때문에 그에게 피해를 입힐 수 있다. 이런 피해를 입히는 체계가 '규범' 혹은 '법률'이다. 리바이어던은 권력을 휘두르는 존재인 동시에 그 사회를 규정하는 도덕적 규범 혹은 실정법적 법률 그 자체이다.

그러므로 인간들은 이성에 따라 피해와 이익을 계산해 보았을 때 자신에게 올 피해가 더 크기 때문에 다른 인간에게 피해를 입히는 행동을 하지 않게 되고, 이것으로서 사회 전체가 서로에게 위해를 가하지 않는 상태가 유지되는 것이다. 이것을 홉스는 평화 혹은 안전한 상태라고 보았다. 홉스에게 자연상태는 분쟁이 극에 달한 상태를 의미한다. 그래서 자연상태를 벗어나는 것만이 유일한 구원이다. 따라서 홉스는 자연상태를 벗어나는 것 자체가 평화와 안정이라고 보았던 것이다.

자연상태에 대한 이러한 홉스의 설명에 대한 가장 일반적인 비판은 자연상태가 국가의 교화적 영향력 외부에 있는 인간 본성을 너무 삭막하게 묘사하고 있다는 것이다. 홉스는 인간이 모두 이기주의자들이어서 끊임없이 자신들의 욕구를 만족시키는 길을 모색한다고 보았다. 그러나 비판적 입장에서는 이타주의가 오히려 보편적인 인간의 속성이며 개인들 사이의 협동은 힘의 위협 없이도 가능하다고 주장한다.

홉스에 대한 또 다른 비판은, 그의 이론으로는 어떤 사람들이 사회계약을 어기고도 빠져나갈 수 있는 경우에 이들이 사회계약을 준수해야 할 아무런 이유도 제공하지 못한다는 것이다. 예컨대 어떤 소매치기가 자신이 잡히지 않으리라는 것을 확신한다면 그는 주권자가 선포한 절도금지에 대한 시민법을 따르지 않을 수도 있다는 것이다.

마지막으로 홉스의 방법론에 대한 근본적인 비판은 그의 자연상태는 무의미한 허구, 즉 실제의 역사와는 무관한, 그리고 그의 군주제주의자들의 편견을 슬그머니 끌어들이는 방식으로 조작한 허구에 불과하다는 것이다.

여러 가지 비판에도 불구하고 홉스의 자연상태 이론은 오늘의 현실에서, 주로 부국강병의 세계적 경쟁 때문에 국가권력이 무한정 확대되고, 그 결과 국가권력과 시민의 자유가 심각한 갈등을 일으키고 있는 역설적인 상황을 잘 나타난다. 최근 홉스의 『리바이어던』이 재조명되는 이유이다. 홉스가 말하는 자연권은 각자가 '자기보존을 위하여 자신이 판단하기에 가장 적절하다고 간주되는 행위를 자기 마음대로 할 수 있는 권리'인데, 모든 사람이 이 자연권을 임의로 발휘하는 상태가 바로 자연상태인 만큼, 이 상태에서는 그 누구도 안전할 수 없고 폭력에 의한 죽음의 공포가 만연할 수밖에 없다. 지금도 진행 중인 각종 국지전과 내전들을 생각해보라. 360년의 세월을 뛰어넘은 이 시점에서도 홉스의 논리는 여전히 절박한 의미를 갖고 있다. 이런 점에서 1651년에 처음 출간되었던 그 시기를 제외한다면 오늘날만큼 『리바이어던』의 호소력이 절박한 현실성을 지녔던 적도 별로 없을 것이다. 아마도 앞으로 세계적 차원에서 이루어지는 모든 정치논쟁은 찬성이든 반대이든 수정이든, 근본적으로 홉스의 논리를 벗어나지 못할 것이다.

결론적으로 『리바이어던』에 대한 여러 찬반 논란에도 불구하고 홉스가 철학, 자연과학, 법학, 정치학, 종교론에서 그리스 고전 번역에 이르는 광범위한 학문에 대한 탁월하고 풍성한 재능으로 시대가 요구하는 과제에 진지하게 답했다는 데에는 그 누구도 이의를 제기하지 못할 것이다. 리바이어던, 즉 주권자(=국가)가 모든 선악 기준의 판정자이며 시민은 그에게 절대복종해야 한다는 홉스의 결론은 결코 우리 시대에 그대로 받아들여질 수도 없을뿐더러 그래서도 안 된다. 하지만 그의 철학적 성찰에 나오는, 인간의 본성인 이기심은 지금도 여전히 상존하고 있고, 국가 간의 경쟁과 공격성 등 국제적인 관계에서 국가는 여전히 개인의 자유를 억압하고 있기에, 바로 이러한 문제들에 대해 고민하고 대안을 모색하는 사람이라면 꼭 한 번은 읽어야 할 유의미한 고전임에 틀림없다.

토머스 홉스, 『리바이어던』 1·2, 진석용 옮김, 나남, 2008.
이 책은 근대 유럽의 종교전쟁에서 비롯된 혼란과 무질서의 경험에서 출발하여 어떻게 정치질서 및 평화를 구축할 것인가를 체계적으로 이론화한, 질서의 계보를 대표하는 고전이다. 이 번역본은 홉스의 초판본을 저본으로 수년간의 꼼꼼한 연구 끝에 나온 것으로, 옮긴이의 주가 아주 풍부하여 누구나 쉽게 읽을 수 있고, 무엇보다 원본과 대조하지 않아도 될 만큼 안심하고 읽을 수 있는 책이다.

권력의 본질과 인간의 본성을 해부하다

마키아벨리, 『군주론』

2013년은 『군주론』(1513) 출간 500년이 되는 해였다. 최근 우리나라에서는 마키아벨리의 『군주론』 읽기가 유행이다. 이런 현상에는 여러 가지 이유가 있겠지만 크게 두 가지로 볼 수 있겠다. 하나는 신자유주의의 영향이고, 다른 하나는 리더십 문제이다. 신자유주의는 이제 우리에게 익숙한 단어가 되었다. 시장의 무한 경쟁을 주도하는 신자유주의는 무한 경쟁에서 살아남은 자는 '위'로, 뒤처진 다수는 '아래'로 내모는 이데올로기로 작동하고 있다. 양극화의 심화와 중산층의 약화 역시 이제는 우리에게 낯선 단어가 아니다. 연일 신문을 뒤덮는 각종 흉악 범죄와 민생 범죄에 대한 기사는 우리 사회가 처한 심각한 계층 간의 격차 문제와 그 속에서 나타나는 소외와 불만, 그리고 좌절의 단면을 웅변해 주고 있다. 계층 간 격차가 커지면 커질수록 시민들 간의 신뢰와 연대는 사라질 수밖에 없고 불평등의 구조는 강화된다.

그런 점에서 최근 우리 사회에서 사회적 쟁점이 되고 있는 '보편복지'의 문제는 덜 가진 자들을 지원하고 사회 안전망을 갖춤으로써 시민들 간의 연대를 복원하려는 시도라고 볼 수 있다. 하지만 여전히 무한경쟁의 논리는 사회 전반으로 광범위하게 확장되고 있다. 약육강식의 시장논리뿐만 아니라, 비좁은 대학입시 관문을 뚫어야 하는 경쟁의 논리는 경쟁에서 무조건 이겨야만 함을 이야기하고 있다. 여기서 핵심은 "이기는 자가 옳다"는 현실 상황이다. 옳은 자가 이기는 것이 아니고, 이긴 자가 옳은 것이다. 이 승리를 위한 냉혹한 처세술을 가르쳐주는 책이 바로 500년 전에 출간된 니콜로 마키아벨리^{Niccolo' Machiavelli(1469~1527)}의 『군주론』^{Il Principe}이다.

마키아벨리는 르네상스 말기 이탈리아의 사상가이다. 피렌체 공화정의 서기관으로 재직하면서 외교와 군사 관련 부분에서 활약하는 동시에 정치·군사·문학·역사 등 다방면에 많은 저작을 펴낸 인물이다. 말 그대로 그는 박학다식한 르네상스인이었다. 그의 사상적 기반을 이루고 있는 것은 인간이 사회적이고 정치적인 존재이며 모든 정치는 권력의 관계에서 비롯된다는 통찰과, 현재의 여러 조건하에서 인간은 악으로 기울어지는 경향을 피할 수 없다는 통찰이다. 이러한 통찰은 자기 당대의 정치적 현실을 정확히 관찰한 결과에서 나온 것이다.

마키아벨리가 태어난 1469년은 프랑스의 샤를 8세가 이탈리아 정복을 시도한 해이다. 이탈리아는 그 뒤로도 지속적인 외침과 내분으로 혼란 상태에 빠져 있었다. 마키아벨리는 일찍이 공직에 나갔으나 그리 성공하지 못하고 물러난 뒤 자신의 사상을 가다듬게 된다. 동시대인으로는 레오나르도 다빈치, 미켈란젤로, 라파엘로와 같은 위대한 예술가들이 있다. 이들이 살았던 르네상스 시대의 이탈리아는 여러 개의 공국으로 나뉘어 각각의 제후들이 지배하던 '분열 상태'였다.

마키아벨리는 당시 많은 공국으로 난립해 있던 이탈리아의 발전을 위해서는 강대한 권력을 가진 군주에 의한 통일국가의 수립이 반드시 필요하다고 생각했다. 그리고 이를 위해서 군주는 도덕관념에 얽매이지 않고 순수하게 정치의 기술적 합리성에 철저해야 한다고 주장한다. 마키아벨리에게 바람직한 군주상은 지나치게 도덕에 얽매이지 않는 사람이다. 그러나 이러한 그의 생각은 그 후 일면적으로 과장되어, 마키아벨리즘이라는 이름하에 "목적을 위해서는 수단을 가리지 않는다"는 권모술수를 말하는 개념으로 받아들여졌는데, 이것은 결코 그의 본래 뜻과는 달랐다.

문화사적으로 보면, 근대는 케플러, 갈릴레이, 뉴턴으로 이어지는 17세기 과학혁명과 데카르트의 철학적 혁신에서 시작되었다면, 마키아벨리의 『군주론』은 사회와 윤리를 보는 관점, 즉 근대 정치이론에서 근대 이전과 이후를 결정적으로 나누는 기점이라 할 수 있다. 말하자면 그의 『군주론』은 덕과 윤리라는 고전적인 덕목으로부터 정치의 독립까지 포괄한 근대를 여는 혁명적인 저술이었다. 그런 점에서 마키아벨리는 파격과 도전의 상징이다. 그는 기존 사상의 질서를 무너뜨렸으며, 정치를 도덕과 종교에서 분리시켰다. 『군주론』의 주제 역시 담대하고, 언어는 강렬하다. 이 책에서 그는 권력의 본질과 인간 본성을 추적하면서 권력과 인간 관계의 유형을 제시하고 있다.

일반적으로 『군주론』이라고 하면 대부분의 사람들은 무자비한 자기계발서를 떠올리게 된다. 마키아벨리가 때때로 위선과 냉혹함을 옹호하긴 했지만, 이 책에는 더 미묘한 의미가 담겨 있다. 그가 높이 평가하는 것은 권력과 계략을 자유롭게 구사하는 시점과 방식을 꿰뚫고 있는 사람들이다. 그는 강하고 유능한 군주가 어떻게 국익에 크게 기여할 수 있는지를 설명한다. 『군주론』을 관통하는 마키아벨리의 목표는 군주가 비르투virtu라는 자질을 발휘할 수 있는 방법을 설명하는 것이다. 그의 '비르투'는 국가의 안전과 지속적인 번영을 담보할 수 있는, 모든 일을 신속하게 효과적으로 수행할 수 있는 능력을 말한다. 따라서 그의 조언 대상은 다름 아닌 군주들이다. 군주의 행동은 인민의 운명을 결정하기 때문이다. 때문에 마키아벨리에게 군주는 최선의 결과를 위해 재빠르고 능숙하게 행동해야 하는 사람이다. 그리고 국가에게 최선은 기존의 도덕을 무시하는 것이다.

『군주론』을 처음 대하는 사람은 책 속에 등장하는 "군주는 잔인하다는 악평쯤은 개의치 말아야 한다", "선행은 될수록 천천히 자신의 이름으로 베풀고, 악행은 가급적 부하의 이름으로 또 재빨리 저지르는 것이 낫다", "인간이란 어버이의 죽음은 쉽게 잊을 수 있어도 자기 재산의 손실은 여간해서 잊기 어려운 법이다", "인간들이란 다정하게 안아주거나 아니면 아주 짓밟아 뭉개버려야 한다"와 같은 마키아벨리의 조언과 주장을 충격적으로 받아들인다. 이런 구절들로 인해 역사적으로 마키아벨리는 '교활함', '이중인격', '불신의 대명사', '권모술수', '악의 교사'라는 비난을 받아 왔고, 그 점에서 지난 500년은 애증의 서사시에 다름 아니다.

하지만 『군주론』은 결코 도발적인 책이 아니다. 목적을 위해서라면 수단과 방법을 가리지 않는 냉혹한 처세술을 가리켜 '마키아벨리즘'이라고 하는 것은, 국가에 대한 마키아벨리의 충성심과, 혼란으로 인해 고통 받던 인민의 삶에 대한 깊은 공감을 무시하거나 배제하는 처사다. 마키아벨리는 감정을 앞세워 남을 선동한 것이 아니라, 차분하게 학문적이고 객관적인 태도로 당대의 '정치'를 분석했다. 그는 『군주론』에서 '정치가 무엇인지'를 보여주었다. 그는 정치를 "권력을 얻는 것"이라고 보았다. 그의 이런 인식은 당시 동시대인들을 경악시켰다. 왜냐하면 당시 사람들은 통치자에게서 전통적인 덕목, 즉 현명함·용기·절제와 같은 특정한 탁월함을 요구했기 때문이다. 하지만 마키아벨리는 현명한 통치자도 권력에서 밀려날 수 있음을 냉정하게 지적하고 있다. 중요한 것은 권력을 유지하는 능력이었다. 이렇게 그는 정치를 도덕과 명확하게 분리시켰던 것이다.

마키아벨리는 "정치란 도덕과 아무런 상관이 없다"고 주장한다. 훌륭한 통치자는 나쁜 인간으로 행동할 수 있어야 한다는 것이다. 정치적 사고에서 그가 가져온 혁명은, "국가는 평화와 안전 그리고 번영을 보증하기 위하여 강력한 통치자를 요구한다"는 잠언에 근거하고 있다. 이 사상은 마키아벨리가 피렌체 공화정에서 일하는 정치가로서 당대 이탈리아의 가장 막강한 인사들을 만난 시기에 형성된 것이다. 그는 통치 행위를 가장 가까운 곳에서 관찰했던 셈이다. 정치적 불안이 계속되는 시기에 그는 정치권력이 어떻게 지속적으로 유지될 수 있는지 자문했고, 그가 찾은 답은 "모든 정치 행위는 권력의 획득과 유지"에 있다는 사실이었다. 이를 위해서 모든 수단이 정당화되었던 것이다.

마키아벨리에 따르면, 군주가 알아야 할 첫 번째 교훈은 상황이 요구한다면 선행을 하지 않아야 한다는 것이다. 도덕적으로 행동하는 것보다 악행이 필요한 경우가 훨씬 많다는 것이 마키아벨리의 평가였다. 통치자의 전통적인 핵심 덕목들인 현명함·용기·절제 등을 대신해서 그가 군주에게 조언한 덕목은 실용주의, 계산 그리고 현실감각이었다. 그리고 군주는 자신의 명성을 위하여 행동해서는 안 된다. 군주가 잃지 말아야 할 유일한 명성은 '권력을 유지할 줄 아는 사람'이라는 명성이다. 또한 군주는 인민들이 자신을 사랑하기를 원해서도 안 된다. 만일 그것을 원한다면 자신이 부하들의 증오의 대상이 되게 내버려두는 일을 막아야 한다는 것이다.

하지만 군주의 가장 중요한 특성은 위장술이다. 이 지점에서 마키아벨리는 용납할 수 있는 경계를 넘어서고 만다. 군주는 파렴치한 행동을 해야 할 상황에 처하게 된다면 최대한 사람들이 그 사실을 모르게 해야 한다는 것이다. 말하자면 군주는 약하다거나 부도덕한 인물로 비방을 받아서는 안 된다는 것이다. 군주가 훌륭한 덕성을 갖추고 있다는 사실은 바랄 만한 것은 아니지만, 훌륭한 덕성을 갖춘 것처럼 행동하는 것은 무엇보다도 중요하다고 주장한다.

이것은 악행의 악순환이나 다름없다. 군주가 비도덕적으로 행동하는 것을 배워야 할 뿐 아니라 자신의 부도덕성을 온화하고 친절하며 품위 있는 가면으로 감추어야 한다는 말이기 때문이다. 『군주론』의 18장에서 마키아벨리는 군주를 묘사하면서 계략을 사용하는 점에서는 여우에 비유하고 강력함을 나타내는 점에서는 사자에 비유한다. 군주는 항상 자신의 모든 행동을 위장해야 한다고 주장하는데, 그는 꾸며대기도 하고 거짓말을 하며, 속이고 약속을 어기는 사람이 될 수 있어야 한다는 것이다.

이렇듯 마키아벨리는 『군주론』에서 군주가 계략과 위장을 수단으로 자신의 부하들에게 깊은 인상을 심을 수 있게 하는 방법을 선보였다. 그는 "권력이 어떻게 기능하는가?"를 날것으로 보여주었다. 군주가 위선자였다면 그 내용은 도덕적으로 여전히 내세울 수 없었을 것이다. 하지만 사람들은 마키아벨리의 『군주론』을 통해 적어도 '권력이 기능하는 법'을 알게 되었다. 권력의 속성, 즉 '인간의 사악함과 기만성'을 투명하게 밝힌 것이다. 이것이 바로 마키아벨리의 『군주론』이 해낸 가장 중요한 일이다.

『군주론』은 '현실주의 정치'의 교본이다. 초점은 국가 위기 상황에서 군주는 통치의 딜레마를 어떻게 푸는가 하는 것에 있다. 마키아벨리는 정치 세계에 만연한 위선의 탈을 벗기고 정치 현실의 맨얼굴을 명료하게 묘사하였다. 『군주론』에 드러난 적나라한 정치 현실에 관한 진실을 당대의 군주나 오늘날의 현실 정치가는 말할 것도 없이 우리들 또한 믿고 싶어 하지 않기 때문에 우리는 우리 자신을 대신해서 마키아벨리를 속죄양으로 삼고 있는지도 모른다. 하지만 『군주론』은 결코 기만과 비열함을 정당화하지 않는다. 정치 행위의 판단 기준은 좋은 결과와 효용, 공익에 있음을 잊지 않고 있기 때문이다. 권력의 본질과 인간의 본성을 알고자 하는 사람이라면 꼭 한 번은 읽어야 할 책이다.

니콜로 마키아벨리, 『군주론』, 곽차섭 옮김, 길, 2015.
젊은 나이에 정치적 재능을 발휘한 정치가로 탄탄대로를 걷다가 1512년 메디치가의 복귀로 '반(反)메디치 모의 사건'에 연루되어 투옥과 고문까지 당하는 고초를 겪은 마키아벨리가 피렌체 근교 산탄드레아의 시골 농장에서 은둔 생활을 하면서 집필한 책이다. 그의 저작들이 모든 것을 잃은 뒤 은둔 생활 속에서 탄생했다는 점에서 정약용과도 많이 닮아 있다. 그는 이 책을 통해 '권력의 본질과 인간의 본성'이 무엇인지를 보여주고자 했다. 『군주론』의 번역본은 이미 30여 종이 나와 있다. 이 번역본을 택한 이유는 국내 최초로 이탈리아어 원문을 대역으로 수록하여 우리말 번역의 완벽성을 기함과 동시에 정본(正本)에 충실한 엄밀성을 확보하여, 학술 번역의 한 전범을 이루고자 기획한 출판사의 의도가 독자들을 유혹할 만큼 매혹적이기 때문이다.

이상적인 민주주의 사회를 위하여

루소, 『사회계약론』

장 자크 루소(1712~1778)는 불꽃 같은 삶으로 한 시대를 풍미했던 열정적인 사상가이다. 18세기 사상가 중에서 루소만큼 신비스럽고 흥미로운 인물도 드물다. 그는 당시의 이성 존중 풍토에 반항하여 이성보다 감정과 본능이 더 중요한 인간 행위의 동기임을 가르쳤다. 즉 인간은 자연적인 욕구에 의해 움직이기는 하나, 자기애에 의해 인도되는 동시에 동정심에 의해 제약을 받는다고 보았다. 말하자면 그는 이성의 시대를 낭만주의 시대로 이끈 사상가이자, 문명과 인위를 비판하고 선한 인간의 본성을 회복할 것을 역설했던 철학자로서 한 시대를 가로지르는 삶을 살았다.

  루소의 이러한 삶은 자신의 철학에 고스란히 녹아 있다. 그의 삶과 철학은 긴장감이 넘치기도 하고 심지어 완전히 모순되기도 한다. 그럼에도 그는 인간의 감정과 삶을 자연과 일치시키는 것을 발견한 사람이며, '민주주의 이념을 기초한 아버지들' 중의 한 명이라는 평가를 받고 있다. 어쩌면 우리는 바로 이런 점 때문에 그의 사상에 매혹되는지도 모른다. 그의 사상은 전체주의자와 자유주의자 모두에게 거의 동일한 정도로 받아들여졌으며, 지난 250여 년 동안 수많은 혁명적인 사람들의 가슴에 불을 질렀다. 루소의 대표작인 『사회계약론』*Du Contrat social ou principes du droit politique*(1762)이 프랑스혁명 지도자들의 신앙 고백이 되기도 했던 이유다.

프랑스혁명이 일어났을 때 생존해 있지 않았던 루소는 혁명을 사주하지 않았다. 그는 프랑스혁명이 일어나기 11년 전에 죽었기 때문이다. 하지만 혁명주의자들은 자유·평등·일반의지 등과 같은 핵심 단어들을 루소에게서 읽었다. 특히 루소의 '주권' 개념은 당시 신분제 사회를 지탱하는 절대 권력이라는 개념에 파열음을 내면서 프랑스혁명 지도자들에게 엄청난 영향을 끼쳤으며 프랑스혁명의 기폭제가 되기도 했다. 그의 혁명적인 정치사상은 프랑스혁명의 이념이 되어 현실로 실현되었던 것이다. 그의 사상은 지금까지도 민주주의를 언급할 때마다 반드시 짚고 넘어가야 할 정도로 비중 있는 사상이 되었다. 그것은 루소의 사상에 시대를 초월한 탁월한 원리가 담겨 있기 때문이다.

루소의 『사회계약론』은 "인간은 자유롭게 태어났지만, 어디서나 쇠사슬에 묶여 있다"는 유명한 문장으로 시작된다. 이 문장은 루소의 사상을 가장 인상 깊게 보여주는 말이다. 18세기 말부터 혁명주의자들은 기꺼이 이 말을 자신들의 슬로건으로 삼았다. 그리고 그 말은 프랑스혁명의 시작을 알리는 신호탄이 되었다. 이 대사건은 1789년 7월 14일 정치적 억압의 상징이었던 정치범 감옥 바스티유의 습격에서 시작되었다.

5년 후 유럽 역사상 두 번째로 백성들에 의해 그들의 왕이었던 루이

16세가 처형되었다. 공화국은 '새로운 인간'이 획득한 승전물이었다. 이 새로운 인간은 '시민'이었고, 그들은 주권자이자 동시에 신민이었다. 권력은 국민에게 있고, 자유와 평등이 지배하는 사회였다. 법은 일반의지의 표현이었다. 프랑스혁명에서 실현된 이 모든 이념들의 출처는 바로 루소의 『사회계약론』이었다.

『사회계약론』의 중심 과제는 "정치적인 사회에서 통치권의 정당하고도 확실한 원칙, 즉 인간을 있는 그대로 받아들이고 법을 이상적인 법의 모습이라고 여겨지는 그대로 생각하는 원칙이 존재할 수 있는지 살펴보는 것", 즉 '합법적 권력의 근원과 한계'를 설명하는 것이었다. 이를 위해서 루소는 홉스나 로크와 마찬가지로 자신의 정치이론을 인간의 '자연상태'에서 시작한다. 하지만 루소의 인간관은 홉스의 '동물적 존재'나 로크의 '이성적 존재'와는 달랐다. 루소가 생각하는 인간은 도덕적 존재, 즉 인간은 "본성적으로 선하다"는 명제에서 출발하는 것이었다. 그가 말하는 선한 인간이란 정직하고, 연민을 보이며, 감수성이 예민하고, 소박하다. 말하자면 감정을 통해 인도되는 인간이다. 이러한 루소의 인간상은 문명으로부터 부패하기 이전의 자연인의 모습이다.

그러나 사회는 문명을 통해 나쁜 특성을 가질 것을 인간에게 강요하며 인간을 부패시켰다. 인간의 위선과 경쟁, 시기와 질투 등은 모두 사회로부터 강요된 것들이었다. 루소는 이런 논리의 기본 틀을 기독교에서 차용했다. 즉 자연은 인간이 무구하게 살고 있는 실낙원이라는 말이다. 그들이 사회화되는 것은 그들을 악하게 만드는 원죄 때문이었다. 하지만 원죄에 대한 처방은 달랐다. 기독교가 죄를 지은 인간에게 기도를 처방했다면, 루소는 품위 있고 자연에 가까운 교육과 공화국 건설을 제안했다. 루소의 공화국은 "공동의 힘으로 사람과 그 사람에 딸린 물건을 보호하고 방어하며, 각 사람이 다른 사람과 자신을 조화시키면서 오직 자신에게만 복종하며 이전처럼 자유로운 상태로 남을 수 있는 그런 국가 형태"였다.

공화국의 두 기둥은 '국민주권'과 '일반의지'에 기초한 법률 제정이었다. 홉스나 로크와 마찬가지로 루소의 국가 형성의 시초에도 사회계약이 존재한다. 개인은 자신의 재산과 신체, 생명 그리고 자신의 권력을 사회공동체에 양도하지만 자신의 자유와 주권을 포기하지는 않는다. 주권은 백성의 손 안에서 영속한다. 개인은 자신의 모든 사적 이익을 포기하는 대신 사회공동체로부터 보상을 받는다. 그는 한 개인으로 법률을 만드는 주권자인 동시에 그 법률에 순종하는 신민이다. 이런 점에서 루소는 확실히 자유주의적이고 민주주의적인 확신의 대표자로 평가된다. 그가 대표하는 가치란 개인은 자신이 스스로 나타낸 공동체에서 자신의 이익을 가장 잘 대변하는 것으로 본다는 것이다.

루소 정치이론의 또 다른 핵심은 일반의지, 즉 공동체의 집단적 의지에 있다. 함께 국가를 세운 개인들 모두는 어떤 특정한 결과를 바란다. 그들은 개인적으로 국가를 통해 무언가 얻기를 기대한다. 예를 들어 개인들 모두가 세금 삭감을 원할 수 있다. 따라서 개인들 모두의 의지는 세금을 인하하는 것이다. 그러나 만일 전체로서의 국가가 세금을 인상함으로써 무언가 얻기를 기대한다면 이것은 일반의지가 된다. 공공선을 위해서 세금 인상이 불가피하다면 이것에 저항하는 사람은 누구든 "자유롭도록 강제되어야" 한다.

일반의지와 관련해서 루소는 사익과 욕구를 가진 이기적인 개인들과 국가의 일부로서의 개인들 사이를 날카롭게 구분한다. 후자의 '공중의 역할'에 있어 일반의지에 반대할 권한은 인정되지 않는다. 개인이 갖는 이기적 욕구는 언제나 일반의지의 더 높은 목적에 종속되어야 한다는 것이다. 일반의지는 공공선을 위해 존재하며, 국가의 존속은 그 구성원들이 사적 이익과 국가의 이익이 상충되는 곳에서 사적 이익을 보류하는 행위에 달려 있다고 본다.

루소는 일반의지에 복종하지 않겠다는 사람은 누구든 강제로 복종하게 만들어야 한다고 주장한다. 만일 일반의지가 규범적 개념, 즉 우리에게 세상사는 어떠해야 하는가를 말해 주는 이상이라면, 거기에 따르기를 거부하는 사람은 도덕성을 벗어나서 여전히 자연상태의 다른 야만인들과 유대관계에 있는 것이다. 자유는 본능에 좌우되는 것이 아니라 윤리적으로 다른 사람의 복지를 위해 행동할 때 부분적으로 존재한다는 것이다. 따라서 일반의지를 따르지 않는 사람은 도덕적인 삶을 선택할 자유를 행사하지 못할 것이며 단지 욕망의 노예일 뿐이다.

이러한 일반의지에 대한 이해는 루소를 한편으로는 자유주의 국가이념의 아버지로 이해하게도 하지만, 다른 한편으로는 전체주의 국가이념의 아버지로 여기게 한다. 일반의지는 독립의 힘이고 백성의 의지다. 이는 '다수'의 의지와 동일하지 않다. 루소에게는 의원도 없고 정당도 반대자도 없다. 로크가 제안한 것처럼 서로 다투는 정당들의 모습 대신에 수수께끼 같은 일반의지라는 이념이 등장하는데, 이 이념은 모두를 위해 올바른 것이 무엇인지 늘 알고 있다.

이런 개념이 문제가 될 수밖에 없다는 것은 명약관화하다. 한 시민이 일반의지에 저항한다면 무슨 일이 일어날까? 그는 국가와 개인의 안녕을 위하여 자신을 복종시켜야 한다. 그것이 자발적으로 되지 않으면 억지로라도 그렇게 해야 한다. 이것이 루소가 일반의지를 "자신이 자유롭도록 강제되어야" 한다고 말하는 의미이다. 모든 사람들이 자유의지에 따라 합의하는 거대한 공동체라는 루소의 이념은 무해한 경우에는 집단적 행복의 유토피아일 수 있지만, 최악의 경우 공동체는 "당이 항상 옳다"는 강령에 따라 선악이 결정되는 전체주의 국가가 될 수도 있다. 루소의 일반의지라는 이념을 행동으로 실행하려는 최초의 시도를 우리는 프랑스혁명 당시 자코뱅당의 지도자였던 로베스피에르의 공포정치를 통해 이미 확인한 바 있다.

이렇듯 루소의 정치사상은 가능성만큼이나 위험성도 내포하고 있다. 궁극적으로 모든 해결책을 일반의지, 즉 국가에 맡긴다는 생각은 루소의 창의적인 발상임에도 불구하고 전체주의 국가나 권위주의 정부에게 자유를 말살할 정당성을 부여할 수 있는 근거를 제공한다는 것이다. 이것은 일반의지를 "자유롭도록 강제한다"고 정의하는 구절에 의해, 그리고 국가는 도덕성을 집행하기 위해 검열제도를 시행해야 한다는 루소의 제안에 의해 뒷받침된다. 말하자면 루소가 예찬하는 시민의 자유는 극단적 억압으로 귀결될 수도 있다.

그럼에도 불구하고 루소는 자신의 책에서 시종일관 정치와 국가의 공공성, 특히 각자의 사익을 넘어선 공익을 강조한 이론으로 일관하고 있음을 잊어서는 안 된다. 그의 진실한 목적은 자유 그리고 사회의 혜택, 이 두 가지를 모두 제공하는 상황을 기술하는 것이었다. 공익보다는 사익을 우선하는 정치가들과 공공선이 무엇인지를 고민하지 않는 국가권력이 지배하는 사회에 살고 있다면, 그리고 진정으로 민주주의가 무엇인지를 고민하고 있는 사람이라면 루소의 『사회계약론』은 꼭 한 번 읽어야 할 고전임에 틀림없다.

장 자크 루소, 『사회계약론』, 이재형 옮김, 문예출판사, 2013.

이 책의 첫머리는 "인간은 자유롭게 태어났지만, 어디서나 쇠사슬에 묶여 있다. 다른 사람들보다 더 노예가 되어 있으면서도 자기가 그들의 주인이라고 믿는 자들이 있다"로 시작한다. 인간 평등의 의미를 생각하게 하는 이 첫 구절에서 시작하는 『사회계약론』은 18세기에 쓰인 후 오랜 세월 속에 그 진가를 발휘하며 현대의 고전으로 자리 잡았다.

이 번역본은 먼저 『사회계약론』에 나오는 여러 가지 개념을 루소와 연관 지어 상세히 설명하고 있으며, 루소가 『사회계약론』을 구상하게 된 배경과 루소 이전의 사회계약에 관한 사회적 견해를 설명하고 있다. 또한 각 부와 장의 내용을 요약하고 분석해 『사회계약론』의 이론들을 최대한 쉽게 풀어 보이고 있어, 일반 독자들도 쉽게 다가갈 수 있으리라 생각된다. 이것이 여러 번역본 중 이 책을 선택한 이유다.

인간 이성의 인식 능력에 한계를 긋기

칸트, 『순수이성비판』

1781년은 서양 철학사에서 하나의 거대한 사건이 일어난 해다. 바로 임마누엘 칸트 Immanuel Kant(1724~1804)의 『순수이성비판』 Kritik der reinen Vernunft이 처음으로 세상의 빛을 본 해이다. 철학이라는 언어를 입에 담는 사람이라면 누구나 한 번쯤은 들었음직한 책이다. 혹은 가방이나 겨드랑이에 끼고 다니면서 나는 이런 것을 읽노라고 우쭐거리기도 했던 책이다. 그렇다면 이 책은 도대체 무슨 이유로 이토록 유명한 철학서로 평가받고 있는 것일까? 이러한 물음에 답하기 위해서는 우선 그 당시의 서양 지성사를 이해할 필요가 있다.

당시는 뉴턴이 『자연철학의 수학적 원리』(1687)를 출판하여 그의 역학이 세상에 소개된 지 100년 가까이 지났을 때이다. 뉴턴의 역학은 단순히 새로운 근대 과학으로서의 물리학이 시작되었다는 점에서만 의의가 있는 것이 아니다. 뉴턴 역학의 등장은 이 세상에서 발생하는 모든 사건이나 현상은 '과학적 법칙'으로 설명될 수 있다는 '기계론적 세계관'을 정립하는 계기가 되었을 뿐만 아니라, 인간 이성에 대한 신뢰와 기대로 가득 찬 '계몽주의' 시대를 여는 계기가 되었던 것이다.

이전까지 만학의 여왕이라고 불리던 '사변적 형이상학'은 자연과학의 등장과 함께 더 이상 그 옛날의 명성을 누릴 수 없게 되었고, 오히려 그 독단적 논변은 한낱 조롱의 대상으로 전락하고 말았다. 이런 상황에서 계몽주의를 앞세운 수많은 철학자들이 등장하면서 인간 이성에 대한 무한한 신뢰에 근거한 철학을 주장하기 시작했다. 데카르트, 로크, 흄 등은 계몽주의를 대표하는 철학자들이다.

그러나 18세기 후반에 인간 이성에 대한 회의와 이성에 의한 역사의 진보라는 계몽주의적 믿음에 대한 회의가 일어나면서 새로운 시대적 사조였던 낭만주의가 싹을 틔우기 시작했다. 낭만주의는 계몽주의가 강조한 이성에 대한 무한한 신뢰를 거부하면서 계몽주의에 강력한 도전장을 던진다. 지성사적으로 혼란한 이러한 상황에서 출간된 책이 바로 칸트의 『순수이성비판』이다.

철학사를 통틀어 가장 위대한 철학자의 한 사람으로 평가받는 칸트는 계몽주의가 낭만주의의 도전을 받기 시작한 무렵에 살았지만, 자신의 시대는 '계몽된 시대'가 아니라 단순히 '계몽의 시대'일 뿐이라고 생각했던 사람이다. 그것은 계몽이 계속되어야 하며, 계몽의 정신이 유지되어야 한다는 뜻이다. 칸트에 따르면, 계몽이란 '미성숙의 상태에서 벗어나는 것이고, 미성숙이란 타인의 지도 없이는 자신의 이성을 올바로 사용할 수 없는 상태'를 가리킨다. 말하자면 칸트는 낭만주의의 도전에 맞서 계몽주의를 적극적으로 옹호하고, 인간이 자율적으로 이성을 사용할 수 있는 계몽된 시대를 상상하면서 계몽이 지속되어야 함을 강변했던 철학자였다.

　이성을 철저하게 신뢰했던 칸트는 이성의 자율적 사용을 위해서 '이성 자체'를 비판할 것을 제안했다. 그는 계몽의 슬로건으로 "과감하게 알려고 하라!" "따지라!"고 외쳤다. 이성 자체를 비판한다는 것은 바로 '과감하게 알기 위해서 열심히 따져보는 것'을 말한다. 이성이란 '인간의 지적 능력'을 통칭하는 것인데, 이러한 능력이 도대체 어떻게 작동하는지를 분석하고 평가해 보라는 것이다. 말하자면 이성에 대한 이론이나 형이상학적 교설을 제시하는 것이 아니라, 이성의 한계, 즉 인식의 성립 조건과 한계를 규명하고 형이상학적 현실을 비판하여 명료하게 하는 작업이 곧 이성 자체를 비판하는 일이라는 것이다.

　칸트의 『순수이성비판』은 바로 이러한 인간 이성의 인식능력에 한계를 긋는 출발이 되는 저서로, 인간의 이성 중에서 인식(지식)과 관련된 이성, 즉 순수한 이성의 한계를 명백히 그음으로써 인간 인식의 한계, 즉 인간은 도대체 어디까지 알 수 있는지에 대해서 정확하게 답변하려고 한 책이다. 이 책이 어떤 성격의 책인지는 책의 출판과 관련해서 칸트가 철학자 모제스 멘델스존에게 보낸 편지에서 분명하게 확인할 수 있다. "이 책은 12년에 걸친 성찰에서 나왔지만, 네다섯 달 만에 급하게 써 완성한 것이네. 책의 내용에는 엄청난 노력을 기울였지만 문체와 가독성에는 그다지 신경 쓰지 않았네."

　우리는 칸트가 『순수이성비판』이라는 이 위대한 책을 쓰는 데 겨우 몇 달밖에 걸리지 않았다는 사실에 놀랄 수밖에 없다. 하지만 집필하는 동안 문체와 가독성은 그다지 중요하게 생각하지 않았다는 사실은 놀랍기보다 매우 아쉬운 대목이다. 한마디로 이 책은 하나의 미로와 같기 때문이다. 쉽게 이해하기 힘든 서술 구조는 우리를 자주 개념적 혼란에 빠뜨린다. 칸트는 아주 긴 문장과 인정사정없이 늘어지는 단락, 그리고 고도의 전문용어를 새로 도입하여 우리의 머리가 혼란에 빠질 정도로 불규칙하게 사용하고 있다. 더욱 놀라운 것은 그가 이 책에서 전통 '형이상학'의 모든 문제에 대한 해답을 명확하게 설명하려고 시도함으로써 당시에 통용되고 있던 전통적 인식론에 균열을 내는 거대한 혁명을 요구하고 있다는 사실이다.

칸트가 시도했던 거대한 혁명은 무엇인가? 우리가 일상에서 맛있게 먹는 붕어빵을 생각해 보자. 붕어빵을 만들기 위해서는 밀가루 반죽과 팥고물이라는 재료가 필요하다. 하지만 그것만으로는 불충분하다. 반드시 붕어빵 틀이 필요하다. 밀가루 반죽과 같은 재료가 경험적으로 주어지는 인식의 재료라면 붕어빵 틀은 바로 선험적 인식 형식인 '시간과 공간'에 해당한다.

우리는 경험을 통해서 인식의 재료를 얻고 우리가 이미 가지고 있는 선험적인 인식의 틀에 집어넣어서 인식을 구성한다. 말하자면 경험 대상이 그대로 우리의 인식내용이 되는 것이 아니라, 우리의 인식능력이 대상을 구성하는 것이다. 경험 대상이 인식내용을 결정하는 것이 아니라 우리의 인식능력이 경험세계를 구성하여 인식한다는 것, 이것은 당시의 인식론을 뒤엎는 혁명적인 사유의 전환이다. 칸트는 이러한 통찰을 스스로 인식의 '코페르니쿠스적 전회'라 불렀다.

그렇다면 칸트는 인식의 '코페르니쿠스적 전회'를 자신의 책에서 어떤 구조로 전개하고 있는가? 우선 우리가 칸트의 『순수이성비판』 전체를 이해하기 위해서는 반드시 알아야 할 부분이 있다. 그것은 『순수이성비판』 재판再版에서 7개의 절로 구성된 '서론'이다. 그 구조를 간단히 소개하면, 1절은 순수 인식과 경험적 인식의 구별에 대해서 설명한다. 여기서 칸트는 경험적 인식을 경험을 통해서만 가능한 인식이라고 정의하고, 선험적 인식은 모든 경험으로부터 독립적으로 일어나는 인식이라고 정의한 후에, 순수 인식이란 선험적 인식 중에서 경험적인 것이 전혀 섞이지 않은 것이라고 설명한다. 2절은 선험적 인식의 특징으로 필연성과 보편성을 들고, 그러한 인식의 사례를 제시함으로써 선험적 인식이 존재한다는 것을 설명한다. 3절에서 칸트는 선험적 인식이 가능한 범위, 그리고 선험적 인식이 가능한 원리를 탐구하고 규정하는 것이 바로 철학의 역할이라고 주장한다. 4절에서는 분석판단과 종합판단을 서술하고 있으며, 5절에서는 모든 이론적 학문은 선험적 종합판단을 포함하고 있음을 서술한다. 그리고 6절과 마지막 7절에서 칸트는 순수 이성의 일반적 과제로서 "선험적 종합판단이 어떻게 가능한가?"라는 물음을 던지면서 그에 대한 답변을 시도한다.

칸트는 궁극적으로 "선험적 종합판단은 어떻게 가능한가?"라는 물음에 답하기 위하여 『순수이성비판』에서 비판과 분석이라는 도구를 들고 긴 여행을 시작한다. 그 과정에서 칸트는 우리가 '시간과 공간'이라는 선험적 직관형식을 통해서 각각 기하학적 판단과 수학적 판단이라는 선험적 종합판단을 갖게 되고, 지성의 선험적 판단형식인 '범주'를 통해서 자연과학적 판단이라는 선험적 종합판단을 갖게 된다는 것을 논증한다. 그리고 이러한 선험적 형식을 사용하여 가질 수 있는 선험적 종합판단의 한계는 수학과 자연과학뿐임을 논증한다.

칸트에 따르면, 인간의 모든 인식은 두 개의 근본 축, 즉 감성과 지성의 상호의존에 의해 이루어진다. "내용 없는 사고는 공허하고, 개념 없는 직관은 맹목적이다." Gedanken ohne Inhalt sind leer, Anschauungen ohne Begriffe sind blind 따라서 경험을 초월하거나 초감각적 실재를 서술하는 어떤 형이상학도 선험적 종합판단으로 구성될 수 없고, 그런 의미에서 전통적인 형이상학의 문제는 순수 이성의 한계를 넘어서는 것이며, 그 점에서 과학이라고 할 수 없다.

칸트가 보기에 이성의 인식능력의 정확한 사용은 여기까지다. 나머지 초감각적인 실재의 영역, 즉 신과 영혼, 그리고 자유와 같은 실재의 세계(혹은 물자체)는 이성의 인식의 한계를 넘어선 것이며, 실천이성을 통해 요청될 수 있을 뿐이다. 칸트 이전까지의 전통 형이상학에서는 인간 이성의 무한한 인식능력을 주장했다면, 결국 칸트에 의해 그 인식능력의 한계 짓기가 분명하게 이루어지게 된다.

『순수이성비판』은 철학의 참맛을 음미해 보려는 사람이라면 피할 수 없는 고전이다. 혹여 철학의 참맛을 음미해 보고자 한다면 피하지 말고 적극적으로 맞서서 그 참맛을 보라. 아마도 최고의 철학적 참맛을 느끼게 될 것이다.

임마누엘 칸트, 『순수이성비판』 1·2, 백종현 옮김, 아카넷, 2006.
『순수이성비판』은 근대철학의 핵심 주제인 존재론, 인식론이라고 부르는 내용을 칸트가 정리한 책이다. 칸트의 모든 저술이 『순수이성비판』을 접점으로 해서만 의미를 얻을 수 있다고 할 정도로 고전 중의 고전이다. 일찍이 우리 학계에서도 그 의의를 알아 이미 8종의 번역본이 나와 있지만, 연구 수준이나 연구자의 언어사용법에 따라 늘 새로운 번역이 요구될 수밖에 없었다. 이 번역본은 서울대 백종현 교수가 20년 이상의 주해 연구와 강독, 그리고 지금까지 이루어졌던 국내외 연구 성과 및 최근 학계에서 벌인 번역어 표준화 작업 결과를 바탕으로 만들어낸 『순수이성비판』 번역본의 표준이라 할 수 있다.

절대지라는 유토피아를 향해 가는 길

혜겔, 『정신현상학』

고전 텍스트를 오해하지 않고 올바르게 읽는 방식은 과연 무엇일까. 고전을 읽을 때마다 늘 고민하게 되는 일이다. 그나마 손쉬운 해결책이 있다면, 글은 독자들의 주체성에 따라 언제나 다르게 읽힌다는 정도이다. 하지만 이러한 이해는 독서의 상대주의적 다원론을 정당화해 줄 뿐이다. 적어도 하나의 텍스트를 더욱 올바르게 읽는 방식이 존재하려면 더 객관적인 기준이 있어야 할 것이다. 그것은 하나의 방식이 다른 방식들보다 텍스트의 전체적 짜임새를 정합적으로 드러내주고, 그에 따라 저자의 개념장치들의 체계와 문제 틀을 잘 드러내주는 것이 아닐까.

우리의 고전 텍스트인 혜겔의 『정신현상학』 Phaenomenologie des Geistes(1807) 읽기가 어려운 것도 이처럼 올바르게 읽는 방식과 관련되어 있기 때문이다. 게오르크 빌헬름 프리드리히 혜겔 Georg Wilhelm Friedrich Hegel(1770~1831)의 철학은 서양 철학사에서 가장 어려운 철학사상 중의 하나다. 그러다 보니 그의 철학을 이해하기 쉽다고 생각하는 사람은 아무도 없다. 특히 20세기 이후의 사람들은 헤겔에 대해 '난해하다', '모호하다', '꿰뚫어 볼 수 없다' 등의 표현을 사용한다. 좀 더 심한 사람은 '언어도단'이라고까지 말한다.

이러한 후대의 평가에는 헤겔의 문체가 일부 원인을 제공하기도 했다. 그의 글을 이해하려면 헤겔이라는 인물에 관해 어느 정도 알아야 하기 때문에 헤겔 철학에 입문하려는 사람에게는 결코 순탄치 않은 항해다. 지도도 없이 망망대해로 뛰어드는 꼴이다. 어디로 가야 할지 그 길이 분명하게 보이지 않을 수도 있다. 그저 한순간 이해의 서광이 비치기를 바라면서 헤겔의 작품을 읽고 또 읽는 수밖에 없다. 그러다가 문득 서광이 비치는 순간이 오면 구름이 조금 걷힐 것이다.

우리가 헤겔의 사유에 조금이라도 수월하게 접근하려면 그의 철학을 '칸트 철학에 대한 비판'으로 생각하는 것도 한 방법이다. 칸트의 선험적 관념론은 정신 혹은 이성이 능동적으로 경험의 세계를 구성한다는 '인식론적 구성주의'이다. 칸트에 따르면, 감각할 수 있는 직관의 선험적 형식, 즉 시간과 공간, 그리고 선험적 판단 형식인 지성의 범주들이 우리에게 감각 지각 안에 주어진 것을 모두 대상의 세계로 체계화하고 정돈하는 책임을 진다. 따라서 칸트에게는 우리가 경험하는 세계를 바로 그런 모습으로 만든 것은 정신 활동이다. 칸트는 범주들이 완전하게 고착화되어 있다고 본 반면에, 칸트 이후의 철학자들은 칸트의 절대주의를 부인하고 상대주의를 옹호했다. 말하자면 이들에게는 다른 범주, 즉 다른 세계가 가능했던 것이다.

헤겔은 칸트처럼 개개의 정신이 실재를 구현한다고 생각하지 않고 절대적 관념론을 옹호한다. 이 견해에 따르면 실재는 정신에 의해서가 아니라 단일한 우주정신에 의해 구현된다. 헤겔은 그것을 '정신'Geist이라 부른다. 이 정신은 그 범주와 이해의 양식이 시간과 함께 변함에 따라 스스로를 이해하려고 하는 존재다. 헤겔에게는 인간 역사 전체가 자신을 실재로 이해하게 되는 '정신'이다. 이것은 헤겔의 사상을 이해하는 데 핵심적인 열쇠다.

헤겔은 역사의 과정이 본질적으로 변증법적이라고 보았다. '변증법'Dialektik은 대화술이나 문답법을 가리키는 고대 그리스어 'dialektike'에서 유래한 용어다. 이 말은 플라톤의 대화록에서 단지 질문과 답변에 관련된 말이었지만, 헤겔에 이르러 추론이나 논리의 과정으로 발전하였다. 헤겔에 따르면 변증법의 과정은 먼저 한 특정한 주장이 나타난다(정립These). 이어 정립의 모순점이 드러나고, 이런 모순을 강조하는 새로운 개념이 생긴다(반정립Antithese). 마지막으로 해답이나 두 견해의 조화가 이루어진다(종합Synthese).

헤겔은 인간 역사 전체가 바로 이런 변증법적 과정을 나타낸다고 보았다. 사물의 어떤 개념을 고수하는 일정 시간이 있고, 그 개념 자체가 어떤 모순이나 난점을 포함하고 있다는 것이 마침내 명백해지고, 그런 모순들이 새로운 개념에 의해 극복되는 일이 계속된다는 것이다. 이 모든 과정을 겪으며 '정신'은 자신을 더 잘 알게 된다. 정신의 자기 앎의 과정은 궁극적인 상태인 '절대지'absolutes Wissen가 실현될 때까지 계속된다.

헤겔의 『정신현상학』은 마음속의 이러한 변증법적 과정으로 역사를 걸러내려는 시도이다. 헤겔에게 현상학은 현상, 즉 사물이 우리에게 보이는 방식에 대한 연구다. 진실로 존재하는 것에 대한 학문인 형이상학과 반대되는 것이다. 위에서 언급한 바와 같이 '정신'은 역사의 변증법적 과정을 통해 자신을 알게 되는 우주정신에 해당하는 헤겔의 세계다.

따라서 『정신현상학』이라는 제목은 헤겔이 이 책 속에서 인간에게 나타나는 것으로의 '정신'의 활동을 조사할 것이라는 목적을 암시한다. 이 책은 헤겔의 사유로 밝힌 인간 역사에 대한 진실인 셈이다. 즉 역사는 전부 무엇을 뜻하는지, 즉 어떻게 자신을 알게 되는지에 대해 이야기 한다.

역사에는 비교적 미시적인 변증법적 순간, 즉 역사의 부분에서 자신을 풀어가는 하부 대립이 있다. 역사를 거시적인 흐름에서 보면 크게 세 부분으로 나눌 수 있다. 첫 번째 부분인 '의식'Bewusstsein은 감각할 수 있는 세계만 인식한다. 그 다음의 의식은 자기 자신을 의식하게 된다. 즉 '자기의식'Selbstbewusstsein이다. 헤겔은 자기의식에서 의식은 단순히 생존자를 부정하거나 지배하며 그런 과정에서 대상을 경험하는 주체가 된다고 주장한다. 세 번째에서 이 거짓 변화는 부정된다. 그리고 정신은 마침내 자신이 무엇인지를 인식한다. 즉 의식은 의식과 감각할 수 있는 세계가 '하나'라는 점을 깨닫는다.

특히 우리가 주목할 부분은 『정신현상학』의 '자기의식' 장이다. 이 장에서는 『정신현상학』의 백미라 할 수 있는 '주인과 노예의 변증법'이 서술되고 있다. 간단하게 살펴보자. 헤겔의 주인과 노예의 변증법은 『정신현상학』뿐만 아니라 헤겔 철학 전체에서 가장 흥미로운 부분이다. 동물적 삶에 머물지 않고 자존감을 지닌 자기의식으로서 인정받기 원하는 인간들의 처절한 투쟁을 통해 주인과 노예의 관계가 형성되는 과정에서 우리는 박진감 넘치는 한 편의 철학적 드라마를 상상할 수 있다. 더욱이 숨가쁜 결전이 끝난 후에 이 처절한 투쟁의 저변에서 전개된 변증법적 반전을 끌어내는 헤겔의 정치한 논리를 감상하고 있으면, 우리는 『정신현상학』이 실로 대단한 고전임을 실감하게 된다.

헤겔은 개인과 개인의 인정투쟁이라는 모델로부터 사회의 형성과정을 설명한다. 개인은 각기 한편으로 자기의식을 가지면서 다른 한편으로 생명을 갖는다. 말하자면 인간은 누구나 동물과 마찬가지로 생명을 가지면서 동물과 달리 자기의식을 갖는다. 그런데 사회의 출발점은 인간들이 서로 상대방을 인격으로서가 아니라 욕망의 대상으로서만 보면서 전개되는 생사生死를 건 '인정투쟁' Anerkennungskampf이다. 사람들은 누구나 타인을 인정하기보다 타인에게 인정받기를 원한다. 타인을 자기의식으로서 섬기기보다 타인의 자기의식을 부정하고 타인이 자신의 자기의식을 존중하며 섬겨 주기를 바란다. 서로의 욕망이 충돌하여 인정을 받기 위해 싸움이 일어나는데, 이 싸움은 자기의식을 갖는 인간으로서 대우받느냐, 아니면 자신의 자기의식을 인정받지 못하고 인간으로서 대우받기를 포기하느냐를 결정하는 중대한 투쟁이기 때문에 각각은 자신의 생명을 건 투쟁을 한다.

이때 한쪽의 자기의식은 동물적 생명을 초월하여 죽음을 두려워하지 않는다. 그리하여 생명에 대한 예속에서 벗어나 타인의 인정을 획득하고, 주인의식이 된다. 한편, 다른 쪽의 자기의식은 자기의식으로서 자신을 주장하기보다 죽음을 두려워하여 생명에 집착한 결과, 주인의 허락을 받아 사물로 안주하고 노예의식이 된다. 이렇게 하여 주인과 노예의 관계가 성립되는 것이다. 이러한 헤겔의 주인과 노예의 변증법은 생명사상을 확대하여 자기의식의 상호인정에 의한 욕구체계로서의 사회이론을 구축했다. 주인과 노예의 논리는 동시에 주인과 노예의 관계를 해체하는 논리이기도 하다. 그것은 전근대적인 인간관계를 해체하고 오직 법만이 인간관계를 매개하는 근대적 인간관계로 전환되는 사회의 이행을 논리적으로 논증하고 있다. 그것은 노예제의 해체 지배의 원리에서 자유의 원리가 작동하는 사회로의 이행의 논리적 필연성을 입증하는 것이다. 이렇게 이행된 사회가 시민사회이기 때문에 그 점에서 헤겔의 주인과 노예의 변증법은 시민사회 창출의 논리라는 유의미성을 획득하게 된다.

이렇듯 헤겔『정신현상학』의 변증법은 '의식의 도야 과정'을 서술한 것이다. 헤겔의『정신현상학』은 유한자의 자연적 의식이 자신의 유한성을 넘어 스스로를 고양하고, 절대적 앎의 영역으로 올라서서, 전체의 진리에 도달하고자 하는 '의식의 경험의 과학'으로서 성립한다. 또한,『정신현상학』은 의식의 최종 결과로서의 절대적 지식에 이미 이르러서 자기의식이 전개되어 가는 과정 전체를 검증하는 철학자의 회고적 관점이 동시에 겹쳐 있는 서술이기도 하면서, 인류 역사의 전개과정도 개인의 의식의 전개 과정과 마찬가지로 시초부터 내재해 있는 목적을 향해 전개된다는 의미에서의 '내재적인 목적론적 역사철학'이라고 할 수 있다.

헤겔 철학은 일찍이 인류의 정신문화가 경험하지 못한 가장 원대한 체계 내의 통합시도다. 그것은 주관과 객관, 현실과 이상, 이성과 감성, 종교적 신앙과 철학적 절대지를 통합하는 거대한 시도다. 헤겔은 이성에 대한 확고한 신념을 근거로, 개념·판단·추론은 주관정신으로, 법·정치·역사는 객관정신으로, 종교는 절대이념의 형식으로 통합하였다. 여기에 윤리와 미학도 거대한 체계에 통합된다. 이 모든 것을 통합하는 것은 '학으로서의 절대지', 즉 '철학'이다. 이러한 거대한 체계가 불일치와 모순과 억압성을 드러내지 않는다면 오히려 그것이 이상할 것이다. 그러나 헤겔의 시도는 모순을 제거하는 데 성공했다는 사실이 아니라, 모순과 비동질성, 부정을 오히려 추진력으로 삼아 변증법적으로 전개되고 있다는 점에 그 진정한 매력이 있다고 할 것이다.

헤겔의『정신현상학』은 헤겔 철학 체계의 출사표이자 바탕이 되었다.

여기에서 헤겔은 의식(감각적 확신, 지각, 지성), 자기의식, 이성, 정신과 종교(자연종교, 예술종교, 계시종교)라는 대장정을 거쳐, 드디어 '개념화된 역사(우연의 형식을 띠고 나타나는 자유로운 정신의 측면인 역사와 현상하는 지^{知}의 학문, 곧 철학)'를 계시종교마저 극복하는 의식 자체를 초월하는 지^{知}, 대상성을 벗어난 지^{知}, 스스로의 실체를 완전히 아는 지^{知}, 스스로가 정신임을 아는 정신으로서의 절대지의 경지로, 정신의 왕국으로 장엄하게 고백하고 있다. "이 정신의 왕국의 술잔으로부터 정신의 무한성이 부풀어 오른다는 것"이『정신현상학』의 최종적인 통찰이라고 할 수 있다.

G.W.F. 헤겔, 『정신현상학』 1·2, 임석진 옮김, 한길사, 2005.
『정신현상학』은 헤겔의 저작 가운데서도 어렵기로 손꼽히는 책으로, 변증법적 사유논리를 바탕으로 인간과 신, 자연을 포함한 존재 전체의 본질을 규명하고자 한 청년 헤겔의 인식론적 철학의 기초를 이루는 작품이다. 이 번역본은 헤겔 철학 전공자인 역자 임석진 교수가 그동안 무비판적으로 수용했던 일본어 번역 용어들을 가능한 한 우리말로, 이해하기 쉬운 용어들로 바꾸는 데 주력하면서 세심한 각주 작업을 통해 국내 독자도 쉽게 다가갈 수 있도록 노력한 흔적이 곳곳에 배어 있어, 다른 번역본보다는 헤겔 철학을 좀 더 쉽게 이해하는 통로가 되리라 생각한다.

유령은 지금도 우리 주위를 떠돌고 있다

마르크스·엥겔스, 『공산당선언』

오늘날 현대 자본주의의 대량 소비사회에서 살아가는 젊은이들은 도시의 삶에서 자신을 드러내는 무언가를 사기 위하여 백화점을 찾는다. 백화점에서는 세련되고 화려한 가방을 쉽게 살 수 있다. 검정 망치와 낫으로 된 상표를 가진 빨간색 가방도 있고, 빨간 망치와 낫으로 된 상표를 가진 회색 가방도 있을 것이다. 다양한 용도를 가진 실용적인 가방에는 핸드폰과 각종 신용카드들이 담길 것이다. 하지만 그들의 가방 속에서 이제 단 하나만은 볼 수 없다. 50쪽 정도의 얇은 책으로, 한때 전 세계 젊은이들의 가슴을 방망이질 했던 『공산당선언』이 그것이다.

카를 마르크스Karl Marx와 프리드리히 엥겔스Friedrich Engels가 『공산당선언』을 영국에서 작성했던 당시, 이 선언문은 고작 23쪽짜리 분량에 불과했다. 우리말로 풀어낸 한국어판도 57쪽에 불과하다. 얇은 책에 불과하지만, 이 선언의 영향력은 73권짜리 성경과 맞먹을 정도로 강력했다.

『공산당선언』은 이후 인류를 이데올로기의 소용돌이로 이끄는 촉매제가 되었고, 지구의 반쪽으로 하여금 그들의 '선언'을 시험하도록 만들었으며, 지금도 몇몇 나라에서는 여전히 현재형이다.

『공산당선언』의 야심찬 의도를 이해하려면 마르크스(1818~1883)가 이 책을 집필한 당시의 시대 이해가 필요하다. 1848년은 유럽에서 혁명이 일어난 해다. 북유럽의 주요 산업지역에서는 노동자의 폭동과 반란이 일어났다. 당시 노동자 계급의 불만은 하늘을 찔렀고 혁명의 소용돌이에서 무엇인가 극적인 일이 일어나리라는 희망이 팽배했다. 이런 상황에서 『공산당선언』은 공산주의자동맹의 위임에 따라 작성되었다. 동맹은 마르크스와 엥겔스(1820~1895)에게 공산주의의 기본 강령을 발표 요지문의 형식으로 작성해 줄 것을 요청했다. 마르크스와 엥겔스는 다른 후원자들과 초고를 주고받으면서 약 6주 만에 『공산당선언』을 작성했다. 이 선언문은 영국에서 발표된 후에 유럽의 도처에서 독일어, 영어, 프랑스어, 이탈리아어, 플랑드르어, 덴마크어, 러시아어 등으로 출간되었으며, 정치철학에서 가장 유명한 저서 중의 하나가 되었다.

"하나의 유령이 떠돌고 있다. 공산주의라는 유령이"라는 말로 선언문은 시작된다. 마르크스는 이 유령이 말하는 것을 설명한다. 공산주의는 유령이다. 죽었지만 죽지 않은, 살아 있지만 현실적이지 않은, 현실과 간극을 두면서도 끝없이 현실에 출몰하는 독특한 '존재'이다. 유령은 현실 속 인간들의 간담을 서늘하게 한다. 마르크스는 "지배계급으로 하여금 공산주의 혁명 앞에서 벌벌 떨게 하라"고 하지 않았던가. 한마디로 『공산당선언』에는 마르크스의 역사이론적인 서술, 즉 역사적 유물론 철학이 요약되어 있으며, 또한 자본주의의 미래에 관한 놀라운 예언적 통찰이 담겨 있다.

『공산당선언』이 담고 있는 역사철학은 후세에 '역사적 유물론'으로 알려진다. 마르크스에 따르면, 인간의 역사에는 패턴이, 다른 말로 형세가 있으며, 역사는 하나의 결말을 향해 나아간다. 그러나 마르크스의 역사 이론이 설명하려고 하는 것은 인간의 역사가 아니다. 역사의 한 부분, 즉 경제와 사회 역사의 진화를 설명하려는 것이다. 그의 역사 이론은 인간 공동체가 성취할 가치가 있는 것은 성취하기에 앞서, 개인들이 자신의 근본적인 물질적 결핍을 채울 수 있어야 한다는 주장으로 시작된다. 사람은 무엇보다 먹을 것과 입을 것, 거주할 곳이 먼저 있어야 한다. 사회와 문명은 삶에 기본적으로 필요한 것을 보장하는 특정한 '생산양식'에 의존한다.

마르크스는 『공산당선언』의 제1부 1장에서 유럽 문명의 역사는 고대 생산양식에서 봉건 제도로, 그리고 봉건제에서 자본주의 생산양식으로 진행된 진보로 규정된다고 시작한다. 『공산당선언』은 마르크스의 역사적 유물론의 요약이며, 현재의 탐욕스러운 자본가 탄생에 이르는 진화의 길을 연속된 스냅사진으로 보여준다. 그 내용은 오직 "지금까지 존재한 모든 사회의 역사는 계급투쟁의 역사다"라는 주장에 고스란히 담겨 있다. 마르크스에 따르면, 우리가 계급투쟁이라는 필터로 역사를 보게 되면 그 순간 우리의 눈이 열리고 그에 대해 뭔가 조치를 취하거나 대책을 세우고 싶어진다. 특히 우리가 현대의 노예나 농노에 해당하는 것처럼 보이는 노동자의 편에 서 있다면 더욱 그럴 것이다. 그래서 계급투쟁에서 가장 중요한 것은 억압자와 피억압자의 관계다. 19세기 중엽 당시에는 단지 두 계급만이 존재했는데, 바로 '부르주아'와 '프롤레타리아'였다. "부르주아는 그들에게 죽음을 가져오는 무기를 제조했을 뿐만 아니라 이 무기를 이끌게 될 사람들도 보여주었는데, 바로 현대의 노동자들인 프롤레타리아다."

마르크스는 노동자 계급의 일원이 자본가 지배 계급에 의해 착취당하는 자신의 상황을 의식하게 되면 필연적으로 봉기해서 노동자 계급의 이익이 더 우선시되는 공산주의 사회로 가는 혁명을 일으킬 것이라고 보았다. 1848년 노동자들의 봉기에서는 프롤레타리아에게 필요한 의식이 희미하게나마 보였으며, 자신들의 이익이 자본가의 질서와 경제체계에 의해 좌절되고 있다는 사실을 깨닫기 시작했음을 보여주었다. 『공산당선언』은 사회변혁에 대한 노동자들의 희미한 희망을 인간 역사의 모습과 최후의 운명에 대한 이야기 안에서 찾으려고 시도했던 것이다.

『공산당선언』에서 마르크스는 혁명적 프롤레타리아의 야망을 역사적 유물론에 착근시키는데, 이것은 마르크스 이전의 다양한 사회주의 사상과의 결별을 의미한다. 그는 이런 역사적인 결합을 두 개의 장에 걸쳐서 설명하고 있다. 2장은 곧 도래할 공산주의 시대에 대해 예상되는 부르주아지 자본가들의 반론에 대한 대응을 담고 있다. 마르크스는 3장과 4장에서 방향을 바꾸어, 자본주의 사회에서의 프롤레타리아의 비참한 상황에 대한 다른 사회주의자들의 반응을 비판한다.

마르크스는 세 가지 유형의 사회주의, 즉 사이비 공산주의를 비판한다. 첫 번째 비판의 대상은 '반동적 사회주의자'들이다. 이들은 단순히 봉건적 제도로 회귀함으로써 자본주의가 야기한 비참한 결과를 원상태로 돌려야 한다고 생각했고 그렇게 할 수 있다고 믿었던 사람들이다. 그들은 봉건제도가 훨씬 더 좋았고 새로운 자본주의 질서는 퇴보였다고 주장함으로써 "현대 역사의 행진을 이해할 능력이 전혀 없었다". 두 번째는 '부르주아 사회주의자'들에 대한 비판이다. 그들은 자본주의가 인간 사회에 가져온 좋은 점을 볼 수 있었고, 그 부정적인 효과를 개선하면 더 바람직한 자본주의가 될 수 있다고 생각했던 사람들이다. 마르크스는 이러한 주장을 부인하는데, 자본주의는 근본적으로 계급이 지배하는 경제체계이기 때문이었다. 계급이 있는 곳에는 이익이 충돌하고 불가피하게 착취가 일어날 수밖에 없고, 착취가 있는 사회는 안정되거나 조화로울 수 없다는 것이 마르크스의 생각이었다. 마지막으로 그는 '공상적 사회주의자'들도 비판한다. 마르크스가 볼 때, 그들이 노동자 참상에 대해 해결책으로 내세운 것들은 너무 순진했다. 이들은 자본주의 체제의 고통을 인정하지만 제시한 청사진은 철저하지 못하고 현실이라고 하기에는 너무 꿈 같은 인간 본성의 개념에 근거를 두고 있었던 것이다.

마르크스에 따르면, 이 세 가지의 사회주의 유형은 자본주의 사회에서 늘어나는 프롤레타리아의 혁명적 잠재성을 전반적으로 인지하지 못하는 근본적인 문제를 안고 있었다. 사회가 발전하려면, 그리고 노동자 계급의 삶이 나아지려면 사회가 급진적으로 변혁되어야 한다. 필요한 것은 '혁명'이었다. 그는 혁명에 대한 열정과 냉철한 현실 분석으로 인간 해방을 꿈꾸었다.

『공산당선언』의 제2부에서는 공산당의 목표를 열거하고 있다. 부르주아 계급의 전복과 프롤레타리아를 통한 권력 정복, 사유재산의 폐지, 시민계급의 자유 폐지, 교육체제로서의 가족 기능의 폐지, 민족의 폐지, 종교와 도덕의 폐지, 그리고 이를 통해 달성하고자 하는 최종 목표는 계급의 폐지다. 『공산당선언』은 "만국의 프롤레타리아여 단결하라"는 외침으로 끝을 맺고 있다. 오늘날 이 외침은 전 세계에서 슬픔에 잠긴 고요함으로 잦아들고 있다.

따라서 비록 실패한 죽은 개 취급을 당하고 있지만 『공산당선언』은 프롤레타리아를 위한 역사 속의 교훈이며 프롤레타리아로 하여금 자신의 힘과 역사적 운명을 보게 하려는 시도였다. 물론 마르크스가 예언했던 것처럼 프롤레타리아가 극적인 사회의 변화를 일으키는 진원지로 출현한 곳은 전 세계적으로 한 번도 없었고, 그의 예언은 그 이후의 역사에서 잘못된 것으로 판명되었다. 하지만『공산당선언』에 담긴 다른 예언들은 역사가 진행되면서 옳았음이 증명되고 있다.

『공산당선언』은 자본주의가 전 세계로 확장되고 상품과 노동력의 '세계시장'이 생길 것으로 예상했다. 마르크스는 지구상에 자본주의의 영향을 받지 않는 사회는 남지 않을 것이라고 주장했고, 그 점은 적중했다. 우리는 마르크스를 현재 '세계화'라고 불리는 이론을 세운 최초 이론가의 한 사람으로 간주해도 될 것이다. 또한 그는 농촌의 협소성이 도시에 기반을 둔 삶의 세계시민주의와 국제주의에 의해 더욱 심화되는 사회가 발전할 것이라고 예측했으며, 전통적으로 안정되고 좋은 보수를 받는 쁘띠부르주아의 직업이 사라지고 프롤레타리아로 전락하는 일이 확산될 것이라고 예상했다. 오늘날 많은 사람들이 이런 예측과 예상에 동의하고 있다. 그 외에도 마르크스는 민족주의자와 종교 사상이 가진 힘의 쇠퇴를 예측했지만 지금도 민족주의와 종교 때문에 전쟁이 일어나고 있는 상황이다. 하지만 우리는 마르크스의 예측에 기대어 민족주의나 종교의 허구, 비합리성이 없는 시대로의 발전을 희망할 수 있을 것이다.

지금 여기, 마르크스는 사라지고 없지만, 공산주의라는 유령은 우리 주위를 배회하고 있으며, 여전히 현실을 놀라게 하기도 하고 위험에 빠뜨리기도 한다.『공산당선언』은 우리에게 인간의 조건을 설명해 주면서 경제에 의존하는 삶에서 우리가 직면하게 되는 문제에 대한 해답을 시사하며 유령의 존재로 살아 있다.『공산당선언』은 더 나은 세상을 만들기 위해 우리가 바라봐야 할 문제점과 한번 시도해 보고 싶은 해결방안을 분명하게 정제하는 하나의 모델을 제공한다. 오늘날 많은 문제를 안고 있는 자본주의에 비추어 볼 때 계급 해방, 인간 해방의 가능성을 진지하게 사유한 마르크스를 다시 만나야 할 이유다. 해서 우리는 『공산당선언』을 영원히 당대의 사회문제와 밀접하게 연관되어 있는 고전으로 간주할 수밖에 없으며, 동시에 읽어야만 하는 것이다.

칼 마르크스·프리드리히 엥겔스, 「공산당선언」, 강유원 옮김, 이론과실천, 2008.
『공산당선언』은 역사철학적인 의의와 정치경제학적인 의의뿐 아니라, 근대의 모더니티가 가진 파편적·허무적 측면들을 관조함으로써 현대 문화의 여러 측면을 이해하는 기초를 제공하는 문화이론적 의의를 가지고 있다. 또한 동시에 오늘날에도 여전히 우리가 살아가고 있는 삶의 전 지평을 재검토할 것을, 그리고 그 검토에 근거하여 삶의 전 지평을 변혁할 것을 요구하고 있다. 『공산당선언』은 마르크스주의의 입문에 해당하는 문헌으로서 널리 읽혀 왔으며, 한국에도 여러 번역본이 출간되어 있지만, 이 번역본이 일반 독자들이 읽기에 가독성이 가장 좋은 듯하여 선택하였다.

예술
이강화

알타미라와 라스코의 동굴벽화가 잘 말해 주듯이 어떤 재료나 도구를 통해서 무언가를 표현하려는 인간의 욕구는 태곳적부터 시작되었고, 그 기능이 주술이든, 종교든, 정치든 이러한 '예술적' 표현은 인류의 역사와 더불어 지속되었다.

우리 역사에서도 각 시대마다 다양한 예술작품이 나타났지만, 최근 들어 우리 사회에서 창작뿐 아니라, 감상 차원에서도 예술과 문화에 대한 관심이 과거 어느 때보다도 고조되고 있음을 목격할 수 있다. '21세기는 문화의 시대'라는 표현에 걸맞게 요즘의 젊은이들에게 영화관을 찾고, 뮤지컬을 보고, 스마트폰으로 영화를 만드는 것은 학교에서의 수업만큼이나 자연스럽고 필수적인 활동이 되었다. 특히, 다양한 장르의 대중문화는 청소년들을 중심으로 비교적 안정된 소비층을 확보하면서 고부가가치를 창출하는 산업으로 인식되고 있으며, 사회적 담론을 형성하는 공적 영역의 일부가 되었다.

한편, 예술에 대한 관심과 영향력이 확대되는 만큼 이에 비례하여 지적인 반성 작업도 요구되었다. 예술이 감성적 차원에서 정서적 반응의 대상으로만 끝나지 않고, 정신적 차원에서 이념과 가치 추구의 대상이 되려면 그것의 타당성에 대한 비판적 논증은 당연하며, 역사적으로 예술철학(미학)이 이런 논의를 전담하였다.

철학사를 일견할 때 물론 미와 예술에 대해 부정적인 철학자들도 있었다. 예술가들은 감성보다는 이성을 앞세우는 입장에 맞서 '미학의 무용성과 유해성'을 주장하며 대응하였다. 그러나 이론과 실천을 둘러싼 이런 대립은 사실 무의미하다. 예술에 대한 지적인 반성은 예술을 생각하는 모든 사람에게 필요하며, 창작자와 철학자도 예외가 아니다. 예술이 우리에게 전해 줄 수 있는 정신적 차원에서의 생산성과 풍부함은, 창작자의 고유한 표현뿐 아니라 비평가들의 논리적 해석을 통해서도 전달되기 때문이다. 이리하여 오랫동안 철학자들은 그들의 진리를 미와 예술을 통해서 설명하였고, 예술가들 역시 자신의 작품과 예술관을 설명하기 위해서 미학적 이론을 동원하였다.

　여기에서 소개하는 열 명의 학자들은 바로 이러한 이론적 작업을 한 사람들이다. 미에 접근하는 입장이 다르고 예술에 대한 관점도 동일하지 않지만, 이들은 각자 고유한 방식으로 예술의 다양한 모습을 여러 장르를 통해서 질서 정연하게 설명하였다. 따라서 독자들은 이들의 자상하고도 섬세한 지적 지도를 따라가다 보면 어느덧 다채롭고도 풍요한 미와 예술의 세계에 도달했음을 확인하게 된다. 물론 그들의 복잡한 사유체계와 개념의 난해함이 가끔 그들을 이해하는 데 걸림돌로 나타나겠지만 본문에 대한 진지한 인내심이 이런 문제를 극복하게 할 것이다.

　특정 분야의 대표작을 소개하는 이런 글쓰기에서 가장 어려운 점은 철학사에 등장한 많은 학자들 중에서 누구를, 어떤 기준에 의해서 선택하느냐이다. 열 명이라는 한정된 숫자를 고려할 때 선정 과정에서 글쓴이의 주관적 판단과 기준은 불가피하며, 이런 측면에서 선정 결과가 보편성을 담보할 수 없음도 인정해야 한다. 그럼에도 우리 시대의 예술과 문화를 이해하기 위해서는 최소한 이들의 저서는 반드시 읽어보아야 한다는 글쓴이 나름대로의 소박한 판단으로 열 권의 도서를 선정하였다.

쾌락적 본능으로서의 모방과 구성

아리스토텔레스, 『시학』

고대 그리스 철학자 아리스토텔레스^{Aristoteles}는 기원전 384년 스타게이로에서 마케도니아왕의 시의侍醫의 아들로 태어났다. 17세 때 아테네로 가서 플라톤이 세운 아카데미아에 들어가 수학한 후, 수사학修辭學 교사가 되는 등 거기서 20년을 살았다. 이후 마케도니아왕의 초빙으로 고국으로 돌아와 당시 13세였던 왕자 알렉산더의 교육을 맡아 7년간 머물렀다. 기원전 335년경 다시 아테네로 돌아왔고, 플라톤 사후 그의 후임으로 아카데미아의 교장이 되기를 희망했으나 실현되지 못하자, 리케이온에 학원을 세우고 여기에서 평생을 강의와 연구, 저술에 몰두하였다. 지금 남아 있는 저작의 대부분은 이 시대의 강의 노트이다. 그의 제자였던 알렉산더가 사망한 다음해인 기원전 322년 그도 작고한다. 그의 학문적 연구 영역은 방대하지만 철학의 경우, 대체로 이론 · 실천 · 제작의 3부로 나누어 연구하였다. 이 중에서 '제작'에 해당되는 대표적인 저술이 바로 『시학』詩學이며, 여기에서 그는 예술의 본질을 다루었다.

문학에서 가장 오래된 장르는 시詩다. 중국의 고전 『시경』이나 『구약성서』의 「시편」은 고대의 시를 모은 책들이고, 『일리아드』나 『오디세이』 역시 서사시의 형태를 취하고 있다. 이런 의미에서 아리스토텔레스의 『시학』은 서양에서 문학(시)이라는 예술 장르의 특성을 고찰하는 최초의 문헌이라고 할 수 있다. 그러나 제목과는 달리 『시학』은 시를 다루는 부분이 생각보다 많지 않다. 그 이유는 『시학』에서의 '시'詩 즉 그리스어인 '포이에시스' poiesis는 원래 '제작'이라는 의미로서 요즘 우리가 사용하는 좁은 의미의 시뿐만 아니라 서사시와 극시까지 포괄하는 말이었고, 이때의 서사시와 극시는 지금의 소설과 희곡에 해당되니 시는 결국 오늘날의 문학 전반을 의미하는 말이 되는 것이다.

'시인'詩人, poietes이라는 말 역시 좁은 의미의 시인이 아니라, '만드는 사람'(제작자)을 의미하였다. 만드는 기술, 즉 제작 기술에는 건축과 조선과 같은 생활에 쓸모가 있는 기술과 정신과 영혼을 위한 기술이 포함되는데, 시는 바로 후자에 속하는 기술이었다. 이러한 기술에는 색채와 형태를 매체로 하는 조형예술(미술), 음성을 매체로 하는 연극·기악·무용 등도 포함되지만 아리스토텔레스는 『시학』에서 조형예술보다는 주로 시·음악·연극·기악 등을 다루고 있다. 이처럼 일반적인 시 외에도 역사적 사건을 서술하는 서사시, 실제 무대에서 공연하는 연극을 위한 대본뿐 아니라, 연극 그 자체, 연극에서 사용되는 합창과 연주까지도 포괄하고 있다는 점에서 『시학』은 고대 그리스의 문학 및 공연 예술을 포괄적으로 분석한 예술이론서라고 할 수 있다.

그러면 『시학』은 어떤 계기에서 쓰여진 것일까? 이 점에 관해서도 학자들 사이에 논란이 적지 않지만, 아리스토텔레스가 그의 스승인 플라톤의 문학(예술)론에 맞서 문학을 옹호하기 위해 썼다는 것에는 대체로 의견 일치를 보고 있다. 플라톤은 『국가론』Politeia에서 유명한 '시인추방론'을 전개하는데 그것은 크게 두 가지 이유에서였다. 첫째, 시는 플라톤이 생각한 실재인 이데아의 모방인 사물을 모방함으로써 이데아로부터 이중으로 멀어진 것이기에 진리나 진정한 지식으로서 열등하며 둘째, 시는 인간의 이성에 도움이 되기는커녕 이성과는 상충되는 감성을 조장함으로써 영혼을 타락시키고 도덕적으로 유해하다는 것이다.

플라톤이 문학을 배척한 것은 그가 문학을 이해하지 못해서라기보다는, 당시 그리스의 교육에서 문학이 철학보다도 더 중요시된 데 대한 철학자로서의 의무감에서 비롯되었다고 할 수 있다. 플라톤도 젊었을 때 시를 썼으며, 무엇보다도 『대화록』은 그의 탁월한 문학적 상상력과 예술적 재능을 잘 보여주고 있다. 결국 문학에 대한 부정적 견해는 이데아로 대표되는 관념적 실재론과 이성 중심이라는 그의 철학에서 비롯된 것이다. 그러나 실체를 초월적인 존재 대신, 형상과 질료의 결합이라는 구체적 현실에서 찾으려 했던 아리스토텔레스는 스승의 이러한 견해를 당연히 거부할 수밖에 없었다. 이제 『시학』에서 전개된 주요 개념을 통해서 아리스토텔레스 문학(예술)이론들을 살펴보도록 하자.

문학의 기능을 모방mimesis에서 찾는 것은 플라톤을 비롯한 당대 철학자들의 공통된 견해지만, 플라톤의 경우 이 기능이 문학의 열등성을 보여주는 구체적인 증거로 제시되고 있다. 이에 반해서 아리스토텔레스는 문학의 일차적이고도 긍정적인 기능을 모방에서 찾았다. 희곡과 서사시와 극시는 말할 것도 없고 관현악곡 역시도 모방의 양식이며, 이러한 양식은 인간의 본능에서 비롯된 필연적 방식이기 때문이다. 그리고 모방은 수단의 종류와 대상의 차이, 그리고 모방의 방법이라는 세 가지에 의해 구별된다. 모방자가 모방하려는 대상은 인간의 행위이며, 이 행위를 통해 등장인물은 선인이나 악인으로 구분된다. 여기에서 비극과 희극을 구분 짓는 기준이 제시되는데, 희극은 평범한 사람보다 천한 인물을 그려내는 반면에, 비극은 모두가 존경할 수 있는 훌륭한 인물을 그려낸다.

그렇다면 비극의 가치와 효과는 어디에 있을까? 비극은 특유의 극적 방식을 통해서 사건들을 전개하면서 연민과 공포를 전달하는데, 이 과정에서 관객들은 감정의 정화, 즉 카타르시스catharsis를 체험하게 된다. 요즘 우리 주변에서 흔히 들을 수 있는 예술치료, 문학치료의 선구적 이론을 여기서 확인할 수 있는데, 이때 '기쁨을 주는 장식적 요소의 조화된 언어'라는 리듬과 화음 혹은 노래를 결합함으로써 더욱 효과를 발휘하게 된다. 작품의 주제 역시 모방된 행동을 통해 구현되는데, 이때의 행동은 성격과 사상 양면에서 평범한 사람들과 구별되는 고유한 특징을 필연적으로 지녀야 한다.

현실의 행동이 극에서 특정한 이야기로 전개되기 위해서 가장 필요한 요소는 구성, 즉 플롯plot이다. 플롯이란 이야기 속의 사건과 행위의 적절한 결합이다. 등장인물의 성격character 역시 플롯을 통해서 나타나게 된다. 비극에서 흥미를 끄는 강한 요소인 급전과 발견 역시 플롯의 일부분이다. 아리스토텔레스는 플롯을 비극의 생명이며 영혼이라고 칭하였다.

다음으로 필요한 요소에 사상성과 조사법이 있는데, 이것은 주제가 무엇이든 이에 가장 적절한 것을 말로 표현하는 능력이다. 이것은 비극적 대사에서뿐만 아니라 정치학과 수사학의 영역에도 필요하다. 이외에도 멜로디와 장경場景이 언급되지만 다른 요소들에 비하면 미미하다.

비극은 전체적으로뿐만 아니라 부분적으로도 완전해야 하며, 일정한 길이를 가진 행동의 모방이라는 점에서 시작과 중간과 끝을 가지게 된다. 여기에서 시작이란 어떤 것에 이어지는 것이 아니라 자연스럽게 전개되는 것이고, 끝이란 어떤 것에 이어지면서 그것의 필연적이고도 자연스런 결과를 의미하며, 중간이란 어떤 것에 이어지면서 또한 무엇인가를 자연스럽게 이어나가는 것이다. 따라서 이야기는 아무 데서 시작하거나 끝나서는 안 되며, 훌륭한 플롯은 이런 이야기를 수미일관하게 전개하는 것을 의미한다.

문학에 관한 아리스토텔레스의 긍정적 관점은 역사가와 시인의 기능을 비교하는 데서도 잘 나타난다. 역사가와 시인의 차이는 산문으로 쓰느냐 운문으로 쓰느냐에 있는 것이 아니라, 일어난 일을 쓰고 있느냐 일어날 수 있는 일을 쓰느냐에 있는 것이다. 아리스토텔레스에 의하면 역사가는 일어난 일을 쓰고 시인은 일어날 수 있는 일을 쓰기에 시는 역사보다 더욱 철학적이고 중요하다. 왜냐하면 역사는 개별적인 것을 기록하는 데 반해서, 시는 더 본질적이고 보편적인 삶을 그려내기 때문이다. 여기에서 '보편적 서술'이란 일반적인 인물이 개연적 혹은 필연적으로 말하거나 행동하는 것을 그려낸다는 의미이다.

극에 있어서 사람의 행동은 두 가지로 나타난다. '단순한 행동'은 하나의 연속적 전체를 이루고 있는 행동을 의미하는데, 이때 등장인물의 운명은 급전이나 발견 없이 순조롭게 전개된다. 반면, '복잡한 행동'은 그 운명에 급전과 발견 중 어느 하나 혹은 두 요소 모두가 포함될 때 일어난다. 아리스토텔레스는 극 중 인물의 성격 창조에 대해서도 네 가지 기준을 제시한다. 첫째로 무엇보다도 주인공은 선량해야 하며, 둘째로 그 성격이 특유하고도 적절하게 꾸며져야 한다. 셋째, 성격을 과거 전설상에 있었던 인물들과 유사하게 꾸며야 하며, 마지막으로 전편을 통하여 인물의 성격이 일관성을 유지해야 한다.

아리스토텔레스는 비극의 종류 역시 네 가지로 구분한다. 첫째는 복잡한 비극으로 급전과 발견으로 모든 것이 이루어지며, 둘째는 파토스를 일으키는 비극으로서 관객들로 하여금 격한 감정을 자아낸다. 셋째는 성격으로 인한 비극으로 주인공의 성격이 그의 운명을 이끌어 가며, 마지막 장경적 비극은 시·공간적 상황이 극을 전개하는 경우이다.

끝으로 아리스토텔레스는 서사시와 비극을 비교하면서 어느 양식이 더 고양된 형식인가를 설명한다. 비극은 서사시가 가지고 있는 모든 요소를 가지고 있을 뿐 아니라, 중요한 음악과 장경도 함께 가지고 있기 때문에 서사시에 비해서 훨씬 고양된 예술 형식이라는 것이다.

이탈리아의 기호학자이자 작가인 움베르토 에코에 의해서 『시학』이 다시 한번 대중들의 관심을 끌었다. 자신의 소설 『장미의 이름』에서 에코는 애초에는 존재했을 가능성이 많지만 중간에 유실되어 지금은 전해지지 않는다고 알려진 『시학』 제2권 희극편을 소재로 삼아 흥미진진한 추리극을 전개하였다. 역사학이 인간의 실제적 경험들을 연구하는 반면, 철학이 인간의 감성적 경험의 내재적 논리성을 연구한다는 점에서 볼 때, 에코의 이러한 작업은 예술에 관한 우리들의 이야기가 어떤 방식으로 전개되든 아리스토텔레스의 사유 형식에서 쉽게 벗어날 수 없음을 보여주는 좋은 예가 될 것이다.

아리스토텔레스, 「시학」, 천병희 옮김, 문예출판사, 2002.
「시학」의 번역본으로는 문학과지성사의 이상섭 역본, 펭귄클래식코리아의 김한식 역본, 문예출판사의 천병희 역본, 고려대출판부의 손명현 역본과 김재홍 역본 등이 있다. 대부분의 역본들이 영어판을 주 텍스트로 사용한 데 비해서 천병희 역본은 그리스 원전을 텍스트로 사용하였고, 본문에 대한 상세한 해설과 각주가 첨부되어 있다. 그러나 비문이 발견되고 구시대적인 어휘가 사용된 점이 아쉽다.

근대의 분열된 삶과 미적 경험

헤겔, 『미학강의』

게오르크 빌헬름 프리드리히 헤겔Georg Wilhelm Friedrich Hegel은 1770년 독일 슈투트가르트에서 태어났다. 18세에 튀빙겐의 신학원에 입학하였는데 여기에서 만난 친구 중에는 동년배인 횔덜린과 다섯 살 아래인 셸링이 있다. 이들은 서로 어울려 그리스 비극 작품을 읽었고 프랑스혁명에 환호하기도 하였다. 신학원 교수들의 고답적이고 보수적인 교리 강의에 싫증을 느낀 헤겔은 대학을 마치고 성직자로 나아가는 대신, 철학과 그리스 문학을 공부하려고 결심하고, 이를 위한 시간적·경제적 여유를 갖기 위해 베른과 프랑크푸르트에서 가정교사를 하면서 학문적 기초를 단단하게 쌓아가게 된다. 셸링의 도움으로 예나대학에서 사강사 생활을 하였지만 헤겔의 경제 사정은 별로 나아지지 않았기에 잠시 동안 『밤베르거 차이퉁』지의 편집을 맡기도 하였다. 이어서 뉘른베르크에 있는 김나지움의 교장직도 맡았는데 이 직책으로 경제적으로 조금 안정이 되자

1811년 마리 폰 투헤르와 결혼하게 된다. 하이델베르크대학에서 잠시 철학을 강의하던 헤겔은 마침내 작고한 피히테의 후임으로 1818년 베를린 대학에 초빙된다. 베를린 시절 헤겔은 활발한 연구 활동으로 학문적 명성을 전 유럽에 떨치게 되었고, 수백 명의 수강자들이 독일 전역과 외국에서 몰려들었다. 그러나 1831년 11월 14일 베를린에서 헤겔은 콜레라로 갑자기 작고한다. 베를린 시민들의 애도 속에서 평소의 희망대로 그의 묘지는 피히테 옆에 안장되었다. 주요 저서로『정신현상학』,『논리학』,『엔치클로페디』,『법철학 강요』,『미학 강의』,『역사철학 강의』등이 있다.

헤겔은 당대 철학의 근본 물음과 관련하여, 근대 철학이 근본적으로 서구의 반성적 오성 철학과 합리적 질서 및 실정적 제도들에 대한 포괄적인 비판을 통해 새롭게 태어나야 함을 주장하였다. 이는 철학의 내적, 외적 분열을 경험하고 있었던 근대인들의 삶을 어떻게 총체성이라는 방식으로 회복할 것인가 하는 문제와 연결되는 것이었고, 헤겔은 자신의 체계 속에서 이른바 '이념의 감각적 현현'이라고 불리는 예술 영역에서 이 총체성이 구체적으로 실현될 수 있음을 보여주게 된다. 왜냐하면 예술은 이념의 구체적인 정신, 즉 자유를 실현하는 감각적이고 개별적인 현상이기 때문이다. 감각적인 실재로서의 예술 작품은 인간과 세계에 대한 보편적인 이해를 가능케 하며, 예술작품의 미적 가치는 보편적 개별성, 즉 자유롭고 참된 총체성에 의해 특징지어진다. 헤겔이 규제적이고 도구적인 합리성에 기초하는 근대 시민사회에서 상실된 포괄적이고 자유로운 이성성을 예술에서 발견하려고 하는 이유가 여기에 있는 것이다.

헤겔은『엔치클로페디』의 3부인 '절대정신' 제1절에서 예술을 간략하게 다루었지만, 이후에도 예술에 대해 지속적인 관심을 가졌는데, 그 결과물이 그의 사후 출간된 『미학강의』였다. 『미학강의』 서론 도입부에서 헤겔은 '미학'이라는 용어를 비판적으로 검토한다. 바움가르텐이 이름 짓고 이론을 세운 'Asthetik'은 '인식, 지각'에 해당하는 그리스어 'aisthanesthai'에서 유래하였고, 볼프 학파에 의해 처음으로 철학의 한 분야가 된 새로운 학문을 위해서 사용된 용어이다. 이런 차원에서 헤겔도 이 용어의 관행적 사용을 예로 들면서 미학이란 이름을 그대로 허용해야 함을 주장한다. 그러나 학문의 고유한 영역을 볼 때 미학은 '예술철학'Philosophie der Kunst, 더 구체적으로는 '아름다운 예술의 철학Philosophie der schone Kunst이 되어야 한다는 것이 헤겔의 일관된 주장이었다.

헤겔도 이념을 드러내는 첫 번째 존재가 자연이며 따라서 미 역시 첫 번째 대상이 자연미라는 관점에서 자연미에 관한 논의를 우선한다. 그러나 헤겔에게 있어서 미학의 대상은 어디까지나 예술미이다. 왜냐하면 예술미는 정신으로부터 태어난 미이기 때문에 자연미보다 우위에 있는 것이다. 나아가 예술 작품은 다양한 불일치들로 이루어진 정적인 형태로 머물러 있는 것이 아니라, 모든 대립적인 요소들을 하나의 의미 연관 속으로 가져온다. 이 과정에서 이루어진 동일성이 운동 원리에 의해 유기적인 총체성으로 완전해질 때 예술 작품은 살아있는 전체가 된다. 이는 예술의 이념이 정신과 자연의 상호 침투에 의해 자유롭고 내적으로 완결된 총체성으로서 자신의 독자성을 획득함을 의미하는 것이다.

여기에서 헤겔은 예술미와 관련된 두 개의 중요한 개념을 제시하는데 바로 '진리'와 '자유'이다. 헤겔에 따르면 예술은 '자유'를 위해서 필연적이다. 정신은 현존의 유한성 속에서는 자유를 실현할 수 없기 때문에 대신 자유가 유한성을 극복한, 즉 주관과 객관의 분열을 극복한 최고위

상태를 예술이 실현하는 것이다. 왜냐하면 예술이 자유를 통한 이런 총체성을 요구하기 때문이다. 동시에 예술은 '진리'를 위해서 존재한다. 현실과 예술의 대립에서 진리는 예술의 편에 서는데, 이때 예술은 단순한 현실의 모방이 아니라, 현실의 기만적 성격을 벗어남으로써 참된 진리, 참된 현실성에 도달하는 것이다. 이것은 예술에서의 진리가 단순히 현실의 재현과 대상과의 일치라는 차원을 벗어나기 때문이다.

그러나 미학의 대상이 예술미에 국한될 경우 몇 가지 난점이 제기된다. 우선, 과연 예술미를 학문적으로 다룰 만한 가치가 있을까 하는 것이다. 즉 예술은 사실상 학문적으로 고찰하기에는 적합하지 못한 대상으로 보일 수도 있다. 또 예술 작품의 원천은 창조적인 상상력의 자유로운 활동에 있기에, 사상 혹은 철학이 이를 완벽하게 직관, 판단하거나 일반적인 정식 속에 정렬시킬 수 없는 것처럼 보인다. 무엇보다도 가상을 전제로 하는 예술이 진리를 전제로 요구하는 철학적 사유의 대상이 될 수 없는 것이다. 이런 점들을 감안할 때 예술은 학문적 논의의 대상으로 적당하지 않다는 것이다. 그러나 헤겔은 자기의식을 성취해 가는 정신의 창조적 활동은 인간의 실천 속에서만 현실적인 것이 된다는 사실에 입각하여, 미와 예술을 이성적 주체의 자기 의식적 활동의 계기와 산물로서 파악한다. 앞에서도 언급했듯이 철학과는 달리 예술에서의 가상과 기만은 진리를 드러내기 위해서는 필연적 요소이다. 따라서 예술에서 "가상 그 자체는 본질에 본질적이다"라는 변증법적 사유가 성립하는 것이다.

헤겔 미학에서 또 하나 중요한 요소는 역사성이다. 사실 역사성의 문제는 그의 철학 체계 전반의 기본적 구성 요소로서, 헤겔에게 역사 혹은 역사적 현상이란 세계정신이 변증법적으로 발전하는 과정의 구체적인 표현이다. 따라서 예술 작품 역시 표현되는 현실성의 원리는 구체적이고 유한한 주체가 예술적 대상을 통해서 자기 자신에 대한 의식을 갖게 된다는 것을 의미하며, 이러한 주체가 역사적 과정을 통해서 자기 자신에 대한 지식을 외화하고 현실성을 주체를 규정하는 것이 '예술 형식'인 것이다. 역사 속에서 실현되는 이러한 개별적인 예술 형식을 통해서 미적 이념은 구체성과 규정성을 지니게 된다.

그리고 미학은 바로 예술미로서 현상하는 것의 조건들, 즉 예술 작품을 드러내게 하는 현실성의 조건들과 관계하면서 이러한 현실성이 역사성을 통해서 나타내는 현상 형식의 토대와 규정성을 밝혀나가는 것이다. 이리하여 이념이 이상적 예술 작품 속에서 표현될 때, 정신의 자기의식적 수행자로서 예술과 종교와 철학 속에서 절대 이념을 인식하는 인간은 단순히 관념적이고 추상적인 존재가 아니라 사회적이고 역사적인 실천적인 본질이 되는 것이다.

한편, 청년 시절부터 헤겔이 관심을 기울였던 시대는 고대였다. 헤겔이 보기에는 개체와 공동체의 일치라는 인륜적 미덕을 고대 도시국가의 민주적인 생활방식이 보여주었기에 이것을 가능하게 한 고대 예술을 동경하였다. 그러나 다른 한편으로, 헤겔에게 고대 문화는 재건되어야 할 이상이 아니고 몰락한 과거의 유산에 불과하며, 동시에 중세나 근대의 문화나 예술도 이전처럼 단순한 퇴영으로 보지 않고 사회발전의 현실적인 단계로 파악하였다. 따라서 헤겔은 필연적으로 역사는 자본주의, 즉 시민사회로 나아가게 되고 여기서 주도하는 문화나 예술도 이러한 시대를 배경으로 필연적으로 발전하고 소멸한다는 통찰을 가지게 되었다.

이리하여 헤겔은 예술이 그 내용이나 형식상 정신의 진정한 관심사를 의식시켜주는 최고이자 절대적인 방식이 될 수 없음을 거듭 강조한다. 왜냐하면 예술은 형식상 진리의 어느 특정한 범위와 역사적 단계의 예술

작품 속에서만 표현의 계기가 되기 때문이다. 예술은 이제 진리를 위해 그 최고의 양식에 도달했던 단계를 넘어서서 그 역할을 종교나 철학에게 넘겨주어야 한다. 철학적 사유와 반성이 예술을 능가하고 있기 때문이다. 헤겔의 그 유명한 '예술의 종언' 테제도 이러한 역사적 연관 속에서 고찰될 때 올바르게 이해될 수 있고, 헤겔 미학의 현재적 의미도 밝힐 수 있는 것이다. 결국 헤겔 미학의 학문적 공적은 예술에서 나타나는 진리와 미의 연관을 정신적 차원에서 규명하고 이를 역사적이고 사회적인 관점에서 구체화했다는 점이다. 이리하여 이념의 구체적인 전개인 예술은 그 역사적인 필연성을 가지게 되었던 것이다.

그러나 예술에서 나타나는 내용을 역사적·사회적으로 구체화하는 과정에서 나타나는 예술 장르의 인위적인 체계화, 고유한 속성을 무시한 장르의 일방적인 서열화, 동방 예술에 대한 무지함과 폄하 의식, '예술의 종말'에 대한 과도한 확신 등은 그의 이론에 대한 비난의 근거로 제기되는 요소들이다. 예를 들어, 헤겔적 관점에서 시문학은 자신을 초월하여 학문(철학)의 언어를 지시해야 하고, 예술은 본질적 역할을 종교와 철학에게 양도한 후 당연히 소멸되어야 한다. 그러나 역사의 구체적인 전개 양상은 이와는 전혀 일치하지 않음을 쉽게 알 수 있다. 이것은 그의 철학 전반에 공통적으로 나타나는 체계에의 집착이 예술철학에서 다시 재현된 것으로, 그의 철학 체계를 토대하는 객관적 관념론과 변증법으로부터 나타나는 필연적인 결과라고 볼 수 있다. 이렇게 볼 때, 이후의 미학 이론들이 그의 관념론적 체계에 대한 비판과 부정으로부터 시작되었다는 것은 지극히 당연한 것이다.

그럼에도 헤겔에게 철학과 예술의 목표가 궁극적으로 대립적인 것을 하나로 통일하고 이를 통해서 상호 생동적인 관계를 회복하는 것이라 한다면, 예술의 경계와 규준 자체가 의심되고 예술의 존재 의미 그 자체가 회의되는 흔히 탈근대시대라 불리는 작금의 상황에서 그의 예술철학은 총체적이고 보편적인 진리의 표현으로서의 예술의 회복과 재생을 위해서 요구되는 시대적 보편성임을 다시 한번 확인할 수 있는 것이다.

G. W. F. 헤겔, 『헤겔의 미학강의』 1·2·3, 두행숙 옮김, 은행나무, 2010.
헤겔의 『미학강의』 완역본은 은행나무에서 출간된 두행숙 번역본이 유일하다. 나남에서 출간되었던 역본을 14년 만에 새로운 모습으로 재간하였다. 역자의 학문적 역량을 총체적으로 보여주는 이 역본은 헤겔 미학의 역서로서 부족함이 없다고 하겠다. 이외에 지만지에서 2012년에 출간한 서정혁 번역의 『미학강의』가 있다. 이 책은 1820~1821년 헤겔 강의인 『미학강의』와 1823년 헤겔 강의인 『예술철학강의』의 「들어가는 말」 부분을 각각 번역하여 한 권의 책으로 묶은 것으로, 헤겔 미학 전공자들에게 입문서로 유용하다. 그러나 아직도 국내에 출판된 헤겔 전문 서적 중에서 미학에 대한 본격적인 해설서가 없다는 것은 매우 아쉬운 사실이다.

이미지가 지배하는 세상을 읽는 방법

드브레, 『이미지의 삶과 죽음』

레지스 드브레Regis Debray는 1940년 파리에서 출생하였다. 파리 고등사범학교를 졸업하고 철학 교수 자격을 취득하였지만, 당시 프랑스 지식계는 순수 학문보다도 좌파 운동을 중심으로 실천적 활동에 더 큰 의미를 부여하는 분위기였기에 드브레 역시 강단 대신 기자 신분으로 라틴아메리카행을 선택하게 된다. 볼리비아에서 체 게바라의 혁명 동지로 활동하면서 『혁명 속의 혁명』을 썼고, 볼리비아에서 1970년까지 3년 정도 정치범으로 수형 생활을 하기도 하였다. 1981년부터 1988년까지는 미테랑 대통령 자문위원을 맡았고, 1993년 소르본대학에서 「매개론 연구」로 박사학위를 취득했다. 이후 리옹대학에서 정치철학을 강의하면서 학술지 『매개론 논지』를 창간하였고, 다수의 학술 저작들과 소설을 발표하여 페미나 문학상을 수상하기도 하였다. 1992년에는 세비야 만국박람회에서 문자 문명과 책의 진화를 다룬 전시회를 기획하는 등 여러 영역에서 지속적으로 활동하고 있다.

　벽화 속의 물소리가 잠을 설치게 하기에 그 그림을 지워버리라고 명령하였다는 중국 황제 이야기와 한밤중에 잠들지 못하는 사람이 머릿속에 샘물을 그려보면 잠이 온다는 샘물 그림을 언급한 알베르티의 이야기를 서두에 인용한 이 책에서 저자는 이른바 '매개론'^{mediology}이라는 새로운 인문학적 방법을 통해서 이미지라는 것이 어떻게 발생하여 실재가 재현되며, 이러한 이미지가 어떻게 힘을 갖기 시작하면서 모든 실체를 대체하고 모든 것을 지배하는 오늘날의 메커니즘이 되었는가를 서술하고 있다.

　'이미지의 기원', '예술의 신화', '구경거리 이후' 등 3부 12장으로 이어지는 순서를 통해 저자는 우선, 죽음을 통한 '이미지의 탄생'과 이런 '상징적 전달'이 탄생하는 과정, 이것을 실재로 믿는 종교인들의 신념이 결합하여 생겨나는 심리를 '종교적 유물론'으로 개념화하면서 '이미지의 세계'가 구축되는 양상들을 살핀다. 이어서 이미지가 '예술'의 영역을 화려하게 꽃피운 시대를 가로지르면서 '역사의 끊임없는 순환', '고미술이라는 유령', '예술의 지리', 이미지의 파노라마에서 우상기로 다시 예술기로 넘어가는 '시선'이라는 세 시대를 관통한다. 마지막으로, '사진이 준 충격'에서 시작되는 근대의 격변의 연대기를 다룬다. 영화·비디오·컬러텔레비전 등이 바꿔 놓는 시각적 재현의 여러 양상들과 그로 인한 인간 지각체계의 변화와 그가 '집단적인 무사고'라고 표현한 문제점들을 짚어낸다.

　이렇게 볼 때 저자 자신의 표현대로 "매개론의 방법론을 이미지에 적용한 첫 번째 응용서"인 이 책은 조형미술사의 영역으로 분류될 수 있다. 그러나 이 책을 단순히 이미지의 흐름에 대한 역사적 개설서로 볼 수 없다. 우선, 저자 자신이 미적 형상을 이미지의 일정한 진화로 파악하는 '미술사'를 부인한다. 시간과 거리, 역사와 지리의 경계를 뛰어넘는 보편적 인류사와 미술사가 존재한다는 담론은 일종의 허상으로서, 르네상스 시대에 만들어진 '예술'이라는 관념에 의해 탄생하고 이것에 의해 형성된 신화일 뿐이다. 미술이론 역시 문화적 주도권을 가진 몇몇 서구 국가의 체험을 보편적인 원리인 양 주장하면서 제3세계에 공격적으로 유포된 것에 불과하다. 동양권과 아프리카 등 다른 지역의 시각문화 역시 나름대로 궤도를 밟아 발전한 것이기에 서구적 기준에 견주어 미숙한 발전이라고 폄하할 수 없는 것이다. 이처럼 오랫동안 특권을 누리던 서구의 보편적인 예술사라는 환상을 깨고 각 공동체의 고유한 예술사가 들어설 수 있는 이론적인 근거를 마련함으로써 저자는 우리들로 하여금 서구 위주의 편협한 사고에서 벗어나게 한다.

이어서 저자는 사람들이 어떻게 이미지 상징을 만들고 이것을 어떻게 필연적인 믿음의 대상으로 삼는지, 그리고 이와 같은 신화가 어떻게 특정 사회에서 물적 토대를 통해 공고하게 자리 잡는지를 추적하였다. 물론 서구의 경우, 그 중심에는 기독교의 교리가 있으며, 여기에서 저자는 기독교 교리의 신비론적 구조를 이미지를 전달하고 소통하는 과정을 통해서 해부한다. 즉, 저자는 보이지도 않고 볼 수도 없으며 또 봐서도 안 될 것으로 간주되는 절대적 존재를 눈앞에 보이는 것으로 상정하고, 또 이것을 통해 믿음을 끌어낸 종교적 수사학을 비신학적 방법으로 분석해 보려는 것이다.

이미지에 대한 저자의 독특한 관점은 이미지가 무덤에서, 즉 죽음에서 탄생했다는 제1부에서에서 이미 잘 나타난다. 동물들이 자신의 죽음을 객관화할 수 없다는 점에서 죽음은 인간에게만 속한, 그리고 가장 보편적인 경험이다. 그리고 이러한 보편적 경험의 바탕을 이루는 다양한 해석은 죽음을 대하는 인간의 본질적인 태도인 '의미 상실'에서 비롯되었다. 이러한 의미 상실을 극복하기 위해서 종교는 인간의 사고를 보이는 것에서 보이지 않는 것으로, 인간적인 것에서 신적인 것으로, 유한한 존재에서 무한한 존재로 옮기게 하였고, 이렇게 볼 때 이미지는 죽음이라는 의미 상실을 거부하면서 영원히 삶을 기원하는 인간적 열망의 또 다른 표현에 불과한 것이다.

죽음과 관련된 이미지의 탄생은 이와 관련된 용어들을 통해서도 충분히 방증되고 있다. 이미지^{image}의 어원인 '이마고'^{imago}는 원래 죽은 자의 얼굴에 씌우는 밀랍을 의미하였고, 형상을 뜻하는 영어 'figure'의 어원인 'figura' 역시 유령이나 귀신을 의미하였다. 이처럼 이미지와 형상은 죽은 이의 영생을 보장하는 주술적인 힘과 밀접한 관련이 있는 것이다. 저자가 죽음을 통해서 이미지의 마술적·주술적 측면을 강조하는 이유를 우리들은 일상에서도 쉽게 확인할 수 있다. 비주얼 시대를 살고 있는 우리들은 너무나 쉽게 마술적인 영상에로 회귀하려고 하는데, 이것은 "세상이 이미지를 닮은 것이 아니고, 이미지가 세상을 닮았는데도" 세상은 이미지를 닮으려고 갖은 노력을 하는 데서 잘 나타나는 것이다.

한편, 이미지는 공동체를 결속시키고 존속하게 하는 데 중요한 역할을 해왔다. 성상이든 우상이든, 예술이든 영상이든 이것을 이념과 제도로 정착시키고 이 힘을 이용하여 인간관계와 사회 집단을 변화시켜왔기에 이미지는 단순한 실용적 통신 수단을 넘어서서 현실적인 거리와 시간을 뛰어넘는 환영으로서 어느 시대에나 인간을 사로잡았고, 그 결과 허상은 항상 실상보다 더욱 큰 위력을 발휘하였던 것이다.

책의 2, 3부는 이런 확대 과정을 잘 보여준다. 저자는 우리의 시선이

'지표적으로' 작용하던 우상의 시대에서, '도상적으로' 작용하던 예술의 시대를 거쳐, 지금은 시각적인 효과에 침잠하는 비주얼 이미지의 시대로 나아가고 있다고 분석한다. 이미지의 존재 양식의 변화는 글자의 발명으로 인한 로고스페르 시대, 인쇄술 발명에 따른 그라포스페르 시대, 시청각 매체 발명이 기폭제가 된 비디오스페르 시대로 구분된다. 그리고 이 세 가지 시대는 '현전과 재현과 가상', 그리고 '마술에서 종교로', '종교에서 역사로', '역사에서 기술로'라는 역사적 맥락에 각각 부응한다.

물론 이 세 가지 시대의 구분은 서로 대체되는 것이 아니라 어느 정도 중첩되어 있다. 이를테면 사진과 영화는 예술의 연장선상에 있으며, 비주얼의 시대인 지금도 회화·사진·영화는 서로 공존한다. 세 시대는 단지 중첩되는 것만이 아니라, 세 번째의 시대가 첫 번째의 유령을 되살리고 있는 것처럼 보이기도 한다. 이리하여 보이지 않는 것은 없을 뿐만 아니라, 존재하지 않는 것으로 인식하는 새로운 현실에서 정작 이미지 자체가 역설적으로 죽음을 맞이하고 있는 것이다.

1960년대 이후 TV의 보급과 더불어 현대는 이른바 본격적인 영상시대에 돌입하게 되었지만, 이에 대해서도 저자는 여러 가지 우려를 피력한다. 이미지는 어느 시대보다 넘쳐나지만 대부분 피상적이고 무의미하다. 저자는 특히, 강력한 자본을 앞세운 할리우드 영상 문화를 공격하면서 서구인은 마침내 "그리스도 대신 할리우드를 택했다"고 갈파한다. 미국적 시각의 유포를 세계화라고 착각하는 한, 자신이 속한 국가의 특수한 역사와 특수한 삶의 구체성은 철저하게 상실된 채, 미국적 이미지들만이 우리들의 시각적 대상으로 끊임없이 제공될 것이기 때문이다.

이리하여 우리들은 이제 "이미지란 무엇인가?"라고 묻기보다는, "이미지는 어떻게 만들어지는가?" 혹은 "우리는 그것을 가지고 무엇을 할 수 있는가?"라고 물어야 하며, 이러한 지속적인 질문을 통해서 상실된 이미지의 본질적 의미를 회복해야 하는 것이다. 이렇게 볼 때, 우리는 이 프랑스 학자의 충고에 귀를 기울이지 않을 수 없다. 왜냐하면 21세기가 영상 시대임을 강조하면서도 이미지 안으로 무반성적으로 끝없이 침잠해 가는 우리들에게 이 충고는 이 시대의 가장 필요한 화두이기 때문이다.

레지스 드브레, 『이미지의 삶과 죽음』, 정진국 옮김, 글항아리, 2011.
『이미지의 삶과 죽음』은 글항아리에서 나온 역본이 유일하다. 시각과언어에서 1994년에 발간했던 구판을 보완하여 재간행한 책이다. 구판에 비해 신판이 번역과 편집에서 참신한 모습을 보여주는데, 좀 더 평이한 용어를 사용하고, 목차의 경우 구체적인 작은 제목들이 첨부되었다. 미술·사진 분야에서 여러 역서를 내면서 탁월한 번역 실력과 학문적 깊이를 보여준 역자의 역량이 이 책의 품격을 한층 더 높였다고 할 수 있다.

이성의 모순과 문화의 변증법

호르크하이머 · 아도르노, 『계몽의 변증법』

테오도르 아도르노^{Theodor Wiesengrund Adorno}는 1903년 독일 프랑크푸르트암마인에서 태어났고 1969년 스위스 피스프에서 작고하였다. 사회학·심리학·음악학 등에도 해박한 지식을 가졌던 그는 무엇보다도 비판이론을 내세운 프랑크푸르트 학파의 일원으로 유명하다. 미학의 발전을 역사 진화와 진리 추구의 중요한 요소로 강조한 아도르노의 초기 저작들은 어릴 때부터 쌓은 음악적 훈련과 대학에서의 철학 교육의 영향이 컸다. 프랑크푸르트대학에서 2년간 학생들을 가르친 뒤 나치의 유대인 박해를 피해 1934년 영국으로 이주하였다가 다시 미국으로 건너가 '프린스턴 라디오 연구계획'의 음악 책임자를 맡았으며, 캘리포니아대학 버클리 분교에서 '사회 차별에 관한 연구 계획'의 공동책임자를 맡기도 했다. 1949년에 프랑크푸르트대학으로 돌아왔으나 68혁명 이후 강단을 떠난다.

한편, 막스 호르크하이머^{Max Horkheimer}는 1895년 슈투트가르트의 유대계 가정에서 태어났다. 부모의 강요로 16세까지만 학교를 다녔고 이후에는 부모의 공장에서 일을 해야만 했다. 그러나 1차 세계대전 후 뮌헨에서 철학과 심리학을 공부하였다. 1925년 한스 코넬리우스의 지도 아래 칸트에 관한 논문으로 교수 자격을 획득하였고, 1930년 프랑크푸르트 대학의 사회조사연구소의 창설에 참가하였다. 나치가 집권하자 미국에 망명하였다가 전후에 다시 프랑크푸르트대학에 돌아가 연구소의 소장으로 복귀하였고, 1973년에 작고하였다.

『계몽의 변증법』은 프랑크푸르트 학파를 대표하는 아도르노와 호르크하이머의 공저로 1947년 암스테르담에서 출간되었다. 이 책의 가장 주요한 주제는 한마디로 도구적 이성에 대한 절망적 선고를 통해서 계몽의 자기 파괴에 대한 선언이라고 할 수 있다. 이리하여 『계몽의 변증법』은 이성에 대한 절대적 신뢰에도 불구하고 왜 인류가 진정한 인간적 상태에 들어서지 못하고 새로운 종류의 야만 상태로 빠지게 되었는지에 대한 역사적 해석을 시도한다. 무엇보다도 이 두 사람이 나치즘이라는 현대적 야만의 희생자였고 결국 미국으로 망명하는 디아스포라였다는 사실이 이 책의 정서적 토대를 형성하고 있다.

서구 문명에서 계몽이 상징하는 바는 무엇일까? 계몽은 근대의 핵심 원리로서 중세에서 근대로 넘어오는 패러다임 전환에 결정적인 역할을 하였다. 중세는 신화의 시대였기에 계몽은 이 신화로부터 인간을 해방시키는 탈신화화의 도구였고, 근대 인간은 이성과 합리성을 내세워 인간 해방을 모색하였다. 합리성과 과학에 기반한 사고는 우주와 세계를 보는 시각을 바꾸었고, 이러한 기술들의 누적에 의해서 인간이 생산하는 부와 가치의 양은 비약적으로 증대했으며, 이 모든 것이 이성이라는 이름으로 가능하였다.

그러나 20세기에 이르러 근대 이성을 바탕으로 하는 현대 문명은 인간 해방을 돕기는커녕 인간을 새로운 종류의 야만 상태로 전락시키고 말았다. 대량 생산에 의한 물질적 풍요도 가능해졌지만 대량 생산에 의한 대량 살상도 가능해졌다는 사실과 두 번에 걸친 세계전쟁은 과연 이성에 의한 진보가 존재하는가 하는 근본적인 회의를 불러왔다. 이성과 합리성에 기반하여 더 나은 사회 조건이 구성되리라 믿었던 수많은 유럽인들에게 나치의 인종 학살과 스탈린의 전체주의는 충격 그 자체였다.

아도르노와 호르크하이머는 이 모든 것이 인간이 자연과의 대결 속에서 자신을 보존하고 주체성을 의식적으로 확립해 나온 이성의 발달 과정과 연관이 있다고 설명한다. 그들은 이성의 발달사를 신화와 계몽의 변증법적 과정으로 파악하였는데, 고대 신화 속에서 계몽적 요소는 자연으로부터 인간을 해방시켰지만, 근대 이후의 도구적 이성에 기초한 계몽 혹은 현대 문명은 동일성이란 신화에 사로잡혀 오히려 인간 해방을 가로막고 인간의 야만화와 퇴보를 초래하였다는 것이다. 신화 역시 단순히 자연과 신에 대해 기술한 것이 아니라, 자연에 대한 신화적 태도에서 벗어나 지배적 계몽을 시도하고 있다.

그 예로 이들 저자는 호머의 서사시 『오디세이』에서 오디세우스 신화를 들고 있다. 사이렌 요정들과 사람을 잡아먹는 식인 거인 폴리페모스와의 일화에서 알 수 있듯이, 오디세우스는 간지奸智를 이용하여 신과 자연으로부터 탈출하는 데 성공한다. 이처럼 신과 자연의 공포와 위기에 인간이 이성적으로 대처함으로써 자기 보존 욕구를 충족하고 주체적 자아 의식을 형성할 수 있었다. 이러한 신화 속에는 인간이 간지를 이용하여 자연의 힘에서 벗어나 문명을 이루는 계몽적 요소도 담겨 있다. 이후 근대 과학의 발달로 계몽시대의 이성은 탈신화화를 추구한 미메시스적 간지를 넘어 자연에 대한 과학적 태도를 견지함으로써 자연을 지배하려고 했다. '인간의 자연에 대한 지배'는 결국 모든 것을 객체화시키고 지배하려는 신화를 창조하고 궁극적으로 '인간의 인간에 대한 지배'로 귀결되었다. 도구적, 동일성 추구적, 타자지배적 특징을 지닌 근대 이성이 인간 해방을 가로막았으며, 이러한 이성의 극단이 현대의 전체주의와 인간의 자기파괴라는 만행이었다.

특히, 두 저자가 『계몽의 변증법』에서 관심을 보여준 영역은 문화, 특히 대중문화였다. 대량 생산과 대량 소비로 인한 환상은 대중문화의 영역에서 두드러졌으며 집단을 대상으로 하는 이러한 문화는 대중의 이성을 마비시키고 우둔하게 만드는 효과를 가져왔다는 것이다. 저자들은 산업시대의 대중문화를 '문화산업'이라고 부르면서, 예술과 문화가 추구하고자 했던 주제가 아닌, 자본에 의한 이윤 계산이 앞서는 문화로 변질되었음을 비판한다. 그런데 이들이 '문화산업'에서 주장하는 내용은 마르크스가 주장하는 이데올로기적 문화 개념과는 관점을 달리한다. 철학과 정신, 제도와 도덕 같은 정신적 문제를 '상부구조'라 부르는 전통적 마르크시즘의 개념하에서는 "물적 토대에 의해 상부구조가 결정된다"는 유물론적 관점이 견지되는 반면, 『계몽의 변증법』에서는 "물적 토대에 의해 상부구조가 반드시 결정되는 것은 아니다"라는 견해가 주장된다. 즉 정통 맑시즘과 달리, 물적 토대보다 그 상부구조, 문화와 의식에 주목하면서 문화와 후기자본주의의 산업사회의 결합으로 발생하는 예술의 상품화, 상품의 동일화, 인간 가치의 물화 현상을 비판적으로 다루고 있다.

기업자본가와 권력자들은 문화산업의 획일화·독점화가 '수요와 공급'의 시장 질서에 따른 자연스런 과정이라고 주장하면서, 소비자들은 당연히 이런 상품을 선택할 권리가 있으며 이에 따라 자유롭게 문화상품을 소비하는 것이라고 주장한다. 그러나 이러한 주장의 이면에는 거대 자본의 조종과 음모가 자리 잡고 있으며, 소비자들은 똑같은 패턴으로 순환되는 획일적 문화상품을 강매당하는 수동적 존재에 불과한 것이다. 이러한 문화산업 속의 지배 원리는 소비자들을 표준화·규격화된 인간 유형으로 만들어버리며, 이러한 방식으로 대중들이 후기자본주의 사회의 지배를 필연적인 것으로 받아들이도록 만드는 것이다. 특히 당시 출현하기 시작한 라디오와 영화, 인쇄매체 등의 매스미디어와 광고의 결합은 새로운 자본주의적 문화를 만들어냈고, 결국 자본주의 초기에 인간에게 주어졌던 자율성과 주체성은 상실되어 버리거나 자본주의에 적합한 주체성으로 변질된다.

이처럼 예술이 문화산업의 메커니즘에 구속당함으로써 사회의 총체적인 물화에 빠져들게 되고, 문화산업의 메커니즘 속에서 대량 생산된 열등한 상품들은 이전의 고유한 진정성을 지닌 예술작품들을 조악하게 모방함으로써 사회적 위계질서에 대한 복종을 조장하고 이를 은폐한다. 이처럼 문화산업은 대중들을 사회적 현실로부터 도피하게 만들어 자본주의 이데올로기에 자연스럽게 순응하도록 길들이는 것이다. 이렇게 볼 때 『계몽의 변증법』이 무려 반세기 전에 쓰였음에도 불구하고, 오늘날에도 문화산업에 관한 담론을 설명하는 데, 특히 현대사회의 획일화된 인간을 대량 생산하는 대중문화의 속성을 설명하는 데 그 논리적 효력이 여전히 인정되고 있음은 충분히 이해될 수 있다.

그럼에도 불구하고 이들이 문화산업론에 근거하여 대안으로 제시하고 있는 자율예술은 대중의 보편적 정서를 담아내지 못하고, 이들을 결집시킬 수도 없다는 한계를 보여준다. 이런 한계는 이들이 현대사회의 대중을 근본적으로 조작의 대상으로, 어떠한 혁명도 추동할 수 없는 무자각적인 대중으로 보는 데서 비롯된다. 이는 달리 말해서 매우 엘리트주의적이라고 평가되는 이들 이론은 표면적인 majority(다수·담론·독점·화폐)에만 집중하여 이들 속에 존재하는 minority(소수·여론·창조·사유)가 창조하는 문화의 다양성을 파악하지 못했다는 점이다.

이리하여 21세기 뉴미디어의 등장으로 인한 커뮤니케이션의 패러다임 변화에 이 이론은 적용될 수 없었고, 당연히 전 세계적으로 확대되어 가는 개인적 문화의 가치로의 회귀 현상도 예측하지 못했던 것이다. 이처럼 『계몽의 변증법』은 하버마스의 이상적인 의사 소통에 대한 희망이나 벤야민의 종교적 열정을 가진 메시아적 구원에서 보여주는 긍정주의와는 달리 매우 음울한 이미지를 풍기고 있다. 이런 점에서 하버마스가 이 책을 "세상에서 가장 어두운 책 중의 하나"라고 논평했던 것은 매우 타당한 지적이다.

호르크하이머 · 아도르노, 『계몽의 변증법』, 김유동 외 옮김, 문예출판사, 1995.
『계몽의 변증법』은 문예출판사의 역본과 2001년에 문학과지성사에서 출간된 역본이 있다. 문예출판사 판본의 번역은 김유동·주경식·이상훈이 맡았다. 내용은 크게 차이가 없으며 2001년 판이 좀 더 쉬운 문장으로 되어 있다. 해설서로는 노명우의 『계몽의 변증법을 넘어서』(문학과지성사, 2002), 『계몽의 변증법』(베리타스알파, 2005), 권용선의 『이성은 신화다 계몽의 변증법』(그린비, 2003) 등이 있는데, 입문자들에게는 권용선의 책을 권하고 싶다.

호기심과 숭배로 은폐된 왜곡과 억압의 시선

E. 사이드, 『오리엔탈리즘』

에드워드 사이드$^{Edward\ W\ Said}$는 1935년 영국 위임 통치하에 있던 예루살렘에서 태어나, 1948년 이스라엘이 건국되자 팔레스타인인 부모를 따라 이집트 카이로로 이주하였다. 이때 나중에 유명배우가 된 오마 샤리프가 같은 고등학교 기숙사 반장이었는데, 그가 자신과 같은 약한 아이들을 괴롭히는 것을 보면서 자신의 정체성에 눈을 뜨게 되었다. 사이드는 미국으로 건너가 프린스턴대학을 거쳐서 하버드에서 영문학 석사학위를 받고, 조셉 콘라드 소설에 관한 연구로 박사 학위를 받는다. 에드워드라는 서양식 이름과 사이드라는 아랍식 성이 보여주듯이, 이후의 그의 삶은 이러한 역설과 절충의 연속이었다. 컬럼비아대학과 하버드대학에서 비교문학을 강의하였고, 스탠포드대학에서는 평론을 강의하였다.

대표 저작으로 『문학과 사회』, 『수탈의 정치학』, 『지식인의 재현』, 『펜과 칼』, 『세계, 텍스트 그리고 비평가』, 『민족주의, 식민주의 그리고 문학』 등이 있다. 르네 웰렉상, 미국학술원상, 전미국도서비평상 등을 수상하였고, 1977년 팔레스타인 민족평의회 의원을 역임하였던 사이드는 2003년 뉴욕에서 타계하였다.

우리는 세계를 흔히 동양과 서양이라는 이분법적 방법으로 구분한다. 그렇다면 이러한 구분에서 동양과 서양이 차지하는 위치와 위상은 어떠한 것일까? 세계사적 흐름 속에서 양자는 동일한 위치와 지위를 가지고 있을까? 현대의 제국주의 몰락과 더불어 제기된 이러한 의문에 답하기 위해서 제기된 개념이 '오리엔탈리즘' orientalism이다. 오리엔탈리즘은 '오리엔트' orient에서 유래되었으며, 오리엔트는 '해가 뜨는 방향'을 의미하는 라틴어 '오리엔스' oriens에서 비롯되었다. 로마제국이 동서로 분열되고 이후 서로마제국의 붕괴와 게르만 민족의 이동을 경험하면서 서유럽인들은 유럽의 중심적 세계를 형성하는 과정에서 자신들을 옥시덴트 occident(서방)라고 부르고 이와 대조되는 비잔틴 제국과 중근동, 인도, 중국을 동방 즉, 오리엔트로 지칭한다.

이러한 지리적 개념에 근거한 오리엔탈리즘이 본격적으로 사용된 것은 19세기 중엽부터였다. 이때 오리엔탈리즘은 동양을 연구하는 학문, 서양이 동양에 반응하는 방식, 동양 문화에 대한 서양인들의 태도나 관념, 이미지, 담론 등을 뜻하였고, 오리엔탈리스트는 이러한 분야에 종사하는 사람을 지칭하였다. 그리고 당시 오리엔트의 주된 대상은 인도와 중동, 특히 성서와 관련된 팔레스타인 지역이었다. 이렇게 볼 때 오리엔트는 이 지역을 지칭하는 지리적 개념이었고, 오리엔탈리즘은 이 지역에 대한 지적 연구 혹은 문화적 관심을 의미하였다.

그러나 오리엔탈리즘에 대한 이러한 의미는 사이드가 『오리엔탈리즘』을 발표한 후 바뀌게 된다. 1978년에 발표한 이 책에서 사이드는 오리엔탈리즘을 당시의 정치적 제국주의를 기반으로 하여 18세기와 19세기에 형성된 동양 문화와 역사에 대한 서양인들의 왜곡되고 편향된 인식 과정 내지 해석 방식으로 규정하였다. 즉, 동양을 대상으로 하는 학문적인 설명이나 문학, 저널리즘에서 의도적으로 설정된 동서양 사이의 존재론적·인식론적 구별을 학문적 권위를 통해 정당화하고, 이러한 담론을 식민통치를 위한 상호연관적인 제도와 네트워크로 사용하는 것이다. 결국 오리엔탈리즘은 식민지적 양식을 통해서 구성된 헤게모니적 체계와 이데올로기를 다양한 담론·제도·신조로 정당화하는 이념적 구성물이다. 그리고 이러한 구성물은 부당한 선입견으로 재구성되고 채색되었기에 당연히 허구적이지만 매우 환상적이고 매혹적인 방식으로 표상되었다. 동양이 서구적 입지를 정당화하기 위한 허구적인 존재였다는 사실은 사이드의 지적처럼 서구인들이 오리엔탈리즘과 대칭되는 옥시덴탈리즘이라는 개념을 상정할 수 없었고 이러한 분야나 활동을 상상조차 할 수 없다는 데서 잘 나타난다.

이리하여 사이드 이후 오리엔탈리즘은 중립적인 의미를 상실하고, 이 개념이 생산되고 유통되는 과정에서 파생하는 동양에 대한 근거 없는 비판이나 부당한 폄하를 의미하게 된다. 오리엔탈리즘에 관한 이러한 정의가 정치적인 함의를 가지는 것은 오리엔탈리즘 자체가 애초부터 서양 열강들의 정치적인 힘과 행동의 결과물이기 때문이다. 그러나 사이드에게 오리엔탈리즘을 극복한다는 것은 단순히 동양이 우월하다고 식의 동양중심주의 즉, 옥시덴탈리즘로 귀결되는 아니다. 그에게 동서양이라는 이분법에 입각한 특정한 이즘, 즉 차별적 이념은 어떠한 경우에도 부당한 것이다. 이러한 관점은 사이드의 서문에서도 잘 나타난다. "나로 하여금 이 책을 쓰게 만든 것은, 어린 시절 두 식민지에서 자라난 동양인의 자각이었다. 팔레스타인과 이집트에서 나는 서구식 교육을 받았지만, 어린 시절의 깨달음은 결코 사라지지 않았다."

학문적 이력을 볼 때 그는 문학이론가이고 문화평론가라고 볼 수 있다. 그러나 사이드에게 글쓰기나 문학비평은 자신의 개인사와 이를 초래한 서구 근대사에 대한 정치적 실천이고 심오한 성찰이었다. 『세계, 텍스트 그리고 비평가』에서 사이드는 예술 지상주의를 비판하면서 "예술과 현실이 괴리될 때, 한 손으로는 릴케의 시를 읽으며, 다른 손으로는 유태인 학살 승인 서류에 서명한 나치가 생긴다"라고 말한다. 예술은 현실의 반영이며 그 시대의 사회적 산물이기에 예술비평 역시 현실적이고 구체적이고 비판적이어야 하는 것이다.

사이드는 집에서는 아랍어를 사용하지만 학교에서는 영어로 강의하였고, 아랍인이지만 이슬람교도가 아닌 기독교인이었고, 좌파 지식인이었지만 마르크스주의자는 아니었다. 또 팔레스타인인이지만 무슬림의 테러리즘에 대해서는 누구보다도 비판적이었다. 팔레스타인해방기구 PLO의 대변인이던 사촌이 이스라엘 특공대에 사살되면서부터 팔레스타인인들의 해방운동에 적극적으로 관여했지만, 이들의 과격한 테러에 대해서는 단호하게 반대하였다. 행동하는 지식인이었던 그는 중동을 방문했을 때 팔레스타인 항의 시위대 선봉에 서서 이스라엘 진압군에게 돌을 던졌고, 미국 TV에 나가 미국의 외교 정책을 신랄하게 비판하였다. 덕분에 사이드는 평생 집 주소를 숨기고 살아야 했는데, 이슬람 옹호자라는 이유로 유태인 급진주의자들이 항상 테러로 위협했기 때문이다. 호메이니가 이슬람에 대한 모독이라는 이유로 『악마의 시』의 저자 루시디에게 추방령을 내렸을 때에도 표현의 자유라는 보편적 가치를 내세워 루시디를 옹호하였다. 유태인의 중동정책을 격렬하게 비난했지만 자신의 신병

치료는 물론 최후의 임종을 유태인 의사에게 맡겼다.

『오리엔탈리즘』이후에도『팔레스타인 문제와 미국의 상황』,『이슬람 은폐』,『팔레스타인 민중의 모습』,『희생자에 대한 비난』등의 저서를 통해서 사이드는 서구의 미디어와 대중매체가 폭력의 재현을 통해 어떻게 동양적 타자를 지배하려고 했는가를 보여주려고 끊임없이 노력하였다. 특히 백혈병 선고의 충격을 이겨내고 1993년에 펴낸 기념비적 저서『문화와 제국주의』는 그를 탈식민문화운동의 주창자로 확실히 자리잡게 하였다. 이 책에서 사이드는 인간해방과 지구적 공동체를 위해 국수적 민족주의와 근본주의적 분리주의를 극복해야 한다고 역설하면서, 특히 "방어적이고 보수적이며 심지어는 편집증적인 국수주의가 유감스럽게도 교육 현장에서 어린이들과 청소년들로 하여금 타문화를 비하하고 자신들의 문화만을 숭상하고 찬양하도록 주입되고 있다"고 탄식하였다.

그가 전하려고 하는 메시지는 간단하고도 명확하다. '동양'이라는 상상적 개념을 불식시키고, '동양화된 동양'이 아닌 '사실 그대로의 동양'으로 바라보기 위하여, 서구가 고안해낸 거짓된 '동양'을 타파하자는 것이다. 인류가 만든 무의미한 이분법적 경계를 해체하고 진정한 공동체의 비전을 구현하자는 것이다. 평화를 평생의 화두로 삼고 오로지 이를 위한 행동과 신념으로 살아갔던 이 영원한 아웃사이더는 2003년 뉴욕의 한 병원에서 마침내 저 먼 세상을 향해서 또 다시 여행을 떠나게 된다.

E. 사이드, 『오리엔탈리즘』, 박홍규 옮김, 교보문고, 2007.
『오리엔탈리즘』은 1991년 처음 번역되어 출간된 이후, 2000년, 2007년에 2판, 3판이 나왔다. 개정판은 역자 후기를 비롯한 약간의 편집상의 변화 외에는 내용이나 본문 형식에서 초판과는 별다른 차이가 없다. 필자는 초판을 참고하였다.

예술과 문학, 그 총체적 관점

하우저, 『문학과 예술의 사회사』

아놀드 하우저Arnold Hauser는 1892년 헝가리 테메스바에서 유대인 소시민 가정에서 태어나 1차 세계대전을 전후한 시기에 부다페스트와 베를린, 빈 등의 대학에서 문학사와 미술사를 전공했다. 1919년에 성립된 헝가리 소비에트 정권하에서 G. 루카치의 도움으로 잠시 부다페스트대학의 교수를 역임하였지만, 이 정권이 붕괴하자 빈으로 망명했다. 1938년 나치가 빈을 점령하자 다시 영국으로 망명했고, 1940년에서 1950년에 걸쳐 영화사의 잡역부로 생계를 유지하면서 그의 주저인『문학과 예술의 사회사』를 집필했다. 1951년부터 1957년까지 영국 리즈대학의 전임강사를 지냈고, 1950년대 말과 1960년대 초에는 미국에서 교환교수로도 활동했다. 그의 학문에 가장 큰 영향을 끼친 것은 1910년대 말에 형성된 부다페스트의 '일요서클'이었다. 루카치를 중심으로 칼 만하임, 발라츠 등이 속해 있던 이 서클에서는 현대문학과 예술을 포함해 정신과학 전반에 걸친 문제들이 토의되었는데, 하우저 연구의 특징인 예술사의 사회학적 연구방법론, 예술 담당자로서의 지식층에 대한 연구, 영화예술에 대한 관심 등은 여기에서 얻어졌다. 하우저는 1978년 헝가리 부다페스트에서 작고하였으며, 주요 저서로는 『예술연구의 방법론』, 『현대예술과 문학의 근원』, 『예술의 사회학』 등이 있다.

『문학과 예술의 사회사』(이하 예술사)는 선사시대의 동굴 벽화에서부터 제임스 조이스의 『율리시즈』와 프루스트의 『잃어버린 시간을 찾아서』, 그리고 현대 예술의 총아인 영화에 이르기까지 예술사에서의 주요 작품들과 양식들을 연대기적으로 기술하고 있다. 하우저에 의하면 예술사회학이란 예술을 사회학적 관점을 통해 이해하려는 학문이다. 사회학적 혹은 사회사적인 맥락에서 인간의 정신 활동이 어떤 식으로 대응하고 변모하였는가를 살펴보는 일은 문화나 문화적 현상을 이해하는 중요한 시각을 제공한다.

따라서 『예술사』의 장점 역시 사회학적 관점에서 예술을 이해하고 있다는 점에 있을 것이다. 저자의 해박한 지식과 높은 안목, 일관된 관점은 문학과 예술을 보편적이고 구체적으로 이해하는 데 많은 도움을 주며, 이런 점에서 유럽의 예술사를 사회학적 시각에서 조감해 보려는 문학도 혹은 예술학도에게 이 저서는 오랫동안 일종의 교과서적 역할을 하였다.

이 책의 몇 가지 특징을 살펴보자. 첫째, 하우저의 『예술사』는 고대에서 현대에 이르는 유럽의 예술과 문학을 통사적으로 서술한 유일한 책으로, 이에 필적할 만한 책은 아직도 나오지 않고 있다. 이러한 면에서 『예술사』는, 비록 문학에 한정되어 있고 또 방법론을 달리하고 있지만 아우어바흐의 『미메시스』와 더불어, 날이 갈수록 미시적 연구에만 빠져

드는 제도권 중심의 학문적 풍토 속에서 그 총체적 관점을 하나의 범례적 예로 제시하고 있다는 점에서 앞으로도 계속 기념비적 업적으로 남을 것이다.

둘째, 하우저는 문학사가이기 전에 미술사가였는데, 덕분에 문학에 대한 관심과 조형예술에 대한 관심이 일종의 평형상태를 이루고 있다. 이는 예술사가가 가질 수 있는 최대의 강점이다. 그가 르네상스와 바로크 사이의 조형예술에 나타나는 양식사적 현상, 즉 매너리즘을 셰익스피어 문학 해석에 적용시키고 있다든가, 20세기 전위문학의 특성을 현대의 영상예술에서 찾는다든가 하는 것은 미술사가로서의 탁월한 시각이 없었더라면 불가능했을 것이다. 서양의 문학과 예술 사조, 철학과 미학, 역사, 정신분석학과 사회학에 두루 통달하였던 하우저의 이러한 특징은 현대예술을 음악과 문학의 관련 속에서 보는 아도르노의 예술 이론과 좋은 대조를 이루고 있다.

셋째, 하우저의 『예술사』는 일반적 이론과 구체적 작품 비평이 잘 조화를 이루고 있다. 부분과 전체의 관계가 변증법적으로 잘 매개되고 있고, 몇몇 개별적인 작가나 작품에 대한 뛰어난 실제 비평은 그가 정해 놓은 이론의 틀을 끊임없이 교정하는 역할을 함으로써 예술사가 흔히 빠지기 쉬운 도식적 사고에서 벗어나는 데 크게 기여하고 있다. 예술사가로서의 하우저의 이러한 특징은 오늘날처럼 이론비평과 실제비평이 서로 유리된 채 생산적인 연결을 보여주지 못하고 있는 문학 연구나 예술 연구의 실정에 비추어 볼 때 높이 평가되어야 할 점이다.

넷째, 하우저의 사회사적 연구방법론의 중요한 특징은 사회학적 연구방법론이 빠지기 쉬운 도식적 구성과 방법론에서 벗어나려고 노력하는 데 있다. 그의 표현을 빌면 현대 사회과학이 제공하는 여러 사회학적 인식은 예술적 현상을 설명하기 위한 보조수단에 불과하다. 그도 부분적으로 예술적 현상이 예술 외적 요인에 의해 규정된다고 주장하고 있지만, 이 모든 요소에 의해서도 설명되지 않는 예술의 어떤 실체 내지 본질이 있다고 믿고 있다. 이러한 예술의 실체가 무엇인지에 대해서는 명확하게 밝히지는 않지만, 대체로 그는 이러한 예술의 본질적 면을 예술의 형식 내지 양식이 가지고 있는 지속성과 자율성, 그리고 예술이 갖는 보편적 기능이라는 면에서 파악하고 있는 듯하다.

다섯째, 하우저의 지적 작업이 지닌 또 하나의 미덕은 마르크스주의 변증법적 입장에서 사회 경제적 토대로부터 문학과 예술을 설명하고 양자를 변증법으로 연결하는 관점에 있다. 하우저는 사회적 조건이 변함에 따라 예술의 두 주체인 작가와 독자 역시 다른 계급의식과 미의식을 형성하게 되고, 이에 따라 예술이 펼치는 새로운 파노라마를 마치 영화의 내러티브 구조처럼 다양하게 펼쳐 보인다는 것이다.

그러나 마르크스의 이론적 틀과 변증법적 방법론은 인정하면서도 그는 마르크스주의의 정치적 실천과 역사적 결정론이 예술의 문제까지도 해결해 줄 수 있으리라는 낙관론에는 반대 입장을 보였다. 즉, 예술의 정치적·사회적 기능을 강조하는 일체의 실천적 예술관과 사회주의적 리얼리즘론에는 유보적 태도를 취하였던 것이다. 하우저의 이러한 예술관은, 예술을 보는 그의 시각이 궁극적으로 19세기 서구 부르주아의 예술 전통에 깊이 뿌리박고 있기 때문이기도 하고, 20세기 망명 지식인으로서의 그의 생애와 학문적 작업이 구체적이고도 현실적인 실천의 문제와 유리되어 전개되었기 때문이기도 하다.

하우저가 마르크스의 이론적 틀과 변증법적 방법론은 인정하면서도 마르크스주의의 정치적 실천과 경제 환원론이 예술의 문제, 문화의 문제를 규정지을 수 있다는 관점에 대해서 확실한 반대 입장을 보이는 것은 영국의 문화연구의 입장과 흡사하다. 이는 프랑크푸르트 학파가 나치의 독일 지배에 대한 반성에서 출현했던 것처럼, 영국의 문화연구가 1956년 소련의 헝가리 침공에 대한 영국 내 신좌파의 반응으로 출현했다는 점에서 어느 정도 일치를 보인다.

이 책은 제목에서 알 수 있듯이 사회사적인 관점에서 다룬 문학과 예술에 대한 책이다. '사회사'가 '사회적인 변천에 대한 역사'를 뜻한다면, '문학과 예술의 사회사'란 문학과 예술의 변모 양상을 사회적인 변화 내지는 변모의 과정을 통해서 밝힌다는 것을 의미한다. 그러나 문학과 예술을 이해하는 방법은 다양하고 그 자체의 개념도 크다는 점에서 이 책의 장점과 함께 단점도 분명하게 드러난다. 하나의 관점에 의거하여 서양의 문학과 예술에 대한 전반적인 사항을 일목요연하게 정리할 수 있는 것이 장점이라면, 세부적인 각각의 항목을 도식적 진술을 통해 설명함으로써 구체적인 사실을 왜곡할 수 있다는 점이 단점으로 작용한다. 그러나 더 결정적인 한계는 그의 시각이 서양 중심주의를 벗어나지 못한다는 것이다. 『사회사』는 서구에서 출간된 많은 통사들이 그러하듯 실제로는 '서양 문학과 예술의 사회사'라고 할 수 있다. 결국 하우저 역시 "제1세계의 문학사는 서양 중심주의를 벗어나지 못했고, 제2세계의 문학사는 마르크스주의 유물론을 벗어나지 못했다"는 한계를 보여주었던 것이다.

그럼에도 그가 뵐플린 식의 양식사 문제에 끊임없는 관심을 보인다든가, 현대 예술의 특징을 16세기의 매너리즘적 양식의 연속선상에서 고찰한다든가, '예술의 종말론'을 강력하게 부정하고 현대예술의 존립 근거와 기능을 옹호하는 것 등은 그의 총체적 예술관의 포괄적 시각을 잘 말해 주고 있고, 마르크스주의적 예술연구 방법론에 대한 그의 관심도 이러한 맥락에서 이해될 수 있을 것이다. 이런 점에서 "현실을 양식화樣式化하는 예술 경향에 반대하고, 현실을 있는 그대로 그리려는 예술적 노력으로서의 '자연주의'를 선사시대의 벽화로부터, 발자크·디킨즈·톨스토이의 소설에 이르기까지 일관되게 서술했다"는 역자 백낙청 교수의 지적은 이 저서에 대한 가장 합당하고도 적확한 요약이라고 할 수 있다.

아놀드 하우저, 『문학과 예술의 사회사』 1·2·3·4, 백낙청 옮김, 창비, 2012.
『문학과 예술의 사회사』의 가장 최신판은 백낙청이 번역하고 창비에서 2012년에 출간한 전 4권 세트이다. 1970년대 중반 현대편부터 발간된 이래로 1980년대 초반에 4권이 전부 완역되었고, 이후 2000년대에 들어서면서 약간의 내용 수정과 판본 변형을 통해서 신판이 계속 발간되었다.

역사 속의 미술과 미술가

곰브리치, 『서양미술사』

에른스트 곰브리치^{E. H. Gombrich}는 1907년 비엔나의 중산층 유대인 집안에서 태어났다. 아버지는 저명한 변호사였고, 어머니는 말러, 쇤베르크와 교류하는 피아니스트였다. 비엔나대학에서 박사 학위를 취득했고, 나치의 위협이 유럽 대륙을 압박하자 1936년 영국에 망명했다. 바르부르크 연구소 연구원과 런던대학, 하버드대학, 코넬대학 등에서 강사로 일하던 1950년 『서양미술사』를 발표하여 일약 미술사학계의 유명인사로 급부상한다. 이후 옥스퍼드대학과 캠브리지대학의 석좌교수직 등을 역임했고, 2001년 92세로 타계했다. 곰브리치는 『서양미술사』 외에도 『곰브리치 세계사』, 『예술과 환영』, 『이미지가 우리에게 들려주는 것』 등 20여 권의 저서를 남겼다. 생전에 영국 여왕으로부터 기사 작위를 받았고, 이 외에도 에라스무스상과 헤겔상 등을 수상하기도 하였다. 옥스포드대학의 불교학자 리차드 곰브리치가 그의 아들이다.

곰브리치의 『서양미술사』는 지금까지 출간된 미술사에 관한 서적 중 가장 유명한 책으로, 1950년 영국에서 출판된 이래 현재까지 16판이 속간되었고, 아직도 서양미술사 개론서로서는 필독서에 포함된다. 곰브리치는 이 책에서 선사시대 동굴벽화부터 오늘날의 실험적 예술에 이르기까지 미술사를 통틀어 위대하고 뛰어난 작품들을 시대와 양식, 작품명이나 작가들 이름에 따라 알기 쉽게 정리하고, 서양미술의 지적인 질서를 체계적으로 정립하여 보여준다.

이로써 독자들은 미술의 역사가 과거와의 연관 속에서 미래를 암시하는 각 작품들로 끊임없이 구성되고 변화하는 전통의 역사이며, 우리가 살고 있는 이 시대와 원시시대를 이어주는 생생한 연결 고리임을 다시 한번 확인하게 된다. 이 책은 낯설지만 매혹적으로 보이는 미술사라는 세계에 발을 들여놓은 신참자가 매우 효과적인 방식으로 서양미술의 윤곽을 이해할 수 있도록 안내한다. 곰브리치는 과도한 전문용어나 피상적이고 얄팍한 감상이 독자들에게 미술사 관련 서적들에 대한 부정적 인식을 심어주고 있다고 생각하여, 되도록 전문용어가 아닌 평이한 용어로 미술사를 설명하려고 노력하였다.

이러한 기술상의 특징 외에도 그의 『서양미술사』가 미술사를 다룬 다른 책들과 구별되는 점은 "사실상 미술이라는 것은 존재하지 않는다. 다만 미술가들이 있을 뿐이다"라는 유명한 서문에서 잘 나타나고 있다. 때로는 이 말이 다른 의미로 오용되는 것을 곰브리치도 염려하였지만, 이 서문이 말하는 것은 모든 미술 작품은 역사적 배경을 갖고 있고 미술가는 작품을 통해 시대가 부여하는 목적의식을 표현하고 있다는 것이다. 이렇듯 곰브리치의 미술사 서술에서 매우 중요한 요소로 강조되는 것이 바로 미술의 역사적 배경이다. 모든 미술 작품은 그 나름의 역사적 배경을 지니며, 미술가는 작품을 통해서 해당 시대가 부여하는 일종의 목적의식 같은 것을 표현한다는 것이다.

곰브리치는 개별 작품의 해설에만 몰두하거나 작가와 작품들을 시대순으로 나열하는 데 그치지 않는다. 예를 들어 18세기 말과 19세기 초 영국·미국·프랑스의 미술 경향을 '전통의 단절'이라는 제목으로 묶어 부르면서 다음과 같은 문장으로 이를 표현한다. "1789년 프랑스대혁명이 수천 년은 아니더라도 수백 년간 당연하게 여겨지던 수많은 가설들에 종지부를 찍게 되었을 때, 우리는 진정으로 밝아오는 근대에 들어서게 된 것이다. 프랑스혁명은 '이성의 시대'에 뿌리를 내리고 있었으며 미술에 대한 관념이 변화한 것도 이 시기부터였다."

곰브리치는 이러한 변화의 예로 이른바 '양식'에 대한 미술가들의 태도를 들고 있다. 18세기 이전까지 미술가들은 "어떤 바람직한 효과를 얻는 데 가장 올바르고 훌륭한 방법"이라는 이유에서 특정의 양식을 택해 작품을 창작했다. 그런데 이성의 시대가 도래하면서 사람들은 양식에 의문을 품고 양식으로부터 거리를 두기 시작하였다. 바꾸어 말하면, 18세기 이전까지 미술가들은 가장 바람직하다고 여기는 특정 양식을 답습하기만 하면 되었지만, 18세기 말이 지나면서 "왜 하필 그런 양식이어야 하는가?"라는 질문을 던지기 시작한 것이다. 그리고 취향과 목적에 따라 다양한 양식들 가운데 하나를 자유롭게 선택하기 시작했다.

더 나아가, 미술가들은 이제 도처에서 새로운 종류의 주제를 찾아내기 시작했다. 이전 시대의 그림들은 대부분 성서에서 따온 종교적 주제이거나 로마의 영웅 설화, 그리스 신화, 교훈적 내용을 담은 의인적 주제 등이었다. 그런데 프랑스대혁명 시대 이후 미술가들은 셰익스피어 작품의 한 장면에서부터 시사적인 사건에 이르기까지, 상상력에 호소하고 흥미를 불러일으키는 모든 것을 자신들의 주제로 자유롭게 선택하기 시작하였다. 총 28장으로 구성된 『서양미술사』의 각 장은 위와 같이 각 시대 미술의 역사적 배경과 전반적인 경향을 설명하고 나서, 해당 시대의 개별 작가와 작품에 대해 설명하는 형식으로 이루어져 있다. 『서양미술사』에서 미술은 단지 미술 자체가 아니라 각 시대의 역사·사회·문화를 반영하는 거울 혹은 척도가 된다.

"미술의 모든 역사는 기술적인 숙련에 관한 진보의 이야기가 아니라, 변화하는 생각과 요구에 대한 것"이라는 것이 곰브리치의 기본적인 태도다. 대부분의 예술들이 그러하듯이 미술 역시 처음부터 독자적인 영역을 가진 것은 아니었고, 집단의 주술이나 종교 등 다른 목적에 종속되어 있었다. 그러므로 원시 미술과 이집트 미술에서는 인간이 '아는 것'을 표현해 내는 명확성이 가장 중요했다. 그러나 그리스인들은 그들의 눈으로 '보는 것'을 배워 나갔다. 이리하여 특정한 목적에서 벗어난 '아름다움' 자체에 대한 인식과 더불어 찬란한 고대 그리스 미술이 펼쳐진 것이다.

종교가 지배적이었던 중세에는 다시 '아는 것'을 전달하는 것이 목적이 되었다. 눈에 보이는 세상을 그대로 재현하는 것을 목표로 한 르네상스 이후로는 '보는 것'이 다시금 중요한 문제가 됐다. 르네상스 미술에 관한 서술은 이 책의 가장 매혹적인 대목이다. 눈으로 '보는 것'이라는 관념이 극대화된 것이 인상주의다. 그러나 세잔은 인상주의자들의 화면에 등장하는 시각적인 현상의 무질서함을 극복하고 '아는 것'과 '보는 것'을 통합하려 했고, 이러한 입장은 피카소의 입체주의로 발전하여 나아가게 된 것이다.

여기에서 독자들은 이 책의 신화적 원동력이 '이야기의 힘'임을 다시

한 번 확인하게 된다. 원시 미술부터 시작되는 긴 이야기가 딱딱한 연대기와 사조별 분류에 의존하지 않는 것은 곰브리치의 이러한 독특한 방법 덕분이다. 예를 들어 "1888년 겨울, 쇠라가 파리에서 주목을 끌고 있고 세잔은 엑스에 은거하며 작업을 계속하고 있을 때, 젊고 성실한 한 네덜란드 화가가 남국의 강렬한 햇살과 색채를 찾아 파리를 떠나 남프랑스로 왔다. 그가 바로 빈센트 반 고흐다"라는 식의 서술은 마치 한 편의 소설처럼 독자를 몰입시킨다. 예술의 특정 장르와 방법 형식에 제약을 두지 않는 이러한 방식은 그의 개방적 사고를 잘 보여주고 있다.

이렇게 미술 내적인 발전 논리를 중심으로 서술하는 가운데 각각의 미술들이 발전할 수 있었던 당시의 사회 문화상이 명료하게 이해되는 것은 모든 역사적인 배경을 꿰뚫어 보는 저자의 탁월한 혜안이 있기 때문이다. 결국 미술서적의 가치가 지식을 전달하는 것만이 아니라, 미술품을 정확하게 보고 사랑하는 방법을 가르쳐 주는 데 있다면, 곰브리치의 이런 열린 태도는 각 나라와 시대의 다양한 미술 현상을 설명하는 데 대단한 장점으로 작용한다. 그에게는 문화 간의 차이만 존재할 뿐 차별과 서열화는 존재하지 않는다. 아프리카 원시 부족 미술이 서양의 미술보다 결코 열등하지 않으며, 다만 다른 미적인 가치를 가진 다른 미술품들일 뿐이다.

물론 미술의 흐름을 책 한 권으로 이해한다는 것은 애초부터 무리라는 것을 알기에 곰브리치도 원화를 보라고 몇 번이나 강조하고 있다. 이 책 한 권으로 미술사의 모든 것을 이해했다고 생각하는 것은 무리일 것이다. 예를 들어 이 책에서 가장 아쉬운 점은 모더니즘 이후의 현대 미술사에 대해 자세하고 명확한 설명이 부족하다는 것이다. 이는 저자가 활동했던 시기와도 관련되어 있을 것이다. 현대미술사는 '지금'이라는 시점에서도 계속 실험을 거듭하고 있기에 당대를 평가하기엔 아직 이른 시점일 수도 있다. 이러한 점에서 지나치게 남성중심적이고 서양중심적 사관이라는 비판 역시 시대적 한계를 벗어날 수 없는 한 자연인에게 요구할 수 있는 영역을 넘어선 것이라 할 수 있다. 사실 곰브리치 자신도 이 책의 한계를 인식하면서 수십 년 동안 고치고 또 고쳤던 사실에서 알 수 있듯이, 책 내용의 충실함 이상으로 중요한 것은 시행착오를 두려워하지 않는 그의 학문적 정신과 성실한 태도이다.

에른스트 곰브리치, 「서양미술사」, 백승길·이종숭 옮김, 예경, 2003.
곰브리치의 「서양미술사」는 열화당 미술선서 1·2권으로 1977년과 1986년에 각각 출간되었으나 이제는 절판되었다. 백승길·이종숭이 옮긴 2003년 판은 구판의 한문 투나 어려운 용어들이 많이 사라져 좀 더 읽기 쉽다. 이 신판은 2013년에 문고판으로도 출간되었다. 이외에 참고할 만한 서양미술사 서적으로는 캐롤 스트릭랜드의 「클릭, 서양미술사」(김호경 옮김, 예경, 2000), 기무라 다이지의 「처음 읽는 서양 미술사」(박현정 옮김, 휴먼아트, 2012) 그리고 「진중권의 서양미술사」 1·2 (휴머니스트, 2008, 2011) 등이 있는데 입문자들에게는 기무라 다이지의 책을 권하고 싶다.

소설, 그 근대성과 총체성

루카치, 『소설의 이론』

서구 고전주의적 미학의 바탕에서 마르크스주의 미학의 체계로 완성하려 했던 문학이론가이자 미학자였던 게오르그 루카치Gyorgy Lukacs는 1885년 헝가리 부다페스트에서 태어났다. 대부분의 저서를 독일어로 집필했다는 사실과 오스트리아-헝가리 제국이라는 중부 유럽의 독일어 문화권에서 살았다는 사실은 유럽의 변방 출신 지식인으로서 루카치가 당시 유럽 문화의 추세를 어느 정도 거리를 두고 총체적으로 조감할 수 있는 위치에 있었음을 의미한다. 동시에 유럽의 유대계 지식인들이 대부분 그러했듯이, 유대인 부르주아 출신인 루카치 역시 민족이나 계급을 넘어선 인류 보편의 문제에 강한 관심을 나타냈다. 은행장이었던 아버지가 아들의 학문적 재능 함양을 위해 물심양면 지원을 아끼지 않았기에 루카치는 윤택한 생활을 누릴 수 있었고, 이것이 서구 부르주아가 생산해 낸 예술, 문화 및 그 이상을 추구하는 루카치의 예술적 성향에 결정적인 영향을 끼쳤다고 할 수 있다. 긴 생애 동안 정치적으로, 학문적으로 우여곡절을 겪은 루카치는 1971년 부다페스트에서 타계하였다.

　루카치가 1915년에 집필한 『소설의 이론』은 단순히 문학 일반을 다룬 이론서가 아니라, 소설이라는 형식이 사회문화적 관점에서 어떤 방식으로 드러날 수 있으며 그 역할과 의미는 무엇인가를 고민하는 책이다. 소설, 정확히 말하면 '서구의 근대적 장편 소설'Roman이 그의 역사철학적·미학적 담론의 대상이다. 이 책에서 루카치가 소설이 근대를 대표하는 문학 장르로 부상하는 과정을 설명하려고 제시하는 관점은, 이후 문학의 형식과 내용이 근거하는 역사의 내재적 연관성을 중심에 놓고 사유하는 소설론 내지 문학론의 전개 과정에서, 이론적 영감의 한 원천으로 확고히 자리 잡았다. 그런데 루카치의 이러한 문학관을 이해하기 위해서는 그의 이론에서 총체성totality 개념을 먼저 살펴볼 필요가 있다.

　총체성 개념을 최초로 구체화한 철학자는 헤겔이다. 헤겔은 인간 지식의 근원에 동일성에 대한 욕망이 있다는 점을 간파하고, 타자의 의식과 주체의 의식 사이에서 일어나는 상호주관적인 교류를 이른바 변증법의 원리로 체계화하였다. 나아가서 헤겔적인 의미에서 변증법은 단순히 철학적 사유의 한 방법이나 어떤 사태에 대한 서술의 논리에 머무는 것이 아니라, 존재의 시간적 변화에 대한 보편적 법칙을 세우려는 것이기에 변증법과 총체성은 분리될 수 없고 그것 자체로 존재하는 거대한 인식의 틀episteme이 되는 것이다.

　마르크스에게 있어서 총체성 개념은 물적 토대를 구성하는 구조적인 복합체를 의미하는 것으로 좀 더 구체화된다. 사회의 각 층위에 존재하는 개별적인 총체성은 끊임없이 변화하고 각 층위의 상호관계 속에서 서로를 규정하면서 존재한다. 주지하다시피 마르크스에 의하면 문화·경제·정치·법률 등의 시대적 의미와 한계는 각각의 체계를 포괄하는 총체성의 구조를 물질적 차원에서의 변증법적인 변화 과정으로 파악할 때 제대로 인식할 수 있다. 따라서 마르크스는 '절대정신'과 같은 어떤 불변의 관념적 실체를 가정하는 대신, 노동이라는 수단을 역사 발전의 유일한 매개로 보았으며 노동을 통한 자연의 변화야말로 물질(경제)을 토대로 하는 인간 역사의 근본적인 동력이라고 주장하였다.

루카치는 이러한 마르크스의 총체성 개념을 미학에 대입시켜 이른바 사회주의 리얼리즘의 기본 원리를 정립하게 된다. 그러나 그는 정치경제학의 관점에서 마르크스를 인용하는 기존의 마르크스주의자들과 거리를 두면서 헤겔과 마르크스가 공유했던 전체성의 범주를 자신이 가진 사상의 중심으로 끌어들이고자 하였다. 그는 "마르크스주의가 부르주아 사상과 결정적으로 다른 것은 역사에 대한 설명에서 경제적인 동기를 앞세우는 것이 아니라, 부분들에 대한 전체의 전면적인 우월성을 내세우는 것"이라면서 세계로부터 소외되고 파편화된 인간의 삶에서 일체성을 회복하는 것이야말로 마르크스주의의 진정한 과제라고 주장한다. 그리고 이러한 일관된 체계를 구현할 수 있는 가장 효과적인 매체가 바로 예술이라는 것이다.

전통적으로 문학의 장르는 크게 서정과 서사와 극으로 삼분된다. 소설은 서사 장르에 속하는 것으로서 근대의 형성과 밀접하게 연관되어 있다. 따라서 소설의 본질과 성격에 대한 질문은 단순히 하나의 문학 장르에 대한 질문에 그치지 않고, 그것을 만들어낸 시대의 성격, 즉 근대성에 대한 질문으로 연결된다. 루카치는 이러한 주제를 총체성 개념을 통해서 『소설의 이론』에서 천착한다. 지금 우리는 각종 시각적 매체의 영향으로 인해서 소설을 가볍게 접하지만, 18세기만 해도 소설은 갓 등장한 형식으로서 '근대적 개인', 즉 나아갈 길을 결정해줄 신도 없고 별도 없는 세상에서 살아가는 개인을 위해서 풀어내는 최초의 이야기 형식이라는 것이 루카치의 문제의식이다.

이것은 루카치가 고대 그리스 문화의 원환적 성격을 묘사한 그 유명한 시적인 문장이 잘 말해 주고 있다. "별이 빛나는 창공을 보고 갈 수 있고 또 가야만 하는 길의 지도를 읽을 수 있던 시대는 얼마나 행복했던가? 그리고 별빛이 그 길을 훤히 밝혀 주던 시대는 얼마나 행복했던가?" 위의 표현에 부합되는 때는 루카치가 '서사의 시대'라고 부른 고대 그리스 시기로, 이때는 세계와 자아, 천공의 불빛과 내면의 불꽃이 이원적 형상을 드러내지만 결코 분열의 상태를 드러내지 않은 행복한 시대이다. 그러나 시대가 지나면서 삶과 본질이 하나였던 유토피아는 사라져버리고 그 빈자리에 비극이 들어서게 된다. 즉 새로운 형태의 사유 방식이 새로운 형태의 예술을 낳았고, 그것이 오늘날 소설 형식이 존재하는 이유가 되었다.

이렇게 볼 때 소설은 신에 의해서 버림받은 세계의 서사시이다. 소설 주인공의 심리는 마성적인 성격을 띠고 있다. 소설의 객관성이란 현실 또한 의미가 없으면 아무런 본질도 지니지 않는 무無로 붕괴해 버리리라는 것을 통찰할 수 있는 성숙한 시선이다. 이것은 소설의 형식적 가능성의 생산적 한계를 보여줌과 동시에, 위대한 소설이 생산되고 또 이를 통해서 삶과 역사의 본질적인 면이 상징화되는 역사철학적 모멘트를 보여주고 있다.

근대에 이르러서 세계는 본질과는 거리가 먼 낯선 세계의 형태를 지니고 있다. 그리고 이러한 과정 중에 등장한 소설은 당연히 총체성을 꿈꾸게 된다. 우리는 반어(아이러니)를 통하여 그 이면에 감춰진 총체적인 모습을 인식할 수 있고, 그렇기 때문에 유토피아에 대한 향수는 물론 유토피아로서의 가능성까지 엿볼 수 있는 것이다. 이러한 가능성을 소설에서 본다는 것은 우리의 현실에서 같은 가능성을 엿볼 수 있으며 피폐해진 우리에게서도 새로운 가능성을 느끼게 된다는 것이다. 그렇기 때문에 소설은 역사철학의 끊임없는 노력과 발전으로 형성된, 다시 말해 삶에 대한 부단한 성찰을 통해 만들어진 예술 형태이다. 이렇게 본다면 모든 것이 한 가지 길로 빠르게 달리는 것이 미덕이 된 요즘, 소설을 읽는 것은 그 길 위에 존재하는 새로운 차원으로의 접근을 가능하게 하는 가장 빠른 길이 될 것이다.

그렇다면 근대 소설의 본질이란 무엇인가? 루카치는 이를 "문제적 개인(우연적 세계)이 자기 자신을 찾아가는 여행"이라고 표현한다. 신이 사라지고, 많은 문제들에 당면한 개인은 자신의 영혼과 세계의 질서 사이의 부조화를 경험하게 된다. 그리고 이러한 개인이 세계의 문제들을 해결하기 위해 힘쓰는 것이 바로 근대의 '소설'이라는 것이다. 이처럼 루카치는 18세기 이후 서구 문학의 가장 중요한 장르가 된 소설이라는 양식을 이론화하고 있는데, 물론 그 기본 발상은 소설을 '부르주아 시대의 서사시'라고 본 헤겔 미학에서 빌려왔다. 루카치는 그리스의 서사시가 총체성이 지배하는 역사철학적 상황의 산물이라면, 소설은 잃어버린 총체성을 다시 찾으려는 부르주아 사회의 주인공, 즉 개인에 대한 이야기라고 규정한다. 결국 분열과 소외를 겪고 있는 현대인의 총체성을 문학 형식을 통해 회복하려는 노력, 바로 이것이 루카치의 문학 이론적 작업의 핵심이라고 볼 수 있다.

한때, 현실의 다양한 양상을 종합하여 하나의 보편타당한 원리를 끌어내는 총체성 개념이 이성의 폭력과 전체주의의 빌미를 주었다는 점에서 많은 이론가들에게 탄핵의 대상이 되기도 하였지만, 우리 시대가 끊임없는 파편화를 요구하는 분열의 시대임을 감안할 때, 사회를 바라보는 관점으로서의 총체성은 아직도 유효함을 결코 부정할 수 없다. 이러한 점에서 문학을 통한 총체성에의 소환을 끊임없이 요구하는 『소설의 이론』의 이념적 가치는 여전히 호소력을 가지는 것이다.

『소설의 이론』은 원래 '소설'의 '이론'을 목표로 쓴 것이 아니라 도스토옙스키를 다루는 본격적인 저작의 준비 과정에서 그 부산물로 나온 것이다. 그러므로 이 책을 제대로 파악하기 위해서는 루카치가 쓰고자 구상했던 본론, 즉 '루카치의 도스토옙스키'를 이해할 필요가 있음을 참고해야 한다.

게오르그 루카치, 『소설의 이론』, 김경식 옮김, 문예출판사, 2007.
『소설의 이론』은 1985년에 반성완 번역으로 심설당에서 출간되었으나 지금은 절판되었다. 문예출판사에서 2014년 출간된 새로운 역본은 출판사가 정식으로 저작권 계약을 맺고 출간하였고 번역은 루카치 전공자인 김경식 교수가 맡았다. 루카치 전공자의 번역답게 문장이 명확하고 세련되었으며 한문 투의 용어가 많이 사라졌다. 입문자들에게는 이 신판을 권하고 싶다.

아우라의 몰락과 해방의 예술

벤야민, 『기술복제시대의 예술작품』

발터 벤야민은 1892년 독일 베를린에서 유대인의 아들로 태어났다. 프라이부르크대학에서 철학과 문화를 전공하고 스위스 베른에서 「독일 낭만주의 예술 비평 개념」이라는 논문으로 학위를 수여하였다. 1923년 교수 자격 취득 논문으로 「독일 비극의 기원」을 제출했으나 프랑크푸르트대학의 보수적 학풍으로 인해서 그의 논문은 거절된다. 이후 그는 계속 아웃사이더로서 글쓰기를 하게 된다. 1924년 벤야민은 카프리 섬에서 거주하였는데, 이때 브레히트와 라시스를 알게 되고, 이들을 통해서 마르크스주의에 입문하게 된다. 1928년 『독일 비극의 기원과 일방통로』를 출판했고, 1933년 나치를 피해 파리로 이주하게 된다.

파리 시절, 경제적 어려움 가운데서도 벤야민은 자신의 마르크스주의 예술 이론을 완성하게 되는데 1936년에 출간한 『기술복제시대의 예술작품』이 바로 그것이다. 1940년 독일의 프랑스 점령 후 벤야민은 미국으로 탈출을 시도하지만 결국 실패하고, 프랑스와 스페인 국경에서 자살함으로써 일생을 마감한다.

벤야민은 모더니즘 시대에 대중문화를 철학과 미학 분야에서 학문적 주제로 인정한 최초의 사상가였다. 이것은 1930년대 당시 많은 이론가들이 대중문화의 역할과 의의를 과소평가하여 논의조차 하지 않았던 점과 매우 대조되는 사실이다. 그는 대중문화를 하급문화로 치부할 것이 아니라, 그 문화가 갖고 있는 현실성과 영향력을 시대적 흐름 속에서 읽어내고 이를 바탕으로 그 다원적 의미를 밝혀야 함을 강조했다. 이러한 논의를 위해서 벤야민이 제기한 개념이 '기술복제'와 '아우라'였다. 그리고 그는 기술복제시대의 가장 중요한 특징이 '아우라의 몰락'에 있다고 보았다.

'아우라'는 원래 종교적 개념이지만, 벤야민은 이를 대중문화 분석을 위한 철학적 개념으로 전화시켰다. 벤야민은 아우라를 매우 낭만적인 어법으로 설명하는데 "여름날 햇볕이 빛날 때 먼 등성이에 있는 나뭇가지에 햇볕이 반짝이고, 이것을 보면서 자신이 무언가를 느낄 때, 이것이 바로 아우라"라는 것이다. 이때 아우라는 자연과 관찰자 간의 지각 가능성을 의미하면서 자기 뒤에서 누군가가 바라보고 있는 시선을 느낄 때 다시 되돌아 볼 수 있는 것으로도 묘사하고 있다. 이는 감정의 상호교류성과 상호관련성으로서의 아우라를 의미하는 것이다.

따라서 벤야민에게 있어 아우라는 두 가지 의미를 갖고 있다. 하나는 예술작품이 갖고 있는 객관적 특성이고, 다른 하나는 예술작품에 대한 주관적 경험이다. 객관적 특성으로서의 아우라는 기술복제시대 이전 대부분의 예술작품에 존재하였다. 기술복제시대 이전에는 재생산과 복제가 어려웠으며 이것은 곧 작품의 '원본성'을 보장하였다. 이것은 한 번

생산하면 끝나고 비록 다시 생산한다고 하더라도 결코 같은 작품이 될 수 없기에 '일회성'이라는 의미도 담고 있다. 동시에 복제된다고 하더라도 '복제된 것'과 '진품'은 확연히 구별되며, 그 의미조차 다르기에 작품의 '진품성'이라는 개념이 도출되는 것이다. 결국 전통적으로 예술작품의 아우라는 이러한 원본성, 진품성, 일회성에 의존하였던 것이다.

동시에, 아우라는 인간의 독특한 경험에 의해 형성되는 주관성을 지니고 있다. 모든 것이 종교적 권위를 보장 받아야 했던 중세시대에 교회는 아우라를 즐겨 사용하였다. 예를 들어 스테인드 글래스로 둘러싸여 있고 장중한 파이프오르간 음악이 흐르는 성당에 한 신자가 들어갈 경우, 이런 공간의 분위기는 수용자에게 주관적 차원에서 신비하고 종교적인 경험을 할 수 있게 해줄 것이다. 이러한 종교적·제의적 분위기가 주관적 차원에서의 아우라이다.

그러나 기술복제시대에는 예술작품에 대한 수많은 복사가 가능하기에 전통적 예술작품이 갖고 있었던 아우라는 몰락하게 된다. 새로운 형식의 예술은 이제 원본의 일회성이 아닌 다수성으로 존재한다. 원본성·진품성·일회성이 사라졌기에 작품에 대해서 이전과는 다른 지각방식을 요구하게 된다. 이전에는 '사유적 집중성'을 요구했다면, 이제는 '촉각적 지각'을 요구하는 것이다. 나아가서 벤야민은 기술을 새로운 예술을 현실화하고 변화시키는 수단이 아닌 매체로 보았기에, 아우라의 몰락은 기술복제시대의 긍정적이고 필연적인 현상으로서 예술 일반의 몰락이 아닌 새로운 예술의 시작이 되는 것이다.

복제라는 기계적 방식에 의해서 이제 예술작품은 더 이상 성당이나 궁전, 귀족의 정원에 숨겨진 '은닉의 대상'이 될 수 없기에 다수가 향유할 수 있는 민주성을 확보할 수 있게 되었고, 예술의 자율성에 의한 탈신비화가 진행될 수 있었다. 이것은 궁극적으로 예술의 기능이 변화되었음을 의미한다. 이전에는 종교적·권위적 기능을 수행하였다면, 오늘날에는 정치적·오락적 기능을 수행함으로써 더 이상 예술이 숭배의 대상이 아닌 유희의 대상임을 의미하는 것이다. 이처럼 대중예술은 해방으로 가는 자유의 문이라고 볼 수 있으며, 벤야민은 그 예로 사진과 영화를 든다. 당시에 "획기적으로 부상한" 이 두 예술 양식은 기술복제라는 특징과 대중의 투쟁적인 가치를 동시에 보여주었기 때문이다.

특히 영화는 새롭고도 흥미로운 미학적 대상이었다. 영화에 대해서 벤야민이 주목한 것은 대중적 수용이라는 형식이다. 영화는 그 속성상 대중적 수용을 필요로 하며 이것은 '영화'가 곧 '대도시의 등장'을 의미하고, '영화관'은 대중 다수가 이용할 수 있는 '놀이 공간'임을 의미하는 것이다. 이전의 예술작품이 침잠적이고 집중적 태도를 요구했다면 기술복제시대의 예술작품은 오락적이고 분산적인 지각을 요구하는데, 이런 지각 작용이 가장 적합한 분야가 영화이며, 영화의 이러한 속성이 대중의 비판적 계기를 확장시키는 것이다.

벤야민이 보기에 영화에서 오락적·분산적 체험을 위한 가장 중요한 요소는 몽타주 기법이다. 영화 등장 이전, 연극과 문학에서는 논리적이고 연대기적으로 시공간이 배열되었던 반면, 몽타주 기법의 도입으로 인해 영화는 시공간의 비논리적이고 임의적인 재배열이 가능해졌다. 그리고 이러한 몽타주 기법이 관객에게 '쇼크'를 줄 수 있다는 측면에서, 쇼크는 텍스트로부터의 '거리두기'를 유인하게 된다. 이를 통해 관객은 영화에 몰입되지 않으며 일정한 거리를 유지하고 그것을 비판적으로 바라볼 수 있게 된다. 식자층만이 영화 작품을 비판적으로 바라보는 것이 아니라, 일반 대중들도 마찬가지의 태도를 취할 수 있는 것이다.

이처럼 동시대의 다른 학자들이 영화가 갖고 있는 '대중 조작적 측면'을 비판할 때, 벤야민은 오히려 영화의 '대중비판성'을 본 것이다. 특히 그는 당시 마르크스주의자들이 갖고 있던 대중문화에 대한 비판적 태도를 거론하면서, 프롤레타리아를 지향한다면서 오히려 부르주아들이 즐기는 고급문화를 향유하려는 이들의 이중적 태도를 비판하였다. 여기에서 대중과 대중문화에 대한 벤야민의 유토피아적 믿음을 엿볼 수 있으며, 이 점에서 그는 끝까지 클래식 문화에 경도된 자세를 유지하였던 아도르노와 대조적인 모습을 보이고 있는 것이다.

 물론 벤야민도 기술복제시대의 예술을 무조건 이상적으로만 보지는 않았으며, 동시대 예술에 대한 문제점을 인식하였다. 첫째, 거짓 아우라를 이용한 스타시스템의 등장이다. 기본적으로 기술복제 시대의 예술작품, 즉 매스미디어를 통해서 만들어지는 예술이란 결코 '아우라'가 존재할 수 없음에도 불구하고, 스타시스템은 '스타'라는 존재를 포장하고 미화함으로서 그것이 특별해 보이는 무언가를 갖는 것처럼 위장한다. 그 결과 관객들은 연기가 아닌, 배우 그 자체에 집중하는 거짓 아우라에 현혹되는 것이다. 즉 관객들은 영화를 소비하는 것이 아니라 스타를 소비하는 것이다.

 둘째, 파시즘의 선동예술로 대표되는 예술의 정치화이다. 벤야민이 목도한 1930년대는 나치즘과 파시즘이 유럽 대륙 전역을 지배하던 시절이었고, 이들의 공통점은 대중매체를 이용한 대중선동이었다. 스탈린 치하의 소비에트와 나치 치하의 독일에서 모든 대중예술은 대중선동의 도구로 적극적으로 활용되었다. 이 시대를 상징하는 작품이 레니 레펜슈탈의 영화들이고 그녀는 자신의 영화를 통해 나치즘을 신화적이고 거대한 무언가로 묘사하는 데 성공하였다. 소련의 경우에는 정치적 도식성을 거부하려는 에이젠슈타인의 탁월한 창조성이 스탈린의 숙청 대상이 되었다. 벤야민은 이런 것들을 보고 "공산주의는 정치의 예술화라는 개념으로 진정한 예술과 맞서고 있다"고 비판하였다.

68운동 이전까지 벤야민은 유럽 지성인들에게 잊혀진 존재나 다를 바 없었다. 그러나 68운동 이후 다른 이론적 대안을 모색하는 과정에서 벤야민의 이론이 재발견되었다. 특히 벤야민 이론이 갖고 있던 마르크스주의적 성향과 그동안 잘 알려지지 않았던 문화나 예술에 대한 그의 이론이 알려지면서 문화사회 운동의 이론적 대안으로서 벤야민이 새롭게 읽히기 시작했다. "벤야민에서 우리의 정신이 갈라진다"고 한 하버마스의 말이나 "벤야민의 '모든 행위는 정치적'이며 그에게 '정치적 중립'이란 존재하지 않는다"고 한 독일 신문 편집자 칼 크라우스 평론은 서구의 전후 지성계에서 벤야민이 차지하는 정신적 위치를 잘 말해 주고 있다. 결국 그의 궁극적인 관심사는 대중의 삶을 토대로 대중의 이야기가 조명되는 새로운 대중예술을 지향하는 것이었다. 왜냐하면 이러한 대중예술이야말로 대중에 의해서 만들어진 진정한 해방의 예술이기 때문이다.

발터 벤야민, 『기술복제시대의 예술작품』, 최성만 옮김, 길, 2007.
『기술복제시대의 예술작품』은 1991년에 민음사에서 출간된 『문학예술과 사회 상황』의 1부에 김우창 번역으로 실려 있었지만 절판되었다. 도서출판 길에서 출간된 '발터 벤야민 선집' 2권에 「기술복제시대의 예술작품」 2판과 3판이 모두 실려 있어서 서지학적 차원의 비교도 가능하다. 이 책에는 「사진의 작은 역사」와 기타 짧은 글들도 함께 실려 있다. 벤야민 전공자로 총 10권의 벤야민 선집을 발간한 역자 최성만은 풍부한 해제와 상세한 각주를 달아, 비교적 난해한 벤야민을 이해하는 데 훌륭한 길잡이 역할을 하고 있다.

영화 이미지에서 철학을 사유하다

들뢰즈, 『시네마』

질 들뢰즈$^{Gilles\ Deleuze}$는 1925년 파리에서 태어나 삶의 대부분을 그곳에서 보냈다. 제2차 세계대전 후 소르본느대학에서 철학을 전공한 후 학위를 받고 이후 소르본느대학, 리용대학, 뱅센대학 등에서 철학을 가르쳤다. 1960년대 초부터 철학, 문학, 영화와 기타 예술 분야에서 영향력 있는 저작들을 썼는데, 대표작으로『니체와 철학』,『칸트의 비판철학』,『베르그송주의』,『스피노자와 표현의 문제』,『차이와 반복』,『안티 오이디푸스』,『천 개의 고원』,『감각의 논리』,『시네마 1: 운동-이미지』,『시네마 2: 시간-이미지』,『철학이란 무엇인가』 등이 있다. "아마도 어느 날 이 세기는 들뢰즈의 시대라고 불릴 것이다"라는 푸코의 다소 과장된 선언을 전적으로 신뢰하지는 않더라도 20세기 후반 철학을 비롯한 인문학 전반에 미친 그의 지대한 영향력은 결코 부인할 수 없다. 그러나 안타깝게도 들뢰즈는 1995년 자신의 아파트에서 투신하여 생을 마감한다.

『시네마』1·2는 영화를 다룬 책이다. 들뢰즈는 이 책이 영화에 대하여 이야기하지만 영화의 역사에 관한 이야기도 아니고, 영화에 대한 이론을 생산하는 것도 아니라고 말한다. 그럼에도 영화 유파들과 편집 형식들을 체계적으로 암시하거나 명시하고 있다는 점에서 이 책은 일종의 영화사이다. 역사적으로 수많은 영화유파들의 편집방식에 대한 미학적 아포리즘이라고 할 수 있다. 또한 이 책은 기호학에 관한 책이기도 하다. 들뢰즈는 이미지들을 물질의 계열과 정신의 계열에 따라 그 차이를 나눈 후, 퍼스의 기호분류체계에 따라 각 이미지들에 꼬리표를 달아두었다. 그러나 무엇보다도 이 책은 이미지를 존재론적으로 다룬 이미지-존재론이라고 할 수 있다. 들뢰즈에게 이미지는 의식 이전에 물질-운동-빛이라는 존재론적 근거 위에서 성립하는데 이것은 베르그송 이론에서 비롯된 것이다. 이리하여『시네마』1·2는 무엇보다도 베르그송의 이미지론과 그 철학 전반에 관한 예증적 주석이라고 할 수 있으며, 독자들은 이 책의 각 장마다 베르그송의 테제들에 관한 논증과 이 논증된 명제들을 다시 영화 이미지를 통해 예시하는 반복 과정을 확인하게 된다.

　베르그송이 자신의 존재론에서 문제 삼는 것은 실재론과 관념론의 대립이다. 실재론은 사물을 우선적인 것으로 보고 그것에 대한 우리의 지각은 파생적인 것으로 보는 반면, 관념론은 관념에 확실성과 논리를 부여하고 사물의 존재를 그로부터 도출한다. 그러나 이 두 입장은 공통적인 태도를 견지하고 있는데, 즉 외부에 존재하는 객관적 사물과 우리 내부의 관념이라는 이질적인 두 대립항을 연결시켜서 동질화시키려는 것이다. 그러나 서로 이질적인 항들을 연결시키려는 시도는 언제나 한 항을 우위에 두고 다른 항을 종속적이거나 비현실적인 것으로 간주하는 방식을 취할 수밖에 없기 때문에 근본적으로 불가능한 것이다.

여기에서 베르그송은 전혀 다른 방식으로 이 문제에 접근한다. 그것은 사물과 지각, 객체와 주체, 물체와 관념 그 사이에 존재하는 균열을 유지하면서 단지 그 차이를 시점 혹은 관점의 차이로 전화시키는 방식이다. 여기서 등장하는 것이 바로 이미지 개념이다. 우리가 사물에 관한 이론 또는 정신에 관한 이론에 대하여 아무것도 알지 못할 때에 우리에게 나타나는 것은 오직 이미지일 뿐이다. 이때 이미지는 우리의 감각이 그것들을 향하여 열리면 지각되고, 감각을 닫으면 지각되지 않는 상태에서 우리에게 현전하게 된다. 동시에 이미지는 우리가 감각을 여느냐 닫느냐에 따라 그 존재를 드러낸다는 차원에서 우리에게 전적으로 의존하는 것이다. 이미지에 내재된 이러한 이중성은 이미지의 두 체제로 분열되지만, 이것은 순전히 시점의 차이를 통해서 이루어지는 것이다. 베르그송의 이러한 이미지 존재론에 기초해서 들뢰즈는 그의 '이미지=운동=세계'라는 등식을 이끌어 낸다. 그리고 이미지의 두 체제 간의 이러한 관계를 카메라를 통한 형상화 이전과 이후의 두 체제에 그대로 적용한다.

영화는 몸에 의한 것이 아니라 카메라 코기토에 의한 과정이기에 영화 이미지는 외부에 존재하는 사물의 가상적 재현이기를 그친다. 이렇게 객관적 이미지 체제와 주관적 이미지 체제의 차이는 시점에 근거하기 때문에 더욱 강화된다. 이때 객관적 체제는 중립적인 시선으로서 결코 중심을 상정하지 않는 시점인 반면, 주관적 체제는 우리의 몸이라는 특권적 중심에서 유용성을 바탕으로 구축되는 체제다. 나아가서 영화의 기본적인 특징은 전개되는 이미지에서 어떤 특권적인 중심을 전면화할 수 없다는 데에 있다. 이 과정에서 영화는 환상이 아니라는 존재론적 지위를 얻을 뿐 아니라, 자연적 지각을 넘어서 객관적 이미지 체제에 접근해 갈 수 있다는 인식론적 장점도 갖게 된다.

들뢰즈는 영화에 대하여 특별한 지위를 부여하고 있는데, 그 이유는 영화의 본질적 기능인 '기계적 특성' 때문에 다른 예술보다 '사유의 이미지'를 탁월하게 계시하기 때문이다. 들뢰즈는 현대영화를 운동-이미지의 영화와 시간-이미지의 영화로 구분한다. 그가 자신의 영화이론을 운동 이미지와 시간 이미지에 관한 두 부분으로 나누는 것 역시 베르그송의 『물질과 기억』에서의 골격을 그대로 따온 것이다. 그리고 이에 대한 구체적인 논의가 『시네마』 1·2라는 두 권의 책에 실린다. 이때 운동-이미지는 시간에 대한 간접 이미지이고, 시간-이미지는 시간에 대한 직접 이미지이다. 이리하여 운동-이미지와 시간-이미지 사이에는 더 이상 시각적인 예술로서가 아니라, "시간의 구조를 가시화시키는 것이 목적인" 시간예술로서의 영화에 대한 점진적인 탈공간화가 작동되고 있다. 초창기 영화 제작자들은 연결된 사진을 초당 24프레임으로 자동 운동시킬 때 영화적 환영이 일어난다는 것을 발견했다. 오로지 정지된 화면의 이미지만을 지각하고 있던 당시의 사람들은 미세한 부분들의 이러한 움직임에 놀라움을 감추지 못했다. 들뢰즈가 주목하는 것도 바로 이런 운동 그 자체의 이미지, 즉 우리의 인식에 즉각적으로 주어지는 운동-이미지이다.

『시네마 1: 운동-이미지』는 이러한 영화 이미지를 지각·감정·행동의 영역으로 확대한 이미지 분류학이다. 우리의 몸과 의식이 받아들인 이미지가 지각의 필터링으로 걸러지고(지각-이미지), 의식적인 행동을 유발하거나(행동-이미지), 잠재적인 정서와 규정되지 않은 역량을 축적하는 (감정-이미지) 과정을 기록하는 것이다. 이런 특징 때문에 운동-이미지는 '감각-운동도식'이라 불리게 된다. 이 감각 운동도식을 보여주는 것이 바로 영화의 몽타주다. 몽타주는 이미지들이 서로의 충돌을 통해서 조화를 이루도록 하고, 그 결과 이미지들은 서로 어울려 전체를 형성한다. 동시에 운동-이미지에는 두 측면이 있는데, 그 중 대상과 관계하는 한 측면은 대상들의 상대적인 위치를 변화시키고, 전체와 관계하는 다른 측면은 전체의 절대적인 변화를 표현한다. 이때 이미지의 위치는 공간에 있지만, 변화하는 전체는 시간 안에 있다.

한편, 『시네마 2: 시간-이미지』는 영화가 '잠재적 세계'를 안내하여 시간과 몸을 사유하도록 촉발하는 과정을 철학적으로 분석하고, 영화 이미지를 통해 시간의 역량을 발견하도록 도와준다. 우리는 일반적으로 시간을 단일한 직선적 이미지로 추상하기 때문에 영화 이미지에서 시간을 지각할 때 사건의 흐름, 즉 운동에 종속된 개념으로 생각하게 된다. 하지만 시간-이미지는 시간의 이러한 직선적 이미지를 파괴하고, 시간 자체를 달리 사유하게 한다. 과거에 대한 회상 혹은 시간 여행을 다룬 여러 영화들에서 시간은 단일한 것으로 명료하게 해석되지 않는다. 이처럼 시간-이미지는 '진리'를 '거짓'으로 만드는 역량이자, '결론'이 아니라 '문제'를 제기하는 역량이다. 즉 "시간은 새로운 것의 창조를 위해 항상 회귀하는 가능성으로 정의되는 사건"이다. 이리하여 시간-이미지는 운동-이미지에서처럼 필연적으로 전개되는 연대기적인 시간이 아니라, 비연대기적인 시간이고 순수 시간이며 초월적인 형태의 시간이라고 할 수 있다.

그러나 무엇보다도 들뢰즈가 『시네마』 1·2를 통해서 보여준 주요한 점은 영화가 다른 어떠한 예술보다도 다양하고도 자유로운 형태로 서양 철학을 지배해온 코기토, 즉 '사유의 이미지'의 본질을 외부를 향해 열어 보였다는 것이다. 영화는 우리가 다르게 보고 느끼고 감각하도록 해서 결국 다르게 사유하도록 자극한다. 또한 시간의 이미지를 창조하고 그 시간은 진리의 관념을 위기에 빠뜨린다. 이는 우리가 유지해온 내러티브적인 재현의 의식을 의문에 붙이고, 우리 자신에 비추어 영화의 이미지들을 반성하도록 부추기는 것이다. 결국 들뢰즈는 우리들이 모든 가치의 재평가를 위해 예술, 특히 영화에 주목하여 어떤 판단 혹은 결론을 위해 고안된 기존의 재현적 범주를 극복하기를, 다시 말해서 '차이를 만드는 시간 기계'인 영화를 통해서 우리들이 좀 더 자유롭게 존재 전체를 사유하기를 원하는 것이다. 왜냐하면 진리가 사유의 비판적 창조를 의미한다면 영화야말로 이러한 지적 해방을 위한 가장 바람직한 기계적·관념적 도구이기 때문이다.

질 들뢰즈, 『시네마』 1·2, 유진상·이정하 옮김, 시각와언어사, 2002, 2005.
『시네마 1』은 1996년에 『영화 1』이라는 제목으로 새길에서 주은우 번역본이 출간되었으나, 2권이 출간되지 않고 번역 원본으로 영어판을 사용하였다는 점에서 텍스트로서 한계가 있었다. 시각과언어사에서 출간한 『시네마』 1·2가 현재로서는 유일한 완역본이다. 『시네마』의 해설서로는 『뇌는 스크린이다』(그레고리 플랙스먼 편집, 박성수 옮김, 이소, 2003), 『들뢰즈와 영화』(박성수, 문학과학사, 1998), 『들뢰즈와 시네마』(로널드 보그, 정형철 옮김, 동문선, 2006), 『질 들뢰즈의 시간 기계』(데이비드 노먼 로도윅, 김지훈 옮김, 그린비, 2005) 등이 있는데, 입문자들에게 무난한 해설서로 『질 들뢰즈의 시간 기계』를 권하고 싶다.

좋은 삶을 위한 인문학 50계단
5인의 인문학자가 권하는 고전 50선

초판 1쇄 발행 2015년 7월 1일

지은이 권오현 송호상 최병덕 이재성 이강화
펴낸이 오은지
편집 이은검 **표지디자인** 정효진
펴낸곳 도서출판 한티재 **등록** 2010년 4월 12일 제2010-000010호
주소 706-821 대구시 수성구 달구벌대로 492길 15 **전화** 053-743-8368 **팩스** 053-743-8367
전자우편 hantibooks@gmail.com **블로그** www.hantibooks.com

ⓒ 권오현 송호상 최병덕 이재성 이강화 2015
ISBN 978-89-97090-46-4 03100

책값은 뒤표지에 있습니다.
이 책 내용의 일부 또는 전부를 이용하려면 반드시 저작권자와 한티재의 서면 동의를 받아야 합니다.

이 도서의 국립중앙도서관 출판예정도서목록(CIP)은 서지정보유통지원시스템 홈페이지(http://seoji.nl.go.kr)와 국가자료공동목록시스템(http://www.nl.go.kr/kolisnet)에서 이용하실 수 있습니다.
(CIP제어번호: CIP2015007370)